ESSAI
DE
FOLKLORE MAROCAIN

édition originale
Librairie Orientaliste Paul Geuthner, 1926

Éditions du Sirocco
4, rue Imilchil
Casablanca 20200 – Maroc
editions-du-sirocco@menara.ma

ISBN 978-9954-8851-5-3
© Éditions du Sirocco, Casablanca, 2009,
pour la présente édition

Doctoresse LÉGEY

ESSAI

DE

FOLKLORE MAROCAIN

Croyances et Traditions populaires

Editions
du Sirocco

Avant-propos de l'éditeur

Après les Contes et Légendes populaires du Maroc qu'elle a recueillis à Marrakech, traduits en français et publiés en 1926[1], la Doctoresse Légey a complété son œuvre « d'apprentie folkloriste » avec cet Essai de folklore marocain, paru la même année.

Sous ce titre trop réducteur, sous ce mot, folklore, qui a pris aujourd'hui un sens péjoratif, une connotation de dévalorisation, se cache un riche inventaire de croyances populaires et de rituels qui accompagnent tous les moments de la vie.

Si l'étymologie du terme folklore, qui vient de l'anglais folklore, composé de folk, « peuple » et lore, « savoir », conservé tel quel en français (l'expression « traditionnisme » proposée à la place du terme anglais ayant rapidement été abandonnée), légitime ici son emploi, on parle généralement aujourd'hui de « traditions populaires » ou encore de « culture traditionnelle et populaire ». L'adjectif populaire étant alors employé pour en signifier le caractère non élitiste.

Cette culture englobe la langue, la littérature, la musique, la danse, les jeux, la mythologie, les rites, les coutumes, l'artisanat, l'architecture et autres arts[2]. Elle a essentiellement une forme orale de transmission, pour les contes, récits et croyances, mais aussi l'imitation ou l'exemple pour les rites et savoir-faire.

Bien que le folklore puisse contenir des éléments religieux ou mythiques, avoir, ou non, des composantes fantastiques (tels que la magie, les êtres éthérés ou la

---
1. Réédités par les Éditions du Sirocco, Casablanca, 2007.
2. Voir sa définition dans la Recommandation de l'UNESCO, 1989.

personnification des objets inanimés), parce qu'il servait aussi à donner des explications à des phénomènes inexpliqués du monde, il relève pour l'essentiel de la vie quotidienne.

Contrairement à ce qu'évoque le terme « traditionnel », les croyances et le savoir populaire sont des phénomènes dynamiques qui évoluent constamment. Si certaines pratiques sont maintenues, la société traditionnelle du Maroc du début du XXe siècle, comme dans d'autres pays, est très différente de celle d'aujourd'hui, dite moderne, après l'urbanisation et l'exode rural, la banalisation des moyens de communication, le développement industriel et commercial lié au développement scientifique, aux avancées technologiques…

Le folklore crée des correspondances avec le passé, il relie notamment les enfants aux générations passées, par les jeux, la cuisine, la littérature orale…et en cela il est reconnu créateur d'une identité sociale et culturelle, d'une cohésion. Sa préservation, sa transmission sont donc indispensables.

C'est dans cette optique que lors d'un colloque tenu en novembre 2007 à Marrakech, l'historien, membre de l'Académie du Royaume et ambassadeur Abdelhadi Tazi a suggéré la création d'un observatoire national des us et coutumes du Maroc dont une première tâche pourrait être la constitution d'une bibliothèque qui rassemblerait les divers écrits, de tous horizons et de toute époque, sur ce thème, et le but ultime la conception d'une encyclopédie.

La réédition de l'ouvrage de Madame Légey souhaite, en le rendant de nouveau disponible, participer à ce beau projet ambitieux.

On pourrait trouver regrettable qu'un inventaire de croyances et rituels marocains émane d'une étrangère qui a, de plus, mené et publié son étude en pleine période coloniale. Faut-il alors pour autant voir cette publication comme un élément de plus d'une « conquête obscure et patiente, mais qui veut autant de méthode que la conquête par les armes... »[3], qui devait contribuer à « percer le mystère de l'âme marocaine » et ainsi « rapprocher d'un peuple que nous avons le plus grand intérêt à bien comprendre... »[4] ?

L'introduction de la Doctoresse Légey à son ouvrage, et notamment son dernier paragraphe, nous paraît sans équivoque, pour nous la réponse est « oui » !

Faut-il pour autant ignorer tous ces travaux de recherche menés à cette époque dans le même esprit par des ethnographes, des géographes, des historiens... ? Pour nous la réponse est « non » : à condition de les resituer dans leur contexte et d'en signaler leur but premier, il nous semble qu'ils sont riches d'enseignements et que le Maroc doit maintenant se les réapproprier, en quelque sorte, en en utilisant leurs apports de connaissances pour poursuivre sa propre écriture de ses sciences humaines.

Cela dit, nous pouvons maintenant considérer les qualités et les limites de l'œuvre de la Doctoresse Légey au plan uniquement ethnographique.

Ses sources sont marocaines : comme pour son recueil de Contes & Légendes, l'auteur a bénéficié de sa maîtrise de la langue arabe (même si sa transcription à l'écrit en lettres latines est peu académique), de la confiance des gens qu'elle soignait, de son introduction dans les foyers marocains, du plus humble aux maisons de grandes familles.

Madame Légey semble avoir fait ici abstraction de ses propres références culturelles pour se comporter uniquement

---

3. G. Hardy, dans son discours d'ouverture du 5è congrès de l'Institut des Hautes-Études Marocaines, décembre 1925. In Hespéris tome V, 1925, p. 448.

4. Ibid p. 447.

en observatrice ; elle n'exprime aucune opinion, se contente de décrire les rituels, de rapporter les croyances qu'elle nous livre bruts sans comparer ni tirer aucune conclusion d'aucune sorte.

L'étude de la Doctoresse Légey porte principalement sur son périmètre de vie au Maroc, Marrakech et ses environs. Les spécificités régionales, essentielles, sont peu prises en compte, mais il aurait fallu pour cela disposer de ressources d'enquête importantes dans diverses localités du pays.

Pour structurer ses observations, Madame Légey s'est inspirée du Folklore de France[5] de l'ethnographe et « traditionniste » français de renom Paul Sébillot (1843-1918), membre fondateur de la Société des Traditions populaires en 1885. Malgré cet emprunt à une référence en la matière, la Doctoresse Légey est consciente qu'elle ne peut pour autant prétendre à une comparaison avec cette somme impressionnante, résultat de milliers d'enquêtes menées dans le but précis de « réunir et résumer par affinités de sujets les documents amassés par les divers observateurs, pour les rapprocher et essayer de dégager les dominantes des conceptions populaires »[6]. Aussi elle prend soin de préciser dans l'introduction à son ouvrage que « ce travail n'a que la valeur d'une observation médicale écrite heure par heure, jour par jour au chevet du malade, c'est de l'information directe et rien de plus. » L'intitulé de son ouvrage, « essai », veut bien dire que son sujet n'est pas épuisé. Cependant, il est déjà un apport d'informations précieuses.

---

5. E. Guilmoto Éditeur, 4 volumes entre 1904 et 1907 ; réédition sous le titre *Croyances, mythes et légendes des pays de France* (Éditions Omnibus, 2002).

6. Paul Sébillot, *Le Folklore de France*, tome I, Préface p. II, E. Guilmoto Éditeur, 1904.

L'œuvre du patrimoine marocain qui rassemblerait toutes les traditions populaires, dans leur diversité, leur géographie, leur évolution, dans le souci de les préserver avant que leur source orale ne soit définitivement tarie, et de les transmettre comme un héritage porteur d'identité, reste à faire. Les écrits existants, marocains et étrangers, anciens et plus récents, permettent d'accompagner la démarche préconisée dans cet esprit par l'Académie du Royaume du Maroc et déjà initiée par de nombreux travaux universitaires et associatifs marocains.

INTRODUCTION

En publiant cet essai de Folk'lore du Maroc, je n'ai pas la prétention d'avoir épuisé le sujet, je reconnais au contraire qu'il est à peine effleuré. Mais étant donné la très grande difficulté de recueillir des documents, j'ai pensé qu'il serait intéressant de faire connaître ceux que j'ai pu récolter grâce à ma situation de femme médecin. Au Maroc depuis quinze ans comme missionnaire du Ministère des Affaires étrangères d'abord, comme médecin de l'Assistance publique ensuite, j'ai pénétré dans tous les milieux, de la *Khaïma* au toit de chaume du Fellah, jusqu'au palais du souverain maître de cet empire fortuné, et j'y ai toujours été accueillie avec la plus entière confiance. Avertie par mes lectures de Folk'lore, j'ai pu, grâce à des relations de plus en plus amicales, comprendre ce qui se passait autour de moi et voir le Maroc sous un aspect tout nouveau. Je dois dire que c'est même cette compréhension de l'âme marocaine qui fait tout mon succès de médecin d'assistance indigène, et amène dans mon service chaque jour un nombre considérable de malades.

J'ai donc été placée dans les meilleures conditions possibles pour mener à bien cette étude. Qu'on ne cherche dans ce travail aucune bibliographie, aucune dissertation de Folk'lore comparé, aucune discussion linguistique. Je ne suis qu'une apprentie folk'loriste et je me suis gardée d'aborder ces sujets. Ce travail n'a donc que la valeur d'une observation médicale écrite heure par heure, jour par jour au chevet du malade ; c'est de l'information directe et rien de plus.

Cependant pour présenter les documents recueillis, j'ai emprunté le cadre donné par Sébillot[1] dans son manuel de Folk'lore. C'est celui qui m'a paru le plus pratique et j'ai adopté sa division en chapitres qui a le mérite pour les nouveaux venus à cette science du Folk'lore d'être excessivement simple.

A l'heure où le Maroc évolue rapidement, cette étude des superstitions et des coutumes traditionnelles, en levant un coin du *litham* qui voile encore son vrai visage, montrera tout le mérite du Grand Magicien qui, de son bâton de Maréchal de France, conduit ce pays vers de glorieuses destinées[2].

Doctoresse LÉGEY.

---

1. Paul Sébillot (1843-1918) : ethnologue de grand renom, auteur du Folklore de France (Librairie Orientale & Américaine, E. Guilmoto Éditeur, 1904 à 1907, 4 tomes).
2. Texte écrit en 1926.

CHAPITRE PREMIER

LE MONDE PHYSIQUE

Le Monde – Création – Limites – Fin du Monde.

Le Monde. — Les Marocains croient que le monde est composé de sept mers, sept terres et sept cieux, mais les opinions diffèrent sur la composition de ces mers, de ces terres et de ces cieux. Cependant la croyance la plus répandue est que le premier ciel qui est celui que nous voyons est de l'eau solidifiée, le second du fer, le troisième du cuivre, le quatrième de l'argent, le cinquième de l'or, le sixième du rubis. Quant au septième il est fait de lumière. Ces sept cieux sont habités.

On pense aussi que la dernière terre repose sur la septième mer. Personne ne pense que la terre est sphérique ; on imagine les sept terres superposées les unes au-dessus des autres. Chaque terre est habitée ; celle sur laquelle nous vivons est habitée par les hommes, les animaux et les génies invisibles ; une autre est le domaine des fourmis, une troisième serait celui des scorpions et des serpents, une quatrième le domaine des vents, etc.

CRÉATION DU MONDE. — La croyance coranique de la création du monde, analogue à la légende de la Bible, est la plus répandue. On attribue cependant une certaine ordonnance chronologique à la création : les mers auraient été créées les premières, les terres ensuite puis les cieux. Le ciel que nous voyons recouvrait entièrement la terre comme un linceul et en épousait toutes les formes. Il en était si rapproché qu'un jour une vieille femme s'écria : « Ciel, tu me cognes la tête, éloigne-toi un peu. » Alors le ciel se mit à monter. Mais pour punir cette insolente, Dieu le plaça trop loin des hommes et c'est pourquoi leurs plaintes ne parviennent plus jusqu'à lui. Cependant à la fin du monde, la terre changera de couleur, deviendra toute blanche, les montagnes s'aplaniront, les mers disparaîtront, et de nouveau le ciel recouvrira la terre comme un suaire.

LIMITES DU MONDE. — Le monde est entouré d'une grande montagne appelée le Djebel Kaf. Cette montagne est de rubis et d'émeraude. Elle est inaccessible à l'homme et si on arrivait à en faire l'ascension on toucherait le ciel avec la main.

ÉPOQUE DE LA CRÉATION DU MONDE. — On ne peut savoir à quelle époque le monde a été créé par Dieu, mais il était encore entièrement plongé dans la nuit quand naquit le prophète Mohammed. A la minute précise de cette naissance, le soleil a brillé, la lune s'est levée, les agneaux ont bêlé, l'herbe a poussé et verdi, les sources ont donné les rivières, etc.

LA FIN DU MONDE. — La fin du monde sera annoncée à l'homme par de nombreux signes auxquels nul ne se trompera.

En voici quelques-uns :

La pluie tombera hors de saison ; il n'y aura pas de pluie à l'heure des labours ; les femmes s'habilleront comme les hommes et les hommes comme les femmes ; les Caïds ne pourront limiter leur rapacité et pilleront leurs administrés ; les gens deviendront de plus en plus ignorants ; les femmes seront en dissidence, elles n'obéiront plus à leurs maris et seront stériles ainsi que les femelles de tous les animaux ; il y aura une interversion entre la nuit et le jour et une éclipse de soleil de trois jours...

Pour de nombreux Marocains, tous ces signes commencent à apparaître et nous approchons de la fin du monde. En apprenant la destitution récente du Calife de Constantinople[1] et son départ pour la Suisse, l'un d'eux et non des moindres l'a annoncée à son harem comme devant arriver d'ici trois années.

---

1. Abdülmecit Effendi II (1868-1944), qui avait été désigné calife par la GAN (Grande Assemblée Nationale turque) en 1922, quitte Constantinople pour s'exiler en Suisse le 5 mars 1924 après l'abolition du califat votée le 3 mars 1924.

CHAPITRE II

LA TERRE

Forme. — **Tremblements de Terre.** — **Montagnes.** — **Empreintes des Saints.** — **Quelques croyances au sujet des pierres.** — **Croyances particulières sur la Terre.**

Forme. — Comme dans de nombreuses contrées du monde on croit au Maroc qu'à l'origine la terre était plate et n'était pas stable. Pour la fixer Dieu enfonça les montagnes comme on enfonce les piquets qui retiennent la tente. On appelle du reste les montagnes *Outad Dounia*, les piquets du monde.

La terre repose sur une des cornes d'un taureau qui est lui-même supporté par un poisson. Quand ce taureau est fatigué il fait passer la terre sur une autre corne et nous ressentons un tremblement de terre. Cette croyance n'a rien de surprenant et elle est commune à beaucoup de peuples.

TREMBLEMENTS DE TERRE. — Lorsque des tremblements de terre se produisent, on fait des offrandes, en même temps qu'on offre des sacrifices d'animaux, bœufs, moutons, etc. ; des *Tolba*, au nombre de soixante, se réunissent dans les mosquées et prient, puis ils consomment un repas de couscous qui leur est envoyé par les populations effrayées. Ce repas est un *Maarouf* ou banquet sacrificiel offert à la divinité pour apaiser son courroux. Il est bien difficile de faire la part d'Allah et celle du taureau dans la pensée de ces sacrifiants, bien que ce repas se passe obligatoirement dans une mosquée. Cependant le tremblement de terre est considéré comme un présage d'année heureuse et prospère.

MONTAGNES. — Si, en général, les montagnes ont été créées par Dieu pour fixer la terre, certaines cependant ont une autre origine. C'est ainsi que le mont Zalagh à Fez a été déposé par Énoch.

Énoch étant venu à Fez, demanda aux habitants de lui confectionner un costume. Mais, comme Gargantua, Énoch était un géant et les Fasi lui offrirent un costume trop petit pour sa taille. Furieux, le géant fit ses excréments devant la porte de la ville et ce fut le mont Zalagh.

On croit un peu dans le monde entier que de belles montagnes verdoyantes sont devenues abruptes et stériles par suite de la malédiction d'un saint à qui on aurait refusé l'hospitalité.

On retrouve la croyance exactement opposée chez les Berbères du Glaoui. La montagne de Moulay-Ighi, dans le Glaoui[1], était désertique, mais elle est devenue verdoyante par la bénédiction du saint Moulay-Ighi qui y fit naître une cascade en enfonçant son bâton. On va en pèlerinage à cette cascade et nous y reviendrons plus loin. Il est à noter que Moulay-Ighi, saint musulman, est le même que Rebbi David Lachgar. Aussi les Juifs du Maroc vont en automne en pèlerinage aussi bien que les Musulmans au sanctuaire de Moulay-Ighi. On croit que les montagnes prient et qu'elles causent ensemble la nuit, de tous les évènements du monde. Le Christ a même entendu une montagne qui pleurait en écoutant la révélation du Coran.

Les montagnes, en priant, disent :

Soub'Hane El Malik El Kouddouss
Rebb El Malaïkati ou Roh.
Gloire au roi des Saints
Maître des anges et de l'âme.

EMPREINTES DES SAINTS OU D'ANIMAUX APPARTENANT À DES SAINTS. — On rattache à de saints personnages certaines particularités de l'écorce terrestre. De même que saint Ladislas ouvrit une tranchée dans les monts de Transylvanie, la montagne de Moulay-Ibrahim aux gorges de la Zaouïa, près

---

1. Haut-Atlas.

de Marrakech, a été fendue en deux par Sidna Ali ben Abou Thaleb.

Ce saint était poursuivi par ses ennemis ; il trouva la montagne érigée devant lui, la coupa avec son sabre et s'appuya sur le côté qui est près du Moulin de Moulay-Ibrahim pour sauter sur l'autre côté afin de traverser les gorges qu'il venait de créer et de les laisser entre lui et ses ennemis. On y voit encore l'empreinte de sa main, l'empreinte des sabots de son cheval et celle des pieds de son sloughi. Tous les pèlerins qui vont au sanctuaire de Moulay-Ibrahim font une visite à ces empreintes. On les embrasse, on les encense et on leur allume des bougies la nuit.

Dans la grotte où vivait le saint Sidi Bel Abbès, sur l'une des petites montagnes du Gueliz, près de Marrakech, il y a encore sur le rocher l'empreinte laissée par le saint quand il s'asseyait, empreinte à laquelle on rend des visites pieuses. Dans cette même grotte, il y a une pierre creuse en forme de seau. On prétend que c'était le bassin qui lui servait pour faire ses ablutions. Si on frappe cette pierre avec un objet dur, elle rend encore le son métallique du cuivre.

QUELQUES CROYANCES AU SUJET DES PIERRES. — Sur la route qui va de Marrakech à Moulay-Ibrahim, on trouve un petit chemin qui s'appelle *Trik el Ghoula*, le Chemin de l'Ogresse. Au bord du chemin on voit une grande pierre érigée et en s'en approchant on constate qu'elle présente une ébauche de pieds, de mains et d'yeux.

C'est une ogresse que les habitants de Marrakech poursuivaient. Au moment où ils allaient l'atteindre, elle fut transformée en pierre. On lui fait des sacrifices à l'époque du Miloud et, en général, tous les pèlerins qui viennent de tous les points du Maroc en pèlerinage à Moulay-Ibrahim, lui font une visite, lui allument des lumières et l'encensent avec les sept bons parfums. A Marrakech même il y a dans les bâtiments de la Koutoubya[2] une chambre murée qu'on appelle *Bit el Ghoula*, la Chambre de l'Ogresse. C'était une ogresse qui avait réussi à pénétrer dans la ville et qui voulait en dévorer tous les habitants. Le génie qui habite la Koutoubya et protège la ville l'y attira et l'emmura dans cette chambre.

Sur le chemin de Moulay-Ibrahim, on trouve aussi une chamelle portant une mariée qui a été changée en pierre avec toute la noce. Cette mariée n'était pas vierge et elle implora Dieu de lui épargner la honte qui attend, le jour de leur mariage, les jeunes filles qui n'ont pas été vertueuses. Dieu eut pitié d'elle et changea la noce en pierres. D'autres prétendent que c'était parce qu'elle s'était mariée pendant le mois de Ramadan où les noces sont interdites, que Dieu la châtia ainsi.

Dans les montagnes du Glaoui à Kik, près d'Aguergour, il y a également toute une noce changée en pierre. La jeune mariée se rendait chez son époux qui était venu la chercher.

---

2. Koutoubia : mosquée du 12è siècle, à Marrakech.

Au lieu de rester silencieuse, elle causa avec le muletier qui conduisait sa monture et fut aussitôt punie par Dieu.

Au *Ras El Aam*, c'est-à-dire au premier jour de l'an, les paysans berbères viennent la consulter, car c'est une pierre oraculaire. Ils lui posent des questions sur l'avenir agricole de l'année et ensuite ils appliquent leur oreille contre la pierre pour entendre ses réponses. On prétend qu'un très gros rocher situé à Arbalou[3] des Guedmioua[4] était une chamelle appartenant au saint du pays, Sidi-Ali-Assebdir. On l'appelle *Nagat Sidi-Ali-Assebdir*, la chamelle de saint Sidi Ali. Elle est à côté de la Zaouïa du saint et ce serait à elle que s'adresseraient les offrandes des pèlerins au moment du *Moussem* ou fête du saint. Elle guérit de la fièvre paludéenne et on lui consacre les enfants par la coupe des cheveux.

Une autre pierre qui se trouve près de *l'Oued El Yhoudi*, la rivière du Juif dans les Djebala[5], n'est autre qu'un Juif changé en pierre par le saint Moulay-Abdesselam Ben Mechiche. Ce Juif qui habitait Marrakech voulut savoir s'il irait au paradis ou en enfer. Il se déguisa en Arabe et se rendit en pèlerinage à la Zaouïa du saint dans les Djebala, car la légende veut que seuls ceux qui iront en paradis atteignent son sanctuaire situé au sommet de la montagne. Arrivé à la rivière appelée depuis la rivière du Juif, il fut changé en pierre par le saint qui avait

---

3. Aghbalou : village du Haut-Atlas.
4. Guedmioua : tribu berbère du Haut-Atlas.
5. Djebala : Maroc septentrional.

deviné son secret désir. C'est dans le sanctuaire de ce saint que se trouve une grosse pierre trouée au travers de laquelle on doit passer trois fois quand on y va en pèlerinage. Cette pierre a ceci de particulier qu'elle se resserre sur les mauvais fils « *Meskhoutine* », et que si minces soient-ils, ils ne peuvent passer au travers.

En général les pierres trouées sont considérées comme *Foqra*, sacrées. Lorsqu'on en trouve une on la ramasse avec beaucoup d'égards, on la purifie par une lustration d'eau, puis on l'encense avec du benjoin et on la met sous l'oreiller sur lequel on dort la nuit. Elle apporte au dormeur des rêves qui sont de véritables visions de son avenir. On croit le plus généralement que les pierres s'accroissent et aussi qu'elles enfantent.

Si une *Fqira*, femme inspirée, met une pierre dans une boîte avec du lait, des dattes, du sucre et des raisins secs et qu'elle cache cette boîte dans un endroit très secret, quelque temps après, en l'ouvrant, elle trouve une toute petite pierre à côté de la grande et toutes les provisions ont disparu. Cette petite pierre a été mise au monde à la manière d'un enfant et la pierre s'est nourrie du lait, des dattes, du sucre et des raisins pendant sa grossesse. Il y avait autrefois en dehors de la ville de Marrakech de grosses pierres qui en gardaient les portes. C'étaient des génies puissants qui ne laissaient pas entrer les méchants dans la ville. On raconte que jusqu'au règne de

Moulay-Hafid[6] il y en eut une à la porte de Bab Rob[7]. Elle avait la forme d'une colonne ; les femmes allaient la consulter, lui porter des offrandes de lait et de miel. Elles en faisaient sept fois le tour, puis la questionnaient. Moulay-Hafid la fit enlever et on croit généralement qu'il trouva un trésor à sa place.

Mais sans aller si loin nous avons eu en 1912, dans la ville de Marrakech, une pierre à laquelle les femmes rendaient un culte et que Si Bouchaib Doukkali, ministre de la Justice, fit briser.

Cette pierre que l'on appelait *Lalla Khadra*, Madame Verte, se trouvait dans le quartier de Lekat Ennaït. Elle avait une *moqaddema* qui recevait les offrandes que les femmes de la ville lui apportaient en venant en pèlerinage. Un jour de cette année 1913, la *moqaddema* raconta aux femmes venues en grand nombre que *Lalla Khadra* était enceinte. Au moment du terme, elle fit savoir que l'accouchement était proche et recueillit des offrandes considérables de beurre, de semoule, d'argent et de belles étoffes. Puis les couches eurent lieu et les visiteuses trouvèrent une petite pierre à côté de la grosse. Cela était tellement dans l'ordre de leurs croyances qu'elles revinrent en foule pour la fête du septième jour, fête de l'imposition du nom. On organisa des *Hadra*, ou réunions dans lesquelles on danse des danses sacrées au bruit des *tebbilat* dont jouaient

---

6. Moulay Abd-al-Hafid (1873-1937) ; sultan du Maroc de 1908 à 1912.
7. Bab er-Rob : la porte aux raisons.

habilement les *Haddadat* qu'on a coutume d'inviter aux fêtes du septième jour. Mais en revenant chez lui, un homme ne trouvant pas sa femme à la maison comme de coutume se mit à sa recherche et apprit qu'elle était à la fête du Nom de la fille de Madame Verte, petite pierre née depuis huit jours. Il alla aussitôt porter plainte auprès du Vizir qui fit briser la mère et la fille et emprisonner la *moqaddema* qui avait ainsi abusé de la crédulité publique. Mais la croyance ne fut pas détruite pour cela ; les femmes ramassèrent précieusement les plus petits morceaux de la pierre qu'elles conservent pieusement. On parle encore de Lalla Khadra et de son enfantement et son culte est dans le cœur de toutes les femmes. Cette année même de 1924, le ministre Bouchaïb Doukkali donna sa démission, mais personne ne croit à une démission volontaire. Chacun imagine qu'elle lui a été imposée et qu'elle est la vengeance de Lalla Khadra.

Dans le mellah de Marrakech, on retrouve encore des survivances de ce culte des pierres. Dans la maison de Jacob Attias, à quelques mètres des écoles françaises, on voit encore une pierre suspendue à une poutrelle par une cordelette de palmier tressé. On prétend que cette fragile cordelette ne se casse pas et que de mémoire d'homme elle n'a pas été changée.

Cette pierre est longue et étroite ; elle a une apparence de tête d'animal fantastique avec de larges oreilles roulées, de petits yeux triangulaires, une grande asymétrie faciale. Elle rappelle vaguement les têtes d'idoles des régions polaires.

La légende veut qu'un rabbin habitant cette maison était une nuit en prières lorsqu'il entendit des voleurs pénétrer chez lui. Il continua ses prières, sans témoigner aucune crainte et aussitôt les voleurs furent changés en pierres. Cette pierre, qui existe encore, serait un nègre qui faisait partie de la bande. Il faut dire qu'elle est particulièrement noire et crasseuse à la suite des nombreux attouchements qu'elle subit chaque jour. C'est une pierre miraculeuse qui guérit les maux de tête, les maux d'yeux. Pour cela il suffit de mettre la main sur la partie malade, puis de la poser sur la pierre. Cette pierre s'appelle la pierre de Rebbi Youssef Pinto.

Quand une femme juive a un accouchement laborieux on prend une mesure de blé, on la pose près de la malade et on lui fait mettre la main droite dans le blé en le destinant à la pierre. Aussitôt toutes les mauvaises douleurs passent dans le blé, l'accouchement devient normal et dès qu'il est terminé on porte ce blé en offrande à la pierre. On lui offre aussi de l'argent, des bougies et de l'huile. Ces offrandes sont recueillies pour les descendants du saint Rebbi Youssef Pinto, par les propriétaires de la maison.

Les tas de pierres sacrées ou « *Kerkour* » analogues aux Cairns d'autres pays prouvent bien que le culte des pierres n'est pas encore complètement éteint.

On fait des *Kerkour* à l'occasion d'un assassinat pour montrer que l'endroit où il a été commis est dangereux. Pour éloigner le mal chaque passant ramasse une pierre qu'il jette sur le *Kerkour* y jetant ainsi le mal qui le menaçait, puis il s'enfuit rapidement. On fait un *Kerkour* dans un col de montagne pour y laisser la fatigue. Certains *Kerkours* sont consacrés à des saints. Devant la Zaouïa de Sidi Ali Ben Hamdouche, à Marrakech, il y avait un gros *Kerkour* enlevé depuis que la route de la Zaouïa de Sidi Bel Abbès a été faite par les travaux publics. Il y en a un autre assez important devant le sanctuaire de Sidi Djaber, près du quartier du Mouqeuf[8] de Marrakech. Ce *Kerkour* est élevé par les gens atteints de rhumatismes. Ce saint les guérit de cette affection, mais avant d'entrer dans son sanctuaire, les malades prennent une pierre, en frottent leur articulation malade et, après y avoir ainsi transféré leur maladie, ils la jettent sur le tas sacré. Chez les paysans, lorsque les gens invités à une noce ne sont pas contents du festin qui leur a été offert, en s'éloignant le matin pour regagner leurs tentes, ils font de petits Kerkours sur leur route afin que personne n'ignore que l'hospitalité a été mauvaise.

 Ces vestiges du culte des pierres ont été constatés par tous les voyageurs qui ont pénétré le Maroc autrement qu'en circuit automobile.

 CROYANCES PARTICULIÈRES SUR LA TERRE. — On croit que la terre que nous piétinons se venge sur les humains après leur mort d'avoir été ainsi brutalisée, et c'est pour cette raison

---

8. El Moukef.

que dans les écoles ou *Hadar* on apprend aux petits enfants à marcher doucement pour ne pas la froisser. On pense qu'elle se resserre sur les méchants quand on les a enterrés et les étouffe jusqu'à ce que la première goutte de lait qu'ils ont tétée de leur mère sorte par le bout des ongles et le bout du nez.

On croit aussi que la terre est jalouse. Ainsi, quand le montagnard berbère est obligé de voyager l'hiver à travers ses montagnes entièrement couvertes de neige, s'il est frappé de congestion, ou s'il a le mal des montagnes c'est parce que la terre se venge d'être devenue invisible à ses yeux et d'être oubliée de lui. Pour conjurer cette susceptibilité et ne pas la froisser, il emporte toujours avec lui un petit sachet de terre de son pays dont à tout instant il se frotte le dessous des yeux de sorte qu'avant de voir la neige éblouissante il aperçoit d'abord cette poussière de terre. Flattée, celle-ci ne lui fait aucun mal et il peut impunément affronter le froid de la neige sur les hautes cimes.

Comme dans de nombreuses contrées on croit que l'herbe ne pousse plus à l'endroit où un homme a été assassiné. La terre ne boit pas le sang humain. Il se dessèche à sa surface. Il y a un tel danger dans ces parages que même les animaux refusent de s'en approcher. Mais il n'en est pas de même pour un champ de bataille, car sur les combattants il y en a toujours qui se battent pour une cause noble. La guerre n'est pas un assassinat.

La terre des tombeaux des saints est employée dans

la guérison des maladies. On l'appelle le *Hanna* ou le Henné du Saint. On en fait des emplâtres à appliquer sur la peau, ou des amulettes. On la délaie même dans l'eau du sanctuaire et c'est alors une potion guérissant tous les maux, même les plus rebelles. On l'emploie aussi pour se protéger contre les voleurs. On sait que les objets cachés dans un sanctuaire ne sont jamais volés par la protection du saint qui rendrait aveugles, paralytiques, ou même ferait mourir très rapidement les audacieux qui oseraient y pénétrer pour y commettre un vol. En faisant un sachet de terre prise au tombeau d'un saint et en le suspendant dans un arbre, aux murailles entourant un jardin, dans le coffre à farine, dans une boutique qu'on abandonne la nuit, on oblige le saint à protéger ces lieux ; on le transforme en véritable « *Assass* » ou gardien et il est tenu de punir le voleur tout comme si son sanctuaire avait été violé.

LE MONDE DES GÉNIES. — La terre est la demeure des génies ; il y en a partout, mais ils aiment tout particulièrement les lieux déserts, les égouts, les cabinets, les ruines, les cimetières. Ils viennent le soir sur la surface terrestre et à partir de la prière de l'*Aasser*, c'est-à-dire entre trois et quatre heures de l'après-midi, on doit toujours craindre de les contrarier. Ainsi si on construit des cabinets ou si on creuse un puits ou les fondations d'un mur, on doit à cette heure-là cesser le travail parce qu'on pourrait les blesser. Du reste ils sont fort capricieux et nul n'ignore que si on creuse la terre et que cela ne leur convient pas, on trouve le matin le travail bouleversé ; il faut alors leur faire des offrandes pour calmer leur courroux ou abandonner le travail commencé.

Dans la journée, à l'heure de *El Gaïla* qui est la plus chaude des jours d'été, ils sortent aussi de leur retraite souterraine.

Ils ont été créés en même temps que les humains. Du reste, chaque humain a son double ou *Grïne*, semblable, qui naît et meurt avec lui et dont la vie souterraine est exactement le double de la vie humaine et ce *Grïne* est un génie d'entre les génies.

Mais depuis l'occupation française les génies invisibles se retirent du Maroc, et il faudra bientôt aller dans les montagnes inviolées pour les retrouver. On dit que partout où se pose le pied d'un chrétien, il n'y a plus place pour les génies parce que le chrétien leur fait peur avec les clous de ses chaussures.

On croit que les diables ou génies sont des corps instables qui peuvent prendre toutes sortes de formes. On leur prête soixante-dix-sept apparences. Mais le plus souvent pour vivre au milieu des humains ils prennent la forme d'animaux familiers, chat, chien, par exemple, et on ne sait jamais si on a affaire à un véritable animal ou à son sosie du monde souterrain. Aussi on ne tue ni les chats, ni les chiens, car on craindrait de tuer un génie qui aurait pris cette forme et on redouterait sa vengeance. Cette croyance est si invétérée que lorsque l'agitateur El Hiba[9] s'enfuit de Marrakech, en septembre 1912, après la défaite de sa *Harka*, il fit publier dans la ville la recommandation suivante : « La veille du vingt-septième jour du Ramadan, évitez de faire du mal aux chiens et aux chats ; s'ils viennent dans vos demeures manger avec vous, nourrissez-les, car ce sont des diables qui prendront cette forme pour aller tuer les soldats français dans leurs camps. » Et la recommandation fut strictement observée ; seulement les animaux bien nourris ne tuèrent aucun soldat.

Les diables prennent souvent la forme d'un bouc malodorant avec une grande barbe et de gros sabots. A Salé, en 1915, le *Nadir des Habbous* (conservateur des biens inaliénables des lieux saints) fit construire un four sur un tout petit morceau de terrain afin de l'utiliser et il loua ce four à un boulanger. Le soir du vingt-septième jour du Ramadan, tout en chauffant son four, le boulanger s'endormit. Lorsqu'il se réveilla, il vit distinctement un bouc noir qui remontait par la cheminée après avoir arrosé le four de son urine puante. Il s'enfuit à toutes jambes, abandonnant sa fournée ; jamais plus il ne consentit à revenir dans ce lieu maudit et pendant de longues années le four resta sans locataire.

C'est quelquefois sous l'apparence d'une très belle femme que les diables se présentent aux humains. Aussi est-il défendu de parler aux femmes que l'on rencontre le soir entre

---

9. Cheikh Sidi Ahmed el Hiba (1875-1919) : résistant à la conquête coloniale française au Maroc.

le crépuscule et l'heure de l'*Aacha* qui est la pleine nuit. A cette heure les rues sont peuplées d'apparences de femmes qui racolent les hommes attardés hors de leur demeure. Ces apparitions sont toujours belles, mais lorsque tenté on les a suivies et qu'elles retirent leurs voiles, on s'aperçoit qu'elles ont des yeux verticaux et des pieds de chèvre. Elles tuent sans pitié leurs amants.

Le moment le plus dangereux de la nuit est compris entre l'*Amaïr* (11h½) et *Tahadira* (2h½ du matin). Il faut absolument ne pas sortir dans la rue, ne pas aller aux cabinets, à la cuisine, aux bains maures, à la fontaine, au puits, pendant cette partie de la nuit car ces endroits sont alors peuplés d'apparitions épouvantables et terribles. C'est à ce moment que la *Maezt-Dar-l'Oudou*, la chèvre des cabinets, occupe ces lieux. Elle bêle et terrorise les imprudents qui vont la troubler. Elle apparaît dans tous les cabinets, mais elle est le plus dangereuse dans les cabinets publics attenants aux mosquées.

La *Baghlet El Qebour*, la mule des tombeaux, apparaît aussi à cette heure dans tout le Houz[10] de Marrakech. C'est une veuve qui, de son vivant, s'est prostituée ou remariée avant l'expiration des délais de viduité. A sa mort, Dieu l'a condamnée à prendre chaque nuit, sauf le mercredi, l'apparence d'une mule. Elle est très méchante et ensevelit les étourdis qui, la voyant seule, harnachée devant une maison, s'aventurent à monter sur son dos pour aller plus vite à l'endroit où ils se rendent.

---

10. Haouz : vaste plaine désertique à l'ouest de Marrakech.

LA TERRE

Les bains maures à cette heure sont occupés par les génies qui y font leur toilette. Un génie de taille gigantesque, tout en en gardant l'entrée devant la porte, de son bras étendu jusqu'à l'intérieur du bain, soigne les baigneurs, les masse et les épile.

Mais les génies ne se rendent pas toujours visibles aux humains. Le plus souvent ils sont présents sans qu'on les voie. On les partage en bons et mauvais génies suivant la religion à laquelle ils appartiennent. Il y a en effet, parmi eux, des musulmans, des juifs et des mécréants. Les génies de chaque catégorie sont pleins de bienveillance pour leurs coreligionnaires, mais très dangereux pour les autres. Mais même bienveillants, ils sont le plus souvent susceptibles et il faut les choyer et se les rendre favorables. En tout cas il convient de ne jamais les contrarier car ils sont toujours prêts à vous rendre malades en vous frappant. Les rapports de la maladie avec les génies invisibles seront exposés plus loin.

Ces génies sont souvent facétieux et jouent des farces aux humains pour le plaisir de se distraire à leurs dépens.

Lorsqu'une jeune fille leur plaît il leur arrive de l'enlever. Ainsi, dans le mellah de Marrakech, entre le Talmud Thora et les écoles françaises, se trouve un passage interdit aux noces et aux enterrements, parce qu'il est fréquenté par des génies qui ont un jour enlevé une jeune mariée au milieu d'un cortège nuptial. On craint qu'ils n'enlèvent aussi les cadavres que l'on va inhumer. Aussi, pour éviter ce passage dangereux, noces et enterrements font un grand détour. En général, du reste, lorsqu'on passe près d'un endroit fréquenté par les diables ou génies de la terre, on doit presser le pas et ne pas parler, car si tel est leur bon plaisir ou si seulement on les a légèrement heurtés, ils se vengent aussitôt en vous faisant tomber et plus ils sont mécontents, plus la chute est dangereuse. Si c'est dans la montagne, ce mécontentement se traduit par un jet de pierres et de terre qui vous aveugle et vous oblige à faire demi-tour. Ce jet de pierres, lancées sans qu'on sache d'où elles tombent, est une manifestation fréquente de la présence des génies. Ainsi dans les montagnes du Goundafi[11] habite encore un de leurs rois, le *jenn* Chamaarouch, qui s'est retiré dans une grotte. Tous les ans les montagnards et les gens de la plaine vont en pèlerinage à cette grotte dans le mois du Miloud et y font un grand *moussem*. Mais à l'heure de l'*Aasser* (entre trois et quatre heures), tous les pèlerins se retirent en hâte et les retardataires reçoivent une pluie de terre et de pierres et sont assommés par les serviteurs du *jenn*, car après cette heure la montagne leur appartient. La même mésaventure arrive aussi très souvent aux chercheurs de trésors.

On doit prendre beaucoup de précautions pour ne pas froisser Ces Gens, *Haddouk Ennass*, comme on les appelle. Par exemple, avant de jeter de l'eau chaude dans un égout, il est prescrit de dire *Bismillah* (Par le nom de Dieu). Cette invocation n'a rien de religieux ; c'est un avertissement qu'on

---

11. Goundafi : Haut-Atlas.

leur adresse pour qu'ils aient le temps de s'enfuir et ne soient pas brûlés. De même le *Bismillah* dit au commencement du repas a surtout pour effet de les éloigner et de les empêcher de prendre pour eux toute la partie nutritive des aliments.

Comme ils sont toujours réunis en grand nombre dans les cabinets, il faut s'en méfier quand on y entre. On doit y entrer du pied gauche et en sortir du pied droit en disant la formule :

N'Aoudou Billah Min l'Khoubti l'Khabaït.
Je me réfugie en Dieu contre les fourbes et la fourberie.

Ou bien :

N'Aoudou Billah Min Chitâne Radjim.
Je me réfugie en Dieu contre Satan le Lapidé.

Ou plus simplement :

Bismillah Ridjal el Miadi.
Au nom de Dieu, ô hommes ou génies des Cabinets.

Le jeudi soir, veille du vendredi, on lave les cabinets pour les purifier ; on les encense et on y allume des lumières pour les *Ridjal el Miadi*.

Dans les bains maures, ils sont aussi chez eux, mais ils y sont sous les ordres d'une de leurs reines, Lalla Rekya bent Bel Hammar, Lalla Rekya, Fille du Rouge, qui est la patronne de tous les bains maures. Avant d'entrer au bain, les femmes l'invoquent toujours et lui demandent de les protéger jusqu'à leur départ. La nuit, elles lui offrent des *ménara* (petites poteries servant de lampe à huile), avec sept mèches allumées et brûlent des parfums pour elle afin de la réjouir et de se la rendre favorable. Pour la foule des Autres Gens, *Nass l'Akhorine*, elles jettent du « harmel » au devant de leurs pas et par-dessus leurs épaules en disant :

L'Harmel Harma la Rassoul Llah.
Le Harmel est sacré, ô prophète de Dieu.

et du sel en disant *Bismillah*, au nom de Dieu. Ainsi elles font plaisir aux bons génies et éloignent les méchants.

La nuit du jeudi au vendredi leur est en général consacrée et lorsque la nuit est complètement tombée, il est peu de Marocains qui ne leur fassent une offrande d'encens. Dans chaque maison la maîtresse de maison ou une de ses esclaves, prenant le brûle-parfums garni de braises incandescentes, y jette de l'encens blanc et noir, et souvent les sept bons parfums réunis et parcourt toute la maison, s'arrêtant longuement aux endroits où ils sont censés être plus nombreux, au seuil des portes, dans l'embrasure des fenêtres qui ne laisseront ainsi

LA TERRE

passer que de bons génies, aux grilles d'égouts, au puits, aux cabinets. Pendant toute cette promenade, elle ne cause pas et ne répond pas si on lui parle, mais elle répète le nom du roi des génies, Sidi Mimoun, l'Hôte de Dieu, « *Diff Errebbi* », le Noble de qui sont nés les Nobles. Elle jette aussi de l'encens en morceaux sur le sol, au-devant de ses pas, car les génies s'en nourrissent de préférence à tout autre aliment. La même cérémonie se répète le vendredi, à l'heure de la grande prière, au moment où le *Moudden* appelle les fidèles de sa belle voix musicale et ce n'est pas davantage une offrande à Allah, mais bien aux génies musulmans qui eux aussi se pressent en foule pour répondre à l'appel qui est fait à tous les Croyants visibles et invisibles. De même que la nuit du vendredi leur est consacrée, le mois de Châabane qui précède le mois de Ramadan ou mois du Carême est le mois des génies. On fait pour eux des réunions appelées *Derdeba* ou *Hadra*. Ces réunions sont organisées par les Guenaoua, confrérie diabolique calquée sur les confréries religieuses pour son organisation et que les gens pieux et orthodoxes appellent *Thaïfat Chitâne*, Confrérie de Satan.

    Les adeptes de la Confrérie des Guenaoua, hommes et femmes, sont très nombreux et dans certaines classes de la société tout le monde en fait partie.

    On croit que pendant le mois de Ramadan, les génies sont prisonniers sous terre. Il convient donc avant cette séquestration de les fêter, de les réjouir et de leur offrir des sacrifices. Ces derdeba ont lieu partout ; les adeptes en organisent chez eux, les dirigeants de la confrérie oukil et moqaddem également ; on en fait aussi dans les sanctuaires de certaines saintes (à Marrakech, Lalla Aouïche, Lalla Mimouna), et de certains saints (Sidna Blale, Sidi Ouhilane, Sidi Bou Zid).

Le dixième jour du mois de Chââbane on tue des boucs noirs sur leurs tombeaux. La Koubba de Lalla Aouïche à Marrakech est le lieu de certaines pratiques à cette occasion. Les femmes passent la nuit dans la koubba de la sainte et après avoir consommé un repas sans sel, se livrent au « *djdeb* » ou danse sacrée, jusqu'au matin.

Ces séances sont en réalité des crises collectives provoquées de possession diabolique et nous y reviendrons plus loin en décrivant une séance d'exorcisme. Elles débutent toujours par un sacrifice aux génies invisibles qui, comme les mânes, se nourrissent du sang de ce sacrifice. Certaines *Guenaouïa* boivent aussi ce sang après l'avoir recueilli dans une coupe. Cela leur donne, comme au devin Tiresias, immortalisé par Homère, le don de prophétiser. On les appelle des *Chouaffat* ou voyantes.

Dans le *Dar Makhzen* de Marrakech, ou Palais du Sultan, se trouvent deux endroits où l'on fait des *derdeba* pendant le mois de Chââbane. La chaufferie du bain maure est hantée par une apparition. C'est un esclave enchaîné que l'on entend toutes les nuits se promener et remuer ses chaînes.

Il est très méchant et c'est pourquoi il est enchaîné. On l'appelle *Sidi Bou Slassel*, Monseigneur l'homme aux chaînes. On lave et on encense cette chaufferie tous les vendredis et pendant le mois de Chââbane les esclaves du palais y font une *derdeba* et un sacrifice. Il y a une autre partie du palais où se passent les mêmes séances du même culte. On l'appelle *Dar l'Oudou l'Kebira* : la grande maison des ablutions. Or il n'y a ni cabinets, ni pièces pour faire les ablutions, mais seulement une chambre obscure et en ruines dans laquelle se trouvent une grande marmite d'argile et deux petites marmites. La grande marmite est remplie de goudron et les deux petites d'eau. On appelle ces deux dernières les Jumelles ; pendant le mois de Chââbane, les esclaves du palais font des sacrifices à ces marmites, elles tuent un bouc noir, puis font un repas sans sel et se livrent au *Djdeb* pendant lequel elles boivent le goudron et l'eau contenus dans les marmites.

Dès que le canon tiré au *Dar Makhzen* annonce que le mois de Carême est commencé tous les génies sont emprisonnés sous terre ; pendant ce mois on ne leur fait aucune offrande, on ne s'occupe pas d'eux et les Marocains peuvent tranquillement manger, prier, sortir la nuit sans courir aucun risque. Cependant le soir du vingt-septième jour du Ramadan on procède à leur libération dans toutes les maisons. On encense en silence tous leurs lieux de prédilection avec les sept parfums : encens blanc, encens noir, grains de coriandre, lavande, feuilles de roses, myrte, aloès des Comores. On y ajoute aussi du *Fassoukh*, gomme ammoniaque qui délie les chaînes. On fait sur le sol des libations de lait pour qu'ils le boivent aussitôt libérés et soient bien disposés en faveur des humains ; on allume des lumières de cire dans les cabinets, dans la cuisine, près de l'égout ; on croit qu'ayant été enchaînés sous terre pendant un mois, ils n'y voient plus clair et ne peuvent trouver leur route. On jette sur le sol des morceaux d'encens et de sucre pour les nourrir ; on leur offre un repas sans sel, cuit spécialement pour eux ; on en dépose des parcelles dans les endroits qui leur appartiennent en disant : « Hôtes de Dieu, soyez les bienvenus, voici votre part. » Les femmes poussent trois *zrarit*, ululations de bienvenue. Cette cérémonie se passe au *moghreb* avant la rupture du jeûne. C'est une cérémonie familiale.

Mais il en est une autre, occulte celle-là, qui se passe dans la zaouïa de Sidi Abdelkader Djilani. Le grand saint commande aux génies invisibles, Hakkem Ej-Jenoun, et c'est lui qui les libère, *Elli Ihall El-Bab*, c'est lui qui leur ouvre la porte.

Donc dans la nuit de *Lilt El Khadir*, qui est la nuit du vingt-septième jour du Ramadan, les adeptes de la confrérie des Guenaoua se rendent en foule dans ces zaouïas et ils y font une *derdeba* en l'honneur du saint. Ils brûlent de l'encens noir qui est le portier, Djaoui El Kehal Houa El Bouab, et ils chantent une incantation de libération. Ils évoquent tous les rois des génies, les appelant par leurs noms ; Sidi Mimoun

El Guenaouï, le nègre de Guinée ; Sidi Moussa El Bahari, le marin ; Sidi Hâmou ; Lalla Mira ; Lalla Zouïna, etc., et ils brûlent les parfums de chaque génie, en revêtent les couleurs : noir pour Sidi Mimoun, jaune pour Lalla Mira, blanc pour Moulay Abdelkader Djilani qui finit par être considéré lui-même comme un génie. Puis lorsque l'air est saturé de parfums, ils se livrent au *Djdeb*. Ce saint est constamment présent du reste dans toutes les séances de Guenaoua et lorsque les adeptes sont très excités, il suffit que l'*Oukil* ou intermédiaire entre les génies et les humains, sorte de maître des cérémonies, prononce la formule : « *Allah inouourkoum qeddam Moulay Abdelkader Djilani* : Que Dieu vous rende resplendissants devant Moulay Abdelkader Djilani », pour que l'excitation cesse immédiatement. De même que lorsqu'une femme est possédée des diables et qu'elle a une crise violente, il suffit de dire aux génies qui la possèdent : « *Tkounou Moumnin qeddam Moulay Abdelkader Djilani* : Vous serez Musulmans devant Moulay Abdelkader Djilani », pour qu'aussitôt ils quittent le corps de la possédée. Les Guenaoua ne sont pas les seuls à évoquer les diables. Les *Taleb* ont aussi ce pouvoir. Les *Taleb* du Souss[12] les évoquent en récitant la Borda[13] qui est un poème à la louange du prophète Mohammed.

---

12. Souss : région du sud-ouest du Maroc.
13. Al Borda (la cape) : poème d'Al Boussiri (1213-1295), panégyrique du prophète Mohamed.

En général, on croit que tous les gens lettrés peuvent les évoquer et particulièrement les femmes qui savent lire et écrire. On retrouve ici l'antique croyance aux incubes et succubes et, on ne laisse jamais pour cela une jeune fille ou un jeune homme seuls la nuit dans une chambre car un génie viendrait en abuser.

En somme la vie des Marocains est tout entière en corrélation avec la vie des génies de la terre ainsi qu'on le verra dans la suite de ce travail.

CHAPITRE III

LE CIEL

Le Soleil. — La Lune. — Les Astres. — Le Vent. — Le Tonnerre. — La Pluie.

Le Soleil. — La Lune. — Les Astres. — Le ciel est, ainsi que nous l'avons vu plus haut, une nappe solide qui recouvrait primitivement la terre et qui s'en est éloigné pour le plus grand malheur de l'humanité à la suite d'une intervention maladroite d'une vieille femme.

Le soleil, qui est aussi une femme, est une étincelle de l'enfer qui s'en échappe le matin et y retourne le soir pour s'y coucher et dormir. On croit aussi que le soir, il tombe dans la mer.

Les saints Sidi Bel Abbès, patron de Marrakech et Moulay Abdelkader Djilani, ont le pouvoir de l'arrêter dans sa course, mais c'est le saint Sidi Ali Ben Hamdouche, patron des Hamadcha[1], qui l'a conduit et l'a amené à éclairer toute la terre. A l'origine des mondes, en effet, il n'en éclairait qu'une

---

1. Hamadcha : confrérie soufie, fondée au 17ème siècle, qui se subdivise en groupes distincts propres à chaque ville ou région.

partie ; le reste était plongé dans l'obscurité. Les habitants de ces régions éternellement obscures allèrent demander un peu de lumière aux habitants des régions éclairées. Ceux-ci leur répondirent de s'adresser à Sidi Ali Ben Hamdouche, ajoutant : il est le conducteur du soleil, *Gouad Chems*. Ce qu'ils firent aussitôt. Écoutant leur prière le saint ordonna au soleil de le suivre lui disant : « Partout où j'irai avec mon bâton, tu iras », et il parcourut le monde...suivi du soleil qui répandit partout sa lumière généreuse. Depuis on ajoute toujours à son nom l'expression « *Gouad Chems* », conducteur du soleil, quand on implore ce saint.

Quand le soleil est très pâle, ou qu'il y a une éclipse, on récite la prière « *Çalat el Khousouf* », pour l'empêcher de s'évanouir tout à fait. On croit qu'un jour, il ne se lèvera pas et que ce sera la fin du monde. Aussi quand un homme est opprimé, que son Caïd lui a pris tous ses biens, et qu'il ne lui reste plus rien, il s'écrie :

Louange à Dieu, le soleil se lève encore.
Soubhane Allah, Chems baqi t'atlâ.

Une éclipse de soleil annonce un grand évènement, en général la mort d'un grand personnage ou une déclaration de guerre. Comme tous les phénomènes célestes inexpliqués, c'est un *aalem*, un avertissement de Dieu. Une éclipse inspire

---

2. Salât koussuf : prière de l'éclipse.

toujours beaucoup de crainte et pour apaiser la colère d'Allah, on fait faire des prières et des processions aux enfants. On leur attache les bras derrière le dos et on espère que cette attitude de suppliants et de captifs apaisera le divin courroux.

D'aucuns croient aussi que lors d'une éclipse, c'est un « *afrit* » qui a avalé le soleil. Lorsque cet *afrit* le vomit, il brille à nouveau.

La lune elle aussi est une femme. C'est une *Houria* ou Vierge du paradis qui en est sortie. On croit qu'elle naît au commencement du mois et meurt à la fin. On croit que chaque mois naît une lune nouvelle qui n'est pas la même que celle du mois précédent, aussi quand le mois est fini, on dit par analogie qu'il est mort : *Chahr Mat*. On croit que les vieilles lunes mortes rentrent au paradis pour charmer les âmes des morts.

On tire un présage de la lune le premier jour du mois. Lorsque le croissant apparaît, s'il est droit et a les pointes relevées, le mois sera pluvieux et la vie chère ; si une pointe est plus relevée que l'autre, le mois sera particulièrement mauvais ; si les deux pointes du croissant sont en bas le mois sera bon, agréable à vivre et la vie sera bon marché.

Les Juifs bénissent la nouvelle lune. Ils prétendent que c'est la figure du roi David toujours vivant, qu'on voit dans la pleine lune.

Pour les Marocains musulmans, c'est celle d'une négresse qui porte son enfant attaché dans son dos. Un jour, cette négresse méprisant les dons de Dieu, prit un pain, le partagea en deux et s'en servit pour essuyer le derrière de son enfant. Dieu la punit aussitôt et l'ensorcela dans la lune, pour avertir les humains d'avoir du respect pour le pain qui est un aliment sacré. Comme pour l'éclipse de soleil, l'éclipse de lune est un avertissement. Elle présage que le sultan va être très malade, ou qu'il va se disputer avec ses frères ou même être détrôné.

On doit regarder la lune avec déférence ; on ne doit pas la montrer avec l'index, autrement elle se vengerait aussitôt, en vous montrant du doigt à son tour et vous donnerait un panaris.

On peut être assuré que si on oublie ce respect qui lui est dû, au point d'uriner devant elle, on n'aura aucune chance dans l'année. De plus, uriner devant la lune est considéré comme un acte honteux. Une femme enceinte doit se garder de la lune ; si elle sort le soir, elle doit pudiquement baisser les yeux devant elle. Si elle oubliait d'observer cette défense, elle accoucherait de deux jumeaux.

La lune joue un grand rôle en sorcellerie, on s'en fait une alliée pour le bien comme pour le mal et nous verrons plus tard de quelle manière les sorcières se servent d'elle.

Les étoiles sont les doubles célestes des êtres humains, de même que les *grine* ou démons semblables sont leur double souterrain, et que les feuilles du *Chedjerat el Ferdouce*, arbre du paradis, sont leur double paradisiaque. Aussi, lorsque l'être humain est malade, son double génie est malade de la même maladie, son étoile pâlit, et la feuille de l'arbre du paradis jaunit et se recroqueville.

A l'heure de la mort, le génie meurt le premier, l'étoile tombe du ciel sous la forme d'une étoile filante et la feuille se détache de l'arbre du paradis. Lorsque les femmes se disputent, elles se souhaitent mutuellement la mort en disant : « *Allah Itih Nedjemtek*. Que Dieu fasse tomber ton étoile. » Une étoile filante indique donc la mort d'un être humain. Les étoiles jouent aussi un rôle de protection dans l'amour ; on les invoque et on leur demande leur aide ainsi que nous le verrons plus loin. On doit avoir pour les étoiles le même respect que pour la lune. Si on se couchait nu à la belle étoile, un *afrit* en viendrait aussitôt pour nous corriger.

La voie lactée est du « *teben* », paille fine, semé par un voleur et qui a été puni par Dieu et ensorcelé dans le ciel. Ce voleur avait chargé un chameau d'une grande *chebka*, ou filet, de paille volée. Le vent fit éparpiller la paille et quand le voleur arriva chez lui, le filet était vide et la paille s'était fixée dans le ciel. On appelle la voie lactée, la voie de *teben* et par les temps bien clairs, on voit les traces des pas du chameau.

Les comètes s'appellent « *Mechboh* ». Elles n'apparaissent qu'au cours des années heureuses et n'annoncent que le bien particulier et le bonheur des peuples.

L'arc-en-ciel est un *aalem* ou signe heureux, qui indique, s'il apparaît dans une période de sécheresse, que la pluie va tomber, et dans une période de pluie, qu'elle va cesser. S'il pleut après que l'arc-en-ciel est apparu, on croit qu'il pleuvra abondamment pendant sept jours consécutifs. L'arc-en-ciel annonce toujours une période heureuse, sans maladies. On appelle l'arc-en-ciel « *Arost Chta* », la mariée de la pluie.

On l'appelle aussi « *Hazem Lalla Fatime Zohra* », la ceinture de Lalla Fatime Zohra, fille du prophète. Ou encore : « *Aamoud Zitoun* », bâton d'olivier.

On ne doit pas uriner devant l'arc-en-ciel, pas plus que devant la lune. C'est un manque de respect, et pour punir le grossier qui commet cette faute, l'arc-en-ciel lui donne une rétention d'urine. On ne laisse pas regarder l'arc-en-ciel aux petits enfants, car la vue même du ciel traversée par l'arc les rendrait malades.

Quand les Juifs voient un arc-en-ciel, ils le bénissent et remercient Dieu d'avoir tenu la promesse qu'il leur fit, de ne pas envoyer un second déluge.

Le Vent. — Le Tonnerre. — La Pluie. — On dit que le vent est une âme sans corps : « *Roh Bila Jassed* ».

On croit que le vent prie en soufflant, et dit :

La ilah illa Allah Elahouma
Inni mamouratoun
Lâane men chatamani.

LE CIEL

Il n'y a de Dieu qu'Allah
J'obéis à ses ordres
Maudis celui qui m'a insulté.

On redoute beaucoup le vent. Quand il fait de l'*aajej* dans le sud du Maroc, grand vent soufflant en tempête et soulevant des nuages de poussière, le Fellah prend son couteau et sort dans le vent. Il donne un grand coup en l'air en criant : « *Ya Genoui*. O mon couteau » ; puis il rentre et enfonce le couteau jusqu'au manche dans le foyer allumé en disant :

Isih, irih
Itleq el berri fi Nouss el Lill.

Il coule, il s'éloigne,
Il quitte le continent au milieu de la nuit.

et le vent coupé en deux, s'apaise.

Les Juifs appellent les tourbillons de poussière du nom d'un grand diable : Ketta ben Merriri. Quand ce vent souffle en tempête, ils se cachent, car ce diable fait beaucoup de mal en traversant l'atmosphère.

Le tonnerre est le bruit fait par un ange muet qui essaie de parler et de prier Dieu. Quand il remue ses ailes, il produit les éclairs. Il dit en grondant :

Soubhane el Malik el Qaher
Gloire au roi vainqueur.

Le tonnerre est un signe que Dieu envoie aux hommes pour leur témoigner son mécontentement. Il leur envoie aussi pour la même raison, « *Çaaka* », la foudre, et « *Tebrouri* », la grêle.

Aussi a-t-on peur du tonnerre. On doit fermer les yeux quand il gronde pour ne pas être aveuglé par les éclairs. Pour que les enfants n'en soient pas trop effrayés, on trace entre leurs sourcils une raie verticale avec la suie de la marmite, ce qui indique au tonnerre que ces petits êtres sont sous la protection du génie du foyer. Quand il tonne au moment des moissons, on pense que le tonnerre secoue les épis et les vide. Pour conjurer ce malheur, on fait des sacrifices au saint Sidi Rahhal, *bou Erraada ou namous*, maître du tonnerre et des moustiques en lui disant : « Arrête le tonnerre jusqu'après la moisson. »

Voici quelques charmes contre le tonnerre.

On pile les excréments du mouton sacrifié à l'Aïd el-Kebir et qu'on a soigneusement recueillis et conservés à la maison. On les met dans le brûle-parfums et on encense la maison. Le tonnerre cesse aussitôt par la baraka de l'animal sacrifié conservée jusque dans ses excréments. Ou bien on prend des poux sur la chemise d'un orphelin qui est né après la mort de son père. On les tue sur un miroir tourné vers le ciel.

LE CIEL

Le tonnerre qu'on méprise est tué de même et le ciel devient clair comme le miroir. Ou encore, une jeune fille vierge et première née de ses frères et sœurs, prend un tamis, sort de la maison, relève ses vêtements au-dessus de sa ceinture, et se montrant nue au ciel, fait trembler le tamis au-dessus de sa tête en disant :

Sir l'bled l'Khela
Khaoui, Daoui,
Sir l'bled aadououi
Ou baad Menna Blak.

Va-t-en au pays désert, vide, clair,
Va au pays de mon ennemi
Et éloigne de nous ton mal.

Le ciel a honte d'être couvert quand la jeune fille se découvre ; le tonnerre cesse et le temps redevient beau.

La pluie vient d'une mer qui est dans le ciel. C'est le *Malik Mikaïl*, l'ange Michel qui commande à cette mer et la solidifie. Quand il pleut, c'est lui qui fait pleuvoir et chaque goutte d'eau qui tombe, est accompagnée par un ange.

On compare le ciel chargé de nuages à un être doué d'une âme. Ainsi, quand il ne pleut pas et que le ciel est cependant très noir, on dit :

Es-sma ka t'aasser.
Le ciel a une rétention d'urine.

Ou encore quand il tonne et que l'orage passe sans éclater :

Es-sma ka toudjaa
Allah itlaq sraha.

Le ciel est en douleurs d'accouchement
Que Dieu le délivre.

Quand il pleut et qu'il fait du soleil en même temps, on dit que le sultan est content et que l'année sera bonne. On dit aussi que c'est la noce des chacals, « *Aars Dib* ».

Quand les nuages sont rouges le soir, si on est en voyage, c'est un heureux présage. On doit regarder les nuages en faisant un mauvais sort pour lui en communiquer la noirceur.

La pluie doit nécessairement tomber en février. Ce mois est pluvieux car il pleure nuit et jour, parce que janvier et mars lui ont volé un jour. Février était un grand joueur. Comme il jouait avec janvier et mars, il perdit et ne put payer ce qu'il devait. Alors ces deux créanciers lui prirent chacun un jour pour récupérer ce qui leur était dû.

S'il pleut le 25 mars, jour de l'équinoxe de printemps, cette eau est chargée de baraka. On l'appelle : « *El Maa Enta el Baraka* ». On en recueille pour guérir les maux d'yeux, les maux d'oreille, et surtout laver les mauvais sorts de ceux qui sont « *metaqqaf* » ou « *meshor* », attachés ou ensorcelés.

Dans les Mellah, quand la pluie attendue et désirée a commencé de tomber, les aînés des familles ne doivent pas sortir. S'ils sortaient, ils arrêteraient la pluie. On croit que s'il tonne en été, c'est un signe d'année heureuse. Un proverbe dit :

> *Ila tekellem erraad fi smaîm*
> *Dir ras malek bhaïm.*

> Si le tonnerre parle (gronde) en été
> Mets ton bien en bestiaux.

Après la période de Hésoum, qui va du 24 février au 4 mars et qui est une période de jours de mauvais augure et de tempêtes de vent, il faut qu'il pleuve. S'il ne pleut pas, les épis disent :

> *Fi bettan el Hout*
> *Sboula tgoul*
> *Sqini oulla n'mout.*

> Dans le moment où les poissons déposent leur frai,
> Arrose-moi ou je meurs.

A cette même époque de mars, avril, on ne doit pas se découvrir et mettre des vêtements légers. On trouve ici un proverbe analogue à notre proverbe : En avril, ne te découvre pas d'un fil.

Bin sboula ou sboula
Ta imout ould el-mahboula.

Entre l'épi (d'orge) et l'épi (de blé)
Meurt le fils de la folle.
(Sous-entendu le fou qui a cru au beau temps et s'est habillé trop légèrement.)

Quand la pluie ne tombe pas en temps voulu, tous ceux qui ont intérêt à la voir tomber se livrent à certaines pratiques magiques. Voici quelques procédés pour obtenir cette pluie nécessaire.

D'abord, le plus connu : on offre dans une mosquée, dans le sanctuaire d'un saint ou dans un fondouk, un banquet sacrificiel auquel chacun doit participer et dont tous les intéressés doivent manger. Ce repas s'appelle un « *mâârouf* ».

On recueille aussi dans une bouteille la première pluie qui tombe en automne sous la gouttière du toit tournée vers l'Orient, ou « *Qaddous el Qebli* ». On la cache soigneusement jusqu'à l'époque où la pluie nécessaire ne tombe pas ; alors, après avoir encensé cette bouteille avec de bons parfums,

LE CIEL

on la verse dans ce même *Qaddous el Qebli*, indiquant ainsi son devoir au ciel, qui doit par imitation envoyer la pluie aussitôt.

Dans le sud du Maroc, on fait intervenir le saint tempestaire[3] Sidi Rahhal, maître du tonnerre et des moustiques. On lui offre en sacrifice une vache noire, couleur des nuages ; on promène cette vache dans tout le pays. Les femmes et les enfants la suivent en chantant :

> *Iah lala l'begra*
> *Diri bsa.*
>
> O Madame la Vache
> Faites votre pipi.

Dès que la vache obéit à cette injonction, le ciel l'imite et la pluie tombe par l'intercession du saint.

Le jeu de la Koura ou pelote, est aussi un rite de pluie pratiqué par les enfants des écoles coraniques. Ils sortent de la ville pieds nus et tête nue, comme des suppliants et jouent à la pelote avec de longs bâtons courbés à l'extrémité qui frappe la pelote. La pluie doit arriver aussi vite que roule la pelote.

Quelquefois, c'est sur l'aire à battre qu'ils jouent à la Koura ; alors le rite se complique. Les cultivateurs font griller

---

3. Tempestaire : dans le folklore de nombreux pays, sorcier qui commande aux marées, aux nuages et aux vents, qui provoque des tempêtes.

du blé, de l'orge et du maïs, une partie est offerte aux enfants qui doivent manger ce repas sur l'aire à battre et le reste est semé sur le sol de l'aire en offrande aux génies de la terre. En général, les graines ne sont pas encore toutes grillées, que la pluie arrive. Par ces grains grillés, on fait aussi comprendre au ciel que s'il ne pleut pas, le blé semé ne lèvera pas plus que les grains grillés. Si la pluie tarde cependant à venir, on répète le rite chaque jour, jusqu'à ce que Dieu ait enfin cédé. A ce rite, participent les garçons et les filles.

Quelquefois, les enfants se servent de la planchette sur laquelle ils apprennent à écrire, pour obtenir la pluie. Ils sortent pieds-nus et tête nue dans les rues de la ville, portant devant eux cette planchette, sur laquelle une prière est écrite.

Lorsque les premières gouttes d'eau commencent à tomber ils doivent exposer leur planchette jusqu'à ce que tous les caractères écrits soient effacés, lavés par la pluie. Ainsi sera effacée la sécheresse redoutée.

La grande prière de l'*Istisqa*, du verbe *ska*, il a arrosé, est une prière pour la pluie qui est prescrite par le sultan, quand le manque de pluie est une véritable calamité publique.

Pour participer à la prière, il faut être en état de pureté et jeûner le jour où elle doit être dite. Il faut être pieds nus et tête nue, dans l'attitude des suppliants. Pour augmenter encore cette attitude, on attache les bras des enfants qui participent à l'*Istisqa*, derrière leur dos.

Quand la prière est terminée, tous les fidèles doivent

retourner leur djellaba à l'envers, pour bien indiquer au ciel que le temps doit tourner. Cette prière engage beaucoup le sultan, car c'est souvent en punition de ses fautes personnelles que Dieu envoie cette calamité à son peuple.

Aussi doit-il s'amender après que la pluie a été envoyée par Dieu. S'il persiste dans son péché, il s'expose à mourir dans l'année.

Pendant les fêtes du mariage, on pratique aussi des rites de pluie.

Lorsque la mariée est coiffée, on lui voile entièrement le visage en lui disant :

> *Ebki bach idji l'aam sbab.*
>
> Pleure pour que l'année soit pluvieuse
> Pleure pour qu'il pleuve.

Si elle ne pleure pas, on la pince, on la bat, on lui dit de méchantes paroles, on la menace de travailler toute sa vie, de moudre tous les jours du blé. Enfin, quand elle a bien pleuré, on lui dit : « Ne pleure plus, nous aurons beaucoup de pluie. » Il faut que le voile soit trempé de larmes pour qu'on le retire. On appelle ce voile : *Cherbiat demoâ*, le voile des larmes. C'est une pratique générale. Dans les campagnes du Houz, le jour où le mariage doit être consommé, on fait une galette de farine de blé et on l'attache dans le dos de la mariée.

Elle sort alors dans les champs en criant :

Ya rebbi t'âtena l'ghit bezzef.

O mon Dieu, donne-nous beaucoup de pluie.

Elle fait alors tomber sur le sol la galette que les enfants qui la suivent se partagent.

Quand la pluie tombe trop longtemps et que les récoltes sont compromises, on fait le *tqaf* de la pluie, procédé analogue à ceux employés dans le nouement de l'aiguillette, qui s'appelle aussi *tqaf*.

On fait rougir une grande aiguille à ficelle et on l'éteint dans la pluie. On a cousu la pluie qui doit cesser aussitôt.

On prend aussi un morceau de foulard de tête d'une femme stérile et veuve, on le lave pour le purifier, on le trempe dans du goudron et on en fait des fumigations avec le brûle-parfums ; les nuages de fumée chassent les nuages de pluie, le semblable faisant cesser le semblable. De plus, le fait de prendre le mouchoir de cette veuve, indique au ciel que cette pluie trop abondante, stérilisera la terre.

Pour faire cesser la pluie, on prend encore le miroir d'une nouvelle mariée. On monte sur la terrasse et on le ferme en le montrant au ciel. La pluie doit cesser à l'instant. C'est encore un *tqaf* de la pluie.

Quand il pleut trop à Marrakech et qu'on craint que

LE CIEL

les murs des maisons s'écroulent, on prend la gargoulette qui a servi aux enfants pour verser de l'eau sur les tombes le jour de l'Achoura, on la remplit de l'eau qui coule d'une terrasse, par le *Qaddous el Qebli* et on l'enterre ; on a ainsi enterré la pluie. Le fait de prendre cette gargoulette servant uniquement dans les rites funéraires, renforce le rite.

Le saint Glaoui Sidi Merri, empêche la pluie de tomber et de contrarier un voyage ou une partie de plaisir à la campagne. Quand un voyageur ou un pèlerin est en route, s'il redoute la pluie, il prend une pièce d'argent, la regarde et dit : « Voilà votre *sadaqa*, votre offrande, ô Sidi Merri » ; puis il met précieusement la pièce de côté. Le ciel s'éclaircit immédiatement par la protection du saint qui éloigne les nuages et empêche la pluie. Lorsque plus tard, en traversant un souk, notre voyageur entendra un serviteur du saint réclamer à haute voix le *sadaqa* de Sidi Merri, dans sa tournée de quête, il est tenu de prendre aussitôt la pièce destinée au saint et de la lui donner.

Mais lorsque la pluie tombe au moment des labours, il y a des intérêts particuliers qui sont lésés, des cultures auxquelles elle nuit. Il y a dons des gens intéressés à empêcher la pluie de tomber. Ainsi le propriétaire de palmiers dont la pluie abîme les dattes, pend dans les palmiers un squelette de tête de chameau ou de chien, pour faire peur à la pluie. Le jour d'un mariage, si la pluie gêne la cérémonie, on fait des fumigations de sang desséché, provenant du sacrifice du mouton de l'Aïd el-Kebir, pour la faire cesser.

Du reste, on a bien soin le jour de l'Aïd el-Kebir, de ne pas laisser manger de la tête du mouton sacrifié aux jeunes gens ni aux jeunes filles à marier, car s'ils en mangeaient, ils auraient sûrement de la pluie le jour de leur mariage, le ciel devant fatalement imiter le nez du mouton qui coule souvent.

Les femmes des jardiniers, se soucient peu des grandes cultures d'orge ou de blé ; elles ne veulent pas que la pluie abîme leurs légumes, et pratiquent également un petit rite magique pour l'éloigner.

Elles se procurent une aiguille dont le chas n'est pas percé et un miroir et vont dans le jardin de légumes ; pendant que l'une enfonce l'aiguille dans le sol comme un clou, clouant la pluie, l'autre tient le miroir dirigé vers le ciel pour que par imitation, ce ciel devienne aussi limpide.

Le marchand de grains a aussi intérêt à ce que la pluie ne tombe pas au moment des labours pour que les réserves qu'il a en magasin ou en silos augmentent de prix.

Il fait faire une petite charrue, sort de la ville et s'en va dans un endroit isolé, le plus souvent dans un cimetière ; il attelle un chat et un chien, il fait le simulacre d'un labour en semant du sel dans le sillon tracé. La pluie cesse aussitôt de tomber et la récolte est compromise, parce qu'il a tourné en dérision l'acte de labourer. De plus, le fait de semer du sel indique bien sa volonté d'obtenir que le grain déjà mis en terre ne germe pas davantage que le sel qu'il vient de semer. En même temps qu'il laboure avec son chat ou son chien, il dit :

Tsapp, chta ma tsab
Khir ila hartou el melha
Ou tenbet Gsab.

Hue, la pluie ne tombera
Que si on sème du sel
Et qu'il lève des roseaux.

Ces paroles fortifient encore le rite car le sel ne devant jamais produire de roseaux, la pluie est bien conjurée et les récoltes définitivement compromises.

La Nuit. — La première nuit qui a été produite par les fumées de l'enfer, a précédé le jour. La nuit que l'on personnifie est du masculin. Ainsi, dans les incantations de magie, on dit : « Les gens t'appellent nuit et moi je te nomme Monseigneur Nuit. »

La nuit, la terre appartient aux génies souterrains bons et mauvais, qui sont les maîtres du monde.

Les défenses relatives à la nuit sont très nombreuses.

On ne doit pas siffler la nuit, car on ruinerait l'endroit où l'on siffle en y attirant tous les génies qui viendraient y danser.

On croit aussi qu'en sifflant la nuit on attire les voleurs.

On ne doit pas manger de fèves la nuit, car cela entraînerait la mort des parents de celui qui enfreindrait cette défense. Les orphelins seuls, peuvent en manger sans danger.

On ne doit pas laver son linge la nuit.

On n'égorge pas la nuit les animaux destinés à la nourriture des hommes, car les génies pourraient se blesser en venant boire le sang. Cependant, si on les apaise au préalable, en jetant du sel ou du harmel, on peut le faire sans danger.

On ne se peigne pas la nuit, autrement on aurait des crevasses. De plus, un proverbe ne dit-il pas :

> *Faïn imchi l'bass ?*
> *And elli iemecht rassou fi el lill.*

> Où va le mal ?
> Chez celui qui se peigne la nuit.

On ne fait pas de pain la nuit. Si on est obligé de le faire, on met au-dessus un couteau et du sel pour le préserver des génies. De même, on ne doit pas laisser un pain entier la nuit dans la maison, on doit l'entamer. On croit que si on le laissait entier, une *gennia* ne manquerait pas de venir le prendre pour accoucher dessus et de le remettre ensuite en place. Or, ce pain ainsi souillé, deviendrait le plus sûr, le plus lent des poisons magiques. C'est ce qu'on appelle le *tââm* des génies, la nourriture empoisonnée des génies. On attribue à la

LE CIEL

consommation de ce *tââm* de nombreuses maladies.

C'est pour la même raison qu'on doit le matin, vider toutes les cruches d'eau. On ne boit jamais l'eau qui a passé la nuit dans un récipient parce que les *gennia* qui accouchent, s'en servent pour laver les nouveau-nés et la remettent ensuite où elles l'ont prise lui communiquant le même pouvoir mauvais.

Dans les endroits où l'eau est rare, on la préserve des génies en y mettant du goudron ou en y jetant le soir une braise allumée. Le feu leur fait peur et les éloigne et la braise, bien qu'éteinte, conserve cette propriété du feu et garde l'eau de toute souillure.

Il en est de même des aliments préparés que l'on conserve pour le lendemain. On met au-dessus du plat un petit morceau de bois, en disant :

Hada âakkaz Sidna Soleiman.
Ceci est le bâton de Sidna Soleiman (Salomon).

Ce bâton garde le plat de la convoitise des diables musulmans et de la méchanceté des autres.

On doit laver la nuit la poule qu'on va faire cuire avec de l'eau salée pour que les génies ne la lèchent pas.

On ne fait pas de ventouses scarifiées la nuit ; si on en fait quatre fois on est sûr de mourir de mort violente. Le sang des ventouses doit être mêlé à du sel et du harmel avant d'être jeté à l'égout, autrement les diables, en le buvant, nous rendraient malades. On ne balaye pas la nuit, pas plus que le vendredi, car on balaierait le bien de la maison. Si on est obligé de le faire, on brûle ensuite les extrémités des pailles du balai.

On ne jette pas de cendre la nuit, car les enfants des génies affectionnent le foyer et y jouent. Si on jetait les cendres du foyer on risquerait de les jeter avec et de se faire des ennemis irréductibles des génies de la maison.

On ne jette la nuit ni eau sale ni eau chaude. L'eau sale souillerait Ces Gens, qui, comme les humains, se plaisent dans la propreté. L'eau chaude les brûlerait. Cependant, on peut le faire après avoir prononcé le mot de *Bismillah*, par le nom de Dieu, qui les invite à se tenir sur leurs gardes.

On doit allumer la lumière avant la tombée de la nuit. La lumière apporte la chance. On ne doit pas entrer dans sa chambre pour dormir, s'il n'y a pas de lumière. Avant de se jeter sur le lit il faut dire *Bismillah*, au nom de Dieu, pour que les génies qui y folâtrent abandonnent la place.

On ne souffle pas les bougies, on doit les éteindre avec les doigts.

On ne travaille pas la nuit. Cependant, pour la première partie de la nuit la défense est peu sévère. Mais, à partir de minuit, on doit laisser absolument la place aux génies invisibles et ne pas les gêner par sa présence.

On ne doit jamais éteindre le feu du foyer, il s'éteint

seul ; on doit penser que les génies peuvent en avoir besoin et le leur abandonner.

On ne sort pas la nuit, mais si on met dans sa semelle un peu de harmel et de sel on est protégé efficacement contre les génies invisibles et on peut le faire sans danger.

Si la nuit, quelqu'un vous appelle, il ne faut lui répondre que s'il répète trois fois de suite votre nom, car dans ce cas c'est un être humain qui a parlé. Si le nom n'est dit qu'une fois ou deux, c'est un mauvais génie qui veut vous attirer pour vous battre ou vous donner la folie.

Si on veut uriner par terre la nuit, il faut cracher trois fois pour avertir les génies d'avoir à s'éloigner.

Le milieu du jour inspire les mêmes craintes que la nuit, surtout pendant la saison chaude. Cette heure qui s'appelle « *El Gaïla* », appartient aux génies invisibles pour lesquels on doit avoir le même respect que pendant la nuit afin de se les concilier.

En somme, nuit et jour, on doit constamment compter avec Ces Gens, et ne jamais oublier qu'ils peuvent faire beaucoup de mal.

CHAPITRE IV

LES EAUX

Origine. — Les Saints, les Sources et les Rivières. — Les Lacs. — Respect dû aux eaux. — Bruits entendus sous les eaux. — Pouvoir magique des eaux. — Les Génies des eaux.

Origine. — A l'origine toutes les eaux étaient douces. Mais la Mer pécha par orgueil et voulut couvrir le monde entier. Pour la punir Dieu la fit avaler par un moustique. Ce moustique n'en rendit qu'une partie et la rendit salée.

Depuis, les vagues en montant les unes sur les autres disent constamment :

El houddoud, el houddoud
Soub'hâne el Malik el Maaboud.

Les limites, les limites
Gloire au roi adoré.

Ainsi la limite imposée n'est jamais dépassée.

Les Saints. — Les Sources. — Les Rivières. — La plupart des rivières ont été conduites par des saints et on retrouve un peu dans tout le Maroc des récits légendaires rappelant comment ont jailli les sources.

En voici quelques-uns :

Il y avait à Marrakech un cheikh[1] réputé, appelé Sidi Ali Ben Farès. Mais le Sultan Noir l'accusa de se livrer à la sorcellerie et le fit chercher par ses soldats pour le mettre à mort. Sidi Ali Ben Farès réussit à s'échapper. Il quitta la ville et se rendit jusque vers Ourika dans les montagnes de l'Atlas. Il frappa le sol de son bâton et en fit jaillir la source de l'Oued Icil, puis il conduisit la rivière jusqu'aux portes de la ville de Marrakech qu'il avait résolu de détruire en l'inondant. Alors deux autres saints, le Cadi Ayad et Sidi Youssef Ben Ali, qui avaient deviné ses projets, allèrent à sa rencontre jusqu'au dehors de Bab Aghemat[2]. Ils supplièrent Sidi Farès de renoncer à se venger du Sultan Noir sur les habitants de Marrakech. Cédant à leurs prières, le saint contourna la ville, non loin des remparts, jusqu'à Bab Khémis[3], une des portes de la ville, et là il s'en éloigna et conduisit l'Oued Icil jusqu'à l'Oued Tensift dans lequel il le fit se déverser. Après que le danger couru par

---

1. Cheikh : ancien, chef de confrérie.
2. Bab Aghmat : l'une des portes de la ville de Marrakech.
3. Bab el-Khemis : la porte du jeudi.

la ville eut disparu, les saints Cadi Ayad et Sidi Youssef Ben Ali réconcilièrent Sidi Ali Ben Farès avec le Sultan Noir qui reconnut qu'il était un véritable saint et non un sorcier.

Dans la fraction des Oulad Mtaïa (tribu des Rehamna[4]), il y a une source qui jaillit à travers la fissure d'une roche très dure. Cette fissure a été faite par le saint Sidi Mohammed Bel Moumen avec la pointe de son bâton. La Koubba du saint est à côté de la source, et tous les ans cette fraction de la tribu fait un grand *moussem* ou pèlerinage avec sacrifice à la source et au saint qui la leur a donnée, et qui a transformé par cet acte, le sol désertique, en pays de bonnes cultures.

Le saint Sidi Abd-el-Aziz dont la Zaouïa est à Marrakech a fait jaillir une source à Guedmioua dans la montagne de Imintala. Cette source s'appelle l'*Aarja*, la boiteuse, parce qu'elle est intermittente.

Le pays était misérable et stérile. Le saint ayant pitié des gens du pays leur donna la source qu'il fit jaillir en enfonçant son bâton dans la terre. En retour, il les imposa du dixième de leurs récoltes au profit de sa Zaouïa. Comme cette source est intermittente, on croit qu'elle tarit si le dixième n'est pas exactement payé. Chaque fois qu'elle s'arrête de couler les gens du pays font des sacrifices au saint, pour apaiser sa colère, payent leurs dettes à la Zaouïa et aussitôt qu'ils sont en règle avec le saint, la source surgit à nouveau. Il y a auprès de cette source un abîme très profond au fond duquel on prétend

---

4. Rehamna : tribu arabe du Haouz de Marrakech.

qu'on entend des mugissements. Cette source est l'objet direct du culte des femmes qui lui font des offrandes de blé, d'orge et d'encens, des sacrifices de poules qu'elles laissent sur place.

L'Oum-Er-Rebia qui prend sa source dans le Tadla[5] et va se jeter dans l'Océan au pied d'Azzemour, a aussi une curieuse légende qui explique pourquoi tant de gens se noient dans ce fleuve.

La source de l'Oum-Er-Rebia était prisonnière d'un mauvais génie qui avait mis sur elle un grand rocher et l'empêchait de jaillir. Un sultan Saadien[6], versé dans la magie et dans la sorcellerie, apprit un jour que pour délivrer cette source il fallait lui offrir la vie de quarante savants. Il réunit tous les *Oulama* du Maroc, pour leur demander ces quarante savants. Mais les *Oulama* répondirent : « Nous ne sommes pas des savants, nous n'avons qu'une science de livres ; il faut pour délivrer la source quarante savants ne tenant leur science que de l'inspiration. »

Alors le sultan réunit tous les poètes, tous les inspirés et leur dit : « J'ai besoin de la vie de quarante d'entre vous. » Un seul se leva. C'était le saint Sidi Rahhal ; il lui dit : « A moi seul je vaincrai le génie. » Il se rendit aussitôt à la source, fit des incantations et le génie vaincu disparut sans lutte. La source délivrée jaillit abondante. Sidi Rahhal la conduisit avec son bâton jusqu'à la mer ; il traça au fleuve un lit encaissé dans

---

5. Tadla : plaine d'environ 3600 km2 située dans le Maroc occidental.
6. Dynastie des Saadiens : 1525-1659.

les montagnes et proféra sur lui une malédiction : « Jamais personne ne profitera de cette eau, s'écria-t-il. Elle n'arrosera aucune terre, aucun jardin. »

Mais les quarante inspirés pris de honte l'avaient suivi de loin, lorsqu'il était parti lutter avec le génie de la source. Arrivés près de la source ils s'étaient mis à prier au pied du rocher sous lequel elle était prisonnière. Au moment précis où la source jaillit, ce rocher bascula et les tua tous, accomplissant la prophétie dont le sultan Saadien avait eu connaissance, grâce à sa science de la magie.

Depuis il faut à l'Oum-Er-Rebia un tribut annuel de quarante victimes humaines et c'est pourquoi on hésite toujours à s'y baigner par peur de s'y noyer et d'être une de ces quarante victimes.

Dans le Souss on croit que c'est Chamarouj, un des rois des génies, qui fit naître et conduisit les rivières du Souss.

Les Lacs. — Les lacs ont aussi leurs légendes. Ils sont peu nombreux au Maroc.

Le lac Zima qui est un immense marais salant, (de là son nom), situé dans le pays Ahmar entre Marrakech et Safi, est un crachat du prophète Sidi Mohammed, qui mit dans ce crachat toute sa baraka.

Par la Kimya, qui n'est autre que le Miracle de la Multiplication des Pains, le sel s'y reproduit constamment de sorte qu'on a beau en extraire, il y en a toujours autant.

Naturellement on ignore le phénomène physique de l'évaporation ; il est donc naturel de croire à une reproduction magique du sel extrait.

Pour d'autres, ce lac est le « *Sdak* » ou dot de Lalla Fatime Zohra, fille du prophète, dot que lui donna son mari Sidna Ali en l'épousant.

Ce lac est personnifié, on le considère comme un personnage sacré, un génie, et on fait sur lui un serment qui a une très grande importance en cas de vol. L'accusateur invite l'accusé à venir jurer sur Zima. Si l'accusé est réellement coupable il préfère restituer la chose volée que de prononcer ce serment, car Zima est terrible et punit impitoyablement celui qui fait un faux serment, l'aveuglant, le paralysant, le faisant mourir de la rage. Le refus de jurer sur Zima équivaut à un aveu de culpabilité.

On ne vole non plus jamais le sel du lac car Zima veille constamment. Il est son propre gardien.

On croit que les saints qui pouvaient de leur vivant faire jaillir des sources, conservent ce don après leur mort. Ainsi tous les ans au *Moussem* du Moulksour, fête du saint Moulksour[7] à Marrakech, si le saint est satisfait des offrandes faites par les pèlerins, il le manifeste sous la forme d'un miracle. Sous le chambranle de la porte de son sanctuaire on voit tout à coup une source qui jaillit. Les pèlerins présents se jettent à

---

7. Moul el Ksour : Sidi ben Abdallah el Ghazouani, dit Moul el Ksour, décédé en 1528 et dont la zaouïa est dans le quartier d'El Ksour à Marrakech.

terre, boivent cette eau qui suinte abondamment, s'en lavent le visage et les mains pour se purifier de tout mal.

L'artifice par lequel l'eau est amenée ainsi n'est soupçonné de personne. Chacun croit que c'est par son seul pouvoir que le saint fait jaillir l'eau miraculeuse une fois par an.

Respect dû aux eaux. — Bruits entendus sous les eaux. — Il est interdit de souiller les eaux. Si on oublie le respect dû aux eaux jusqu'à uriner dans une rivière par exemple, on peut être assuré d'être ruiné incessamment.

On croit que les génies qui habitent sous les eaux s'y réunissent pour danser et jouer de la *Ghaïta* ou des *Tàridja*. On prétend que sur le bord du Tensift, rivière qui passe près de Marrakech, on entend de la Koubba du saint Sidi Ali ou Malek, des bruits musicaux qui proviennent du fond de la rivière. On entend ces bruits dans la nuit du jeudi au vendredi. Ce serait des génies, gardiens de grands trésors, qui joueraient de divers instruments pour ne pas s'endormir. On entend ces bruits près du puits de la Zaouïa du saint Azouz à Marrakech, dans la rue de Sidi Ghanem et on les entend dans mille autres puits ou fontaines.

Pouvoir magique des eaux. — On croit à la vertu guérisseuse des eaux, à leur pouvoir contre la stérilité et cela sera exposé longuement plus loin. On croit surtout à l'action magique des eaux qui lavent toutes les souillures, délivrent de tous les sorts. Ainsi lorsqu'on creuse un puits, la première eau qui sort est recueillie et donnée à une jeune fille ou à une femme veuve ou divorcée que personne ne veut épouser. Celle-ci lave le maléfice avec cette eau en lavant sa figure et ses mains et le sort étant conjuré, elle trouve aussitôt à se marier.

Au moulin de Moulay-Ibrahim, dans les gorges de Moulay-Ibrahim, au-dessus de Tamesloht[8], il suffit de se mettre nu sous la cascade du moulin pour être libéré des sorts qui rendent impuissants ou malades.

C'est par milliers que sont ainsi délivrés, chaque année, hommes, femmes, enfants venus en pèlerinage au sanctuaire de Moulay-Ibrahim, dans la semaine qui suit le Miloud.

A Marrakech, c'est dans le sanctuaire de Sidi Messaoud, dans le Riad Larouss que vont les jeunes filles qui ne trouvent pas à se marier parce qu'on leur a fait un mauvais sort.

Elles emportent avec elles un peigne, du henné et font d'abord leur toilette dans le sanctuaire. Elles peignent leurs cheveux, teignent leurs mains et leurs pieds au henné, puis au moment où le *Moudden* appelle les croyants à la prière, elles se mettent toutes nues dans la Koubba du saint et s'inondent de l'eau du puits sacré. En s'en allant elles laissent dans le sanctuaire avec leur offrande, leur peigne, et leurs démêlures, y laissant ainsi tout le mal dont elles étaient imprégnées. On dit de ce saint :

---

8. Tamesloht : village situé à une vingtaine de kilomètres au sud-ouest de Marrakech.

Sidi Messaoud,
Seggam Seôud.

Sidi Messaoud améliore la chance par la vertu de l'eau purificatrice.

Dans toutes les villes du Maroc, les Juifs, la veille du Youm Kippour, jour du Grand Pardon, font une purification par l'eau avant le grand jeûne. Ils prennent des bains froids collectifs dans de grands bassins attenants aux synagogues, bassins appelés *Nekoua*. Pendant qu'ils sont dans l'eau, pour chasser les mauvais esprits, le barbier qui est en même temps rabbin, leur fustige le corps avec un bâton.

Ils font aussi des purifications par l'eau, le *N'har Mimouna*, jour qui termine les fêtes de Pâques.

Le matin à la première heure, les Juifs de Marrakech vont faire cette purification dans une conduite d'eau en partie démolie qui se trouve entre le Palais de la Division et l'Hôpital Mauchamp[9] et qui s'appelle : *Seqqaïit El Mzoudi*, la conduite d'eau du Mzoudi. Cette conduite d'eau a une légende.

Un riche musulman du nom de Mzoudi avait une fille. Une nuit il commit un inceste avec elle. Lorsque la raison lui revint il alla demander aux hommes pieux comment il pourrait se laver de ce péché. Ceux-ci lui dirent : « Il faut que tu creuses avec tes mains une conduite d'eau qui ait quatre jours de marche de longueur et ta faute te sera remise. » Alors

---
9. Hôpital Ibn Zohr, aujourd'hui.

le Mzoudi se mit au travail et creusa une conduite d'eau qui devait alimenter Mogador[10] d'eau potable. Cette eau a donc, par son origine, un très grand pouvoir de purification. Tous les Juifs de Marrakech, sans exception, doivent s'y laver les mains et le visage le *N'har Mimouna*. On en recueille dans des bouteilles pour faire accomplir le rite aux malades et aux femmes en couches, qui ne peuvent se transporter à la *Sequaïït El Mzoudi*. A la côte cette purification se fait avec l'eau de la mer.

De même que l'eau lave les sorts, elle fait oublier les malheurs.

Quand un prisonnier est libéré, avant de lui laisser franchir le seuil de sa maison on lui lave les pieds. L'eau emporte tout souvenir de la peine subie.

Lorsqu'un prisonnier est depuis longtemps en prison, en allant le voir, on s'empare d'un morceau de sa chemise ou de son turban, on y fait sept nœuds et on va le jeter dans le courant de la rivière. Les nœuds mettent un terme à la peine et le courant l'emporte. Après avoir accompli ce rite le prisonnier est vite libéré.

C'est par ce même procédé qu'on guérit toutes les maladies longues et incurables. On prend une mesure de blé et on le verse sur la tête du malade. Ce blé prend la maladie. On le moud ensuite et on en fait du pain. On pose ce pain successivement sur toutes les parties du corps afin de bien

---

10. Essaouira, aujourd'hui.

prendre tout le mal puis on le coupe et on va le jeter dans la rivière dont le courant emporte le mal. Cette offrande de pain peut aussi être considérée comme une offrande au génie de la rivière.

Le culte des fontaines est aussi très répandu, mais il s'est partout islamisé et il n'y a pas de sanctuaire qui n'ait son puits chargé de baraka ou sa fontaine sacrée.

Les fontaines jouent aussi un rôle dans la guérison des maladies.

Au Mellah de Marrakech il y a une grande fontaine à laquelle les femmes font la nuit des offrandes de branches de myrte et d'œufs, sans doute pour apaiser le génie de la fontaine, quand elles ont chez elles un grand malade.

En outre elles recueillent de la boue de la fontaine et s'en servent comme d'une pommade magique qu'elles appliquent sur les parties malades. On appelle cela : *Elhema Enta Squaya*, l'eau sale de la fontaine.

LES GÉNIES DES EAUX. — On pense qu'il y a des génies dans toutes les eaux, même dans les plus petites flaques. Quand un enfant, en butant, tombe dans l'eau, on lui fait aussitôt faire une offrande au génie de l'eau. On lui fait prendre dans la bouche une gorgée d'huile qu'on lui fait cracher dans l'eau où il est tombé. On met dans sa main un œuf qu'on lui fait aussi jeter dans l'eau. Cela apaise les génies qu'il a troublés, sans cela, ils le rendraient malade.

Dans le *Dar Makhzen* de Marrakech, il y a un grand bassin. Chaque année, pendant le mois de Chââbane, les esclaves du palais sacrifient un bouc noir au génie de ce bassin. Elles font en outre une *derdeba* ou réunion, en l'honneur des génies de l'eau avec le concours des Guennaoua.

Quand le sultan reste de longues années sans revenir à Marrakech, les esclaves habitant son palais font dans ce bassin une cérémonie spéciale pour faire revenir leur maître en le plaçant sous la protection du génie du bassin. Elles vident d'abord le bassin, le nettoient, l'encensent avec tous les parfums préférés des génies. Ensuite elles font sacrifier au milieu du bassin un bouc noir au génie du bassin. Elles tirent un augure de ce sacrifice. Si l'animal après qu'il a la gorge tranchée, et bien que son sang coule à flots, fait quelques pas, c'est que le sultan va bien et ne tardera pas à revenir. Si au contraire, il s'affaisse et meurt sur place, l'augure est des plus mauvais.

Ensuite, elles font carboniser la tête du bouc dans un fourneau et encensent avec tout le palais. Les pieds et la viande de l'animal sacrifié sont cuits avec du *cherchema*, mélange de sept légumes secs, sans sel. Quand la cuisson est terminée, elles placent le tout sur un grand plateau et elles organisent une procession dans toute la ville. En tête de la procession on porte outre ce plat de *cherchema* une grande quantité de plateaux de feuilles de palmier sur lesquels on a placé tous les parfums, tous les vêtements, tous les accessoires que l'on emploie dans les fêtes données en l'honneur des diables ou génies invisibles. La procession fait le tour de la ville puis retourne au *Dar Makhzen*. Les esclaves du palais mangent alors le repas préparé avec la viande du sacrifice et en font aussi une *sadaqa*, aumône aux pauvres de la ville.

Certains génies des eaux se montrent aux humains. Les plus connus et les plus redoutés sont Aïcha Kandicha et son mari l'*afrit* Hamou Oukaïou. Ce sont des génies méchants et malfaisants, qui attaquent les gens isolés et les tuent pour le plaisir de les tuer, par haine du genre humain.

Que ce soit sur les rives du Sebou ou sur le bord des bassins de l'Aguedal de Marrakech ou de ceux du palais du sultan, Aïcha Kandicha apparaît à l'heure de *l'El Gaïla*, ou la nuit, sous la forme d'une très belle femme avec des pieds de bouc ou de chameau. Elle ne s'attaque qu'aux hommes et aux hommes isolés. Elle interpelle celui qu'elle poursuit, le nommant par son nom. Celui-ci s'enfuit alors avec rapidité, la peur lui donnant des ailes. Il ne court plus aucun danger dès qu'il rencontre d'autres humains ou qu'il s'approche des lieux habités. Mais Aïcha Kandicha a quelquefois des passions terribles pour les hommes, alors elle entraîne ceux qu'elle désire sous les eaux, et les enrichit s'ils consentent à satisfaire sa luxure.

Hamou Oukaïou est le mari de Aïcha Kandicha et s'attaque aux femmes comme elle s'attaque aux hommes. Cependant il suffit d'aiguiser son couteau sur le sol pour les mettre tous deux en fuite. Aïcha Kandicha ne s'attaque jamais aux Hamadcha. Les gens appartenant à cette secte n'en ont pas peur et prétendent qu'elle est la sœur *gennia* du saint patron de leur confrérie Si Ali ben Hamdouche.

Quelquefois d'autres génies prenant l'apparence de femmes lavant de la laine sortent à l'heure la plus chaude du jour le long des *Khottara* qui sillonnent la plaine du Houz (ce sont des canalisations amenant l'eau des montagnes). Avant de leur adresser la parole ou de répondre à leurs plaisanteries, on doit toujours regarder leurs pieds pour savoir à qui on a affaire. Ces lavandières sont aussi très malfaisantes.

D'autres génies peuvent vivre parmi les humains, ce sont les *Sourniat* ou Vampires ; une belle négresse, dans un harem, n'est souvent qu'une apparence de femme. La nuit, elle tue ses compagnes lentement en suçant leur sang, sans laisser aucune trace, et si elle peut sortir de la maison, elle se dépouille de sa peau humaine en la retournant comme un gant et descend dans les puits rejoindre les génies de l'eau et prendre part à leurs fêtes. Au *Fejer*, elle remonte sur la terre, réajuste sa peau et reprend sa place au milieu des humains.

A Marrakech on rend encore un culte à des génies de l'eau, les *Redjal el Marja* ou hommes de la Mare. Dans le Riad Larrouss, le jardin des mariées, qui est un des grands quartiers de Marrakech, il y a une grande fontaine. Autrefois, tout le terrain qui se trouve autour de cette fontaine était un vaste marécage peuplé de grenouilles qui semblent avoir été les divinités du lieu. Le marécage est asséché maintenant, cependant le vingt-septième jour du mois du Ramadan on y va en pèlerinage le soir ; les femmes apportent de petites poteries appelées *Darraja*, dans lesquelles on leur vend le rouge dont elles se servent habituellement comme fard, elles y mettent de l'huile et de l'encens, les transformant en lampes et y allument des mèches de fil qui brûlent tant qu'il y a de l'huile dans ces lampes improvisées. Elles disent en les allumant :

> *Ana doouit alikoum*
> *Ou dooui alya.*

> Je vous ai donné de la lumière,
> Maintenant éclairez-moi.

Elles allument aussi des bougies au *Redjal el Marja*. Elles leur demandent de guérir leurs maladies en tout temps. Depuis que la mare n'existe plus, elles déposent le plus souvent les lumières autour de la fontaine, qui s'appelle : *Sqaït Redjal el Marja*, la fontaine des hommes de la mare.

Ces génies veulent être respectés. On raconte, non sans trembler, qu'un mécréant passant un soir dans ce quartier cassa une *menara* allumée en leur honneur en lui lançant une pierre et ceci après avoir parié de le faire. Le soir même, il tomba gravement malade et mourut quelques jours après. Si l'on se baigne dans la fontaine des hommes de la Mare on subit un sort analogue.

En somme, comme tous les génies des eaux, les génies de la Mare sont malfaisants et on doit toujours les redouter.

CHAPITRE V

LA FLORE

Création. — Plantes merveilleuses. — Quelques croyances relatives aux arbres. — Le Langage magique des Plantes.

Création des plantes. — Il y a quelques plantes qui n'ont pas été créées par Dieu et d'autres qui tiennent de Satan leurs mauvaises qualités. Ainsi le tabac a été créé par Satan. Il a poussé après qu'il eut uriné sur la terre.

La vigne et le figuier ont été emportés du paradis par Adam. Quand il les eut transplantés dans la terre, Satan vint admirer son œuvre. Il égorgea sur ces plantes un paon, un singe, un lion et un porc. Puis il prononça une malédiction. Aussi depuis, quand un homme s'enivre avec du vin ou de l'alcool de figues, il prend successivement le caractère de ces divers animaux. Il devient d'abord fier comme un paon, grimaçant comme un singe, fort comme un lion, enfin il termine son ivresse en se vautrant comme un porc.

Le palmier est né d'Adam. La première fois qu'Adam

coupa ses cheveux et tailla ses ongles, il enterra cheveux et rognures d'ongles ; à la place poussa spontanément le palmier.

Sidna Djebril, Monseigneur Gabriel, apporta à Adam le blé, la vache, le bœuf, la chèvre et la charrue du paradis. Il lui apprit à labourer et sema le premier blé. Ève, curieuse, profitant de ce qu'il se reposait, prit la charrue et continua le sillon commencé. Quand vint la récolte, dans tout le sillon tracé par Ève, il avait poussé de l'orge au lieu de blé.

Les roses et les fleurs d'oranger sont nées des larmes du prophète.

Le grenadier naquit des pleurs que versa Lalla Fatime Zohra, sa fille, en apprenant la mort de ses fils Hassène et Hosseine[1].

Le narcisse qui s'appelle *Khenoun Ennebi*, le mucus nasal du prophète, naquit un jour qu'il se moucha avec ses doigts.

Le laurier-rose est né d'un crachat de Lalla Fatime Zohra. Son mari Sidna Ali, Monseigneur Ali, prit une seconde femme. En la voyant dans sa maison pour la première fois, Lalla Fatime Zohra cracha sur le sol. Le laurier-rose poussa aussitôt. Depuis on dit :

Darra marra kif defla.
La rivale est amère comme le laurier-rose.

---

1. Al-Hassan et Al-Hussein.

Plantes merveilleuses. — On croit qu'il pousse dans les montagnes une plante merveilleuse que l'on appelle *Rebia el Kimia* (herbe magique). Celui qui la trouve peut avec elle ouvrir toutes les serrures et pratiquer la transmutation des métaux.

Quelques Croyances relatives aux Arbres. — L'olivier est un arbre sacré parce que le nom de Dieu est écrit sur ses feuilles.

On croit que les arbres prient pendant le jour et qu'ils dorment la nuit ; s'ils oublient leurs devoirs envers Dieu et ne font pas leurs prières, ils s'exposent à être coupés et arrachés. Aussi, c'est toujours de leur faute si un propriétaire arrache les arbres de son jardin pour bâtir une maison sur l'emplacement de ce jardin.

On respecte les arbres et on ne doit pas les souiller. Si on est blessé par une branche d'arbre, on ne doit ni jurer, ni dire des sottises à l'arbre, ni casser la branche. On doit au contraire, demander pardon à l'arbre d'avoir été blessé par lui. On lui dit :

Ya benti chedjera
Semahi lia.

O ma fille l'arbre,
Pardonne-moi.

En général, on n'arrache pas les arbres vivants car ils se vengent et lorsqu'on en a arraché sans raison, on s'expose à mourir et à voir mourir les siens rapidement. Le malheur entre dans la maison de celui qui arrache ses arbres pour le plaisir de leur faire du mal.

C'est parce que le sultan Moulay-Hafid a coupé comme un vandale tous les arbres de son palais de Marrakech qu'il n'y est jamais revenu et a dû abdiquer en faveur de l'un de ses frères[2].

Quand un arbre a poussé dans un sanctuaire il est doublement sacré, et l'impie qui mettrait seulement la main dessus pour l'arracher deviendrait immédiatement paralysé.

Quand le propriétaire d'un jardin meurt, les arbres apprenant cette mort qui leur est annoncée, donnent aussitôt des signes de souffrance et ceux qu'il avait plantés de sa main dépérissent et meurent aussi. C'est surtout la vigne qui vit et meurt avec son propriétaire.

Quand le sultan Moulay-Hassan[3] est mort, tous les arbres de l'Aguedal de Marrakech se sont fanés et depuis ils ne sont plus beaux. Il y a du reste une relation très intime entre la vie des plantes, les récoltes et la vie du sultan. On raconte qu'un jour Moulay-Hassan fit venir son chef jardinier et l'interrogea sur l'état des récoltes. Celui-ci lui répondit :

---

2. Après le traité de Fès de 1912, Moulay Abd al-Hafid abdiqua en faveur de son frère Moulay Youssef ben Hassan (1882-1927).

3. Moulay Hassan (1836-1894) : Hassan 1er, sultan du Maroc de 1873 jusqu'à sa mort.

« Toutes les récoltes s'annoncent belles. Il n'y a que les fèves qui cette année ne donneront rien. » Alors, tout pensif, le sultan répondit : « C'est que j'ai manqué un matin ma prière du *Fejer* » (première prière du jour).

Quand on plante des arbres on fait d'abord sur le sol une libation de lait aux génies de la terre. Si on plante de la vigne on doit d'abord faire un sacrifice sanglant. La victime est en général un petit chat ou un petit chien qu'on enterre ensuite dans le sol où la vigne sera plantée. A défaut de sacrifice on doit tout au moins jeter du sel sur la terre car la plantation de la vigne amène toujours un malheur. Les jardiniers, en faisant leurs plantations, se mettent en outre sous la protection du saint Sidi Abd el Krim el Fellah qui est leur patron.

Souvent les arbres ne produisent pas de fruits. Quand c'est un palmier qui est stérile le cultivateur prend une hache et s'approchant de l'arbre il lui dit en élevant la hache : « Puisque tu ne produis pas de dattes je vais te tuer. » Alors son aide s'approche et répond : « Pardonne-le pour cette fois. L'an prochain, il en donnera. »

En général quand un arbre donne peu de fruits, pour avoir une récolte plus abondante, on sacrifie près de lui une souris puis on l'enterre auprès de l'arbre. On verse ensuite au-dessus un seau d'eau chaude pour que cette eau entraîne le sang de la souris jusqu'aux plus lointaines racines. La souris étant très prolifique passe sa vertu à l'arbre.

D'autres fois on frappe les arbres stériles avec une scie

simplement pour les effrayer afin qu'ils se le tiennent pour dit et ne recommencent pas. Ou encore on pend à leurs branches sept pierres pour que l'année suivante ils se courbent sous le poids des fruits comme ils le font sous celui des pierres.

Lorsqu'un arbre tel qu'un oranger ou un pommier donne des fruits pour la première fois, à la récolte, on laisse trois fruits sur la plus haute branche pour l'encourager à continuer à produire.

Si un arbre produit des fruits acides, on fait un chapelet de sept coquilles d'escargots et on le pend à l'arbre. Il produira dans la suite des fruits propres à la consommation.

On croit aussi que si les arbres ne donnent pas de fruits c'est qu'on leur a fait un mauvais sort. Pour conjurer ce sort on enterre près d'eux des os de charogne et on les encense avec du *fassourh* (gomme ammoniaque). On agit de même s'ils donnent des fruits véreux qui tombent avant leur maturité.

Si un arbre ou tout autre végétal fleurit hors de saison on croit qu'il a rêvé que le printemps était arrivé.

Chaque arbre est habité par un génie. Si l'on va passer la journée dans un jardin on peut s'asseoir sans danger sous tous les arbres excepté sous les figuiers, car le génie du figuier est querelleur et la partie de plaisir se terminerait en dispute. S'il n'y a que des figuiers dans le jardin, pour s'asseoir sans crainte à leur ombre, il faut faire sur leur écorce de grandes entailles avec un couteau pour en chasser ce mauvais esprit. Aussi on voit des traces de ces entailles sur la plupart des figuiers.

LA FLORE

On pense que les arbres s'aiment entre eux comme les humains, et si l'on voit par exemple un palmier incliné sur un autre parce qu'il a poussé de travers on dit qu'il est amoureux.

Le jour d'Ennaïr[4] qui est le premier jour de l'année, le cultivateur va auprès de ses arbres et leur dit : « Que cette année ressemble à l'année dernière », s'ils ont donné une bonne récolte ; sinon il leur dit : « Que cette année soit meilleure. »

On croit que certaines plantes donnent de la mémoire et que d'autres procurent l'oubli. Dans les régions où pousse l'olivier, c'est l'huile qui donne la mémoire, mais c'est l'olive qui donne l'oubli.

Ainsi, dans une fête, un invité mangeait les olives destinées à tous les convives. L'un d'eux voulant lui donner une leçon de politesse, lui dit : « Ne sais-tu pas qu'en mangeant trop d'olives tu vas perdre la mémoire ? » ; à quoi l'autre répondit : « Ce que tu dis est si vrai que lorsque je prends une olive j'ai déjà oublié celle que j'ai mangée. »

La coriandre dont les feuilles sont employées dans la cuisine comme assaisonnement donne aussi l'oubli.

On trouve dans le Maroc tout entier des survivances du culte des arbres, soit que les arbres soient plantés auprès du tombeau d'un saint, ou qu'ils en soient isolés. A Marrakech il y en a un grand nombre. Dans l'ancien marché aux grains, *Rahbet l'Qedima*, les femmes font des offrandes de bougies au

---

4. Ennaïr : nouvel an agraire dans le calendrier agricole, de type lunaire.

caroubier de Lalla Quadfa. Elles suspendent dans ses branches leurs cheveux tombés, pour en arrêter la chute et avoir des cheveux aussi longs que les branches ; elles y attachent des « *herz* » ou amulettes pour obtenir la guérison des maux de tête ou des névralgies.

On trouve aussi dans le quartier de la Zaouïa de Sidi Bel Abbès, un palmier, Sidi Nkhala, auquel on demande la guérison des rhumatismes et un figuier, Sidi Bou Kerma, auquel les femmes stériles font des offrandes pour avoir des enfants.

Sur la place des forgerons juifs, il y a un arbre sacré qui n'est autre que le bâton du saint Si Ahmed el Kamel, qui un jour le ficha en terre. Ce bâton devint aussitôt un gros jujubier aux tiges épineuses et sèches ; il est couvert de cheveux et de brins de laine suspendus par les femmes qui deviennent chauves et les fileuses qui vivent mal de leur métier. Le vent, en secouant les brins de laine, enlève le mauvais sort qui pèse sur la quenouille ; par le même procédé il guérit de la calvitie celles qui en sont atteintes.

Les plantes sont employées couramment en magie. Chaque plante a une propriété magique nettement déterminée et dans les incantations, on fait suivre le nom de la plante de cette propriété. Pour que l'action magique se produise il n'est pas même nécessaire de réunir toutes les plantes énumérées dans l'incantation ; il suffit de les nommer.

LA FLORE

Le Langage magique des Plantes. — La nomenclature de toutes les plantes employées en magie serait fastidieuse. En voici quelques-unes, cependant ; leur nom est suivi d'une formulette, toujours la même, qui contient toute la force efficace du charme.

Fliouh. — *Idjib rezq âla guefiou.*
La Menthe. — Il porte la chance sur sa nuque.

El Halhal. — *Idjib rezq âla koul hal.*
La Lavande. — Il porte la chance en tout temps.

Besbess. — *Ikh'tef l'ââkel ould nass.*
Le Fenouil. — Qui enlève la raison aux fils des gens, aux humains.

Ouerd Filali. — *Mahabti idjibou ilali.*
Rose de Tafilelt. — Il apportera mon amour en courant.

Dad. — *Mahabti idjibou li ouakha ikoun fi Baghdad.*
Racine de Chardon. — Il apportera mon amour, même s'il est à Bagdad.

Bennessar. — *Ouakha ichoufnî ou itensarr.*
Le Plantain. — Qu'il me voie et il sera l'élu.

Hebaq. — *Ila ma chafek iahmeq.*
Le Basilic. — S'il ne te voit pas, il devient fou.

Kozbeur. — *Ala mahabtek ma iasbeur.*
Coriandre. — De ton amour il ne peut se passer.

Felfela Berria. — *Tensa fiha miat derria.*
Piment rouge. — Il oubliera pour elle cent petites filles.

Zaater. — *Idjini ka iaater.*
Le Thym. — Il me viendra même en butant.

Chih. — *Idjini âla koul rih.*
Armoise. — Il me viendra par tous les vents.

Comme on le voit, c'est toujours dans le but de ramener un volage, de s'attacher l'amour de l'homme que les femmes emploient ces plantes et les formulettes données ressemblent singulièrement au langage des fleurs encore connu chez des peuples bien plus civilisés.

CHAPITRE VI

LA FAUNE

Origine. — Animaux qui sont des hommes métamorphosés. — Langage des animaux. — Interdiction de tuer certains animaux. — Nécessité d'en assister d'autres. — Pourquoi les poules ne volent pas et pourquoi les guêpes meurent de leur piqûre. — Interprétation du cri de quelques animaux. — Les animaux en thérapeutique magique et en sorcellerie. — Le mauvais œil frappe les animaux. — Saints guérisseurs des animaux. — Petits rites magiques employés dans les étables. — Le sacrifice du mouton de l'Aïd el-Kebir.

ORIGINE. — Tous les animaux ont été créés par Dieu. Mais la chauve-souris a été façonnée par Moïse avec la permission de Dieu qui l'anima. Le jour où l'oiseau voulut s'envoler le soleil jura qu'il ne volerait pas pendant le jour, sous peine de devenir aveugle. L'eau jura aussi que jamais elle ne servirait à désaltérer cet oiseau. On croit donc que la chauve-souris, qui sort par les nuits noires pour chercher sa nourriture, ne boit jamais. On croit aussi qu'elle a sous les ailes deux petites mamelles supplémentaires qu'elle tète quand elle a soif.

Un certain nombre d'animaux sont des humains métamorphosés en punition d'une faute.

Animaux qui sont des humains métamorphosés. — La chouette est une femme qui a trahi Sidi Abdellah Ben Jaffar. Celui-ci, faisant la guerre sainte, s'éprit de la fille du roi infidèle qu'il combattait et l'enleva. Une compagne de la jeune fille, par dépit, indiqua au roi la retraite où elle se cachait. Sidi Abdellah Ben Jaffar demanda à Dieu de changer cette jalouse en chouette pour la punir de sa trahison.

Le caméléon a trahi le prophète lui-même. Étant poursuivi par ses ennemis, Sidi Mohammed se cacha dans des rochers et des pigeons firent leur nid au devant de sa cachette. Non loin de là, une bûcheronne Chleuh[1] coupait du bois. Lorsque les ennemis du Prophète arrivèrent auprès d'elle, ils lui demandèrent de leur indiquer la route prise par celui qu'ils poursuivaient. Elle leur dit : « Que me donnerez-vous, si je vous l'indique ? — Nous t'enrichirons », répondirent-ils. Alors, en tournant les yeux et la bouche, elle leur montra l'endroit

---

1. Chleuh : peuple berbère du Haut et Anti-Atlas et de la vallée du Souss dans le sud-ouest du Maroc.

où se trouvaient les pigeons. Elle fut aussitôt transformée en caméléon, animal remarquable parce qu'il a les yeux mobiles et la bouche de travers.

La tarente a été ensorcelée dans les mêmes conditions pour avoir trahi Jésus, Sidna Aïssa, protégé par l'araignée. Cette petite bête inoffensive est considérée comme très méchante et très dangereuse. On dit d'elle :

Tbia sem l'hnache.
Elle vend du venin aux serpents.

Chaque fois qu'une marocaine peut attraper une tarente, elle l'écrase impitoyablement, puis la mettant sur la paume de sa main, le ventre en l'air, elle s'écrie en regardant le ciel : « Elle avait juré que tu ne verrais jamais son ventre, regarde-le, ô *Moulana*, ô notre Maître. »

La légende du corbeau est très connue. Il y avait une fois deux amis ; l'un d'eux, devant partir en voyage, confia toute sa fortune à l'autre pour qu'il la lui conservât pendant son absence. Au retour, il réclama son bien à son ami. Mais celui-ci jura n'avoir rien reçu. Dieu punit aussitôt l'homme cupide et voleur en le transformant en corbeau et ajouta sa malédiction à cette métamorphose.

On connaît aussi l'histoire de la cigogne qui était un mauvais Cadi et que Dieu changea en oiseau. Elle porte son *selham* ou manteau sur ses épaules (ses ailes noires) et le plumage blanc de son ventre et de son dos est la couleur de sa *dfina* ou tunique. Son cri est le rire du Cadi qui tourmentait les plaideurs, les veuves et les orphelins en enduisant ses escaliers de savon, et qui se moquait d'eux quand ils dégringolaient et se rompaient les os.

L'épervier est une femme gourmande du nom de Hadia (c'est aussi le nom de l'épervier). Celle-ci tissait un tapis avec une autre femme ; à l'heure du repas, elle se leva sous prétexte de le préparer et gloutonnement mangea toute la viande. Quand l'autre réclama sa part, Hadia nia l'évidence et s'écria imprudemment : « Que je sois ensorcelée si je mens. » Mais elle avait à peine prononcé cette parole qu'elle fut changée en épervier et se percha sur le métier.

Le singe et le porc sont des Juifs ensorcelés.

La vipère était un ange qui gardait la porte du paradis. Corrompue par Satan elle l'y laissa entrer le jour où il fit manger le fruit défendu à Ève et à Adam. En punition Dieu métamorphosa l'ange en vipère.

Le chat et la souris ont une origine curieuse. Parmi les animaux emportés par Noé dans l'arche, il y avait un couple de porcs. Noé leur recommanda de se tenir immobiles pour que l'arche ne chavirât pas ; mais le porc saillit sa femelle ; Noé le frappa de son bâton. Le porc se mit à grogner et en grognant rejeta la souris. Le lion ayant éternué au même moment, le chat sortit de son nez et se mit à courir après la souris. Alors le chameau, en voyant ce spectacle, éclata de rire et se fendit la lèvre supérieure.

Le lézard vert était une nouvelle mariée qui, revenant du bain, toute parée, le henné aux mains, trouva son mari qui la trompait avec sa sœur. Dans sa douleur, elle demanda à Dieu de la métamorphoser en animal pour ne point voir son malheur et fut aussitôt changée en lézard aux belles couleurs.

LANGAGE DES ANIMAUX. — On croit qu'autrefois toutes les bêtes parlaient une langue que comprenaient les hommes. Le Prophète est le dernier homme qui ait compris ce langage. Mais les animaux comprennent toujours le langage des humains et prennent part à leur vie. Le chien qui est l'ami de l'homme demande chaque jour à Dieu d'augmenter son bien pour en avoir sa part. Mais le chat, lui, demande d'aveugler sa maîtresse pour pouvoir manger dans le même plat.

Comme les hommes et les animaux se comprenaient, il arrivait souvent que les fils d'Adam, ayant besoin d'un conseil, le demandent à leurs animaux familiers. C'est ainsi que le Prophète consulta le corbeau et la *Tibibet* sur la durée du jeûne qu'il voulait imposer aux musulmans.

Le corbeau répondit aussitôt : « O Prophète de Dieu, tu feras jeûner les musulmans une année entière. »

Mais la *tibibet* (petit passereau) intervint en disant : « Un mois suffit, ô Envoyé de Dieu, un mois suffit. » Comme ils n'étaient pas d'accord le corbeau et la *tibibet* se mirent à se disputer. Alors le Prophète s'écria : « Je suivrai l'avis de celui qui me saluera le premier à la prochaine aurore », et il les renvoya. La *tibibet* se blottit dans une muraille et le corbeau alla passer la nuit sur un arbre. Dès les premières lueurs du jour, la *tibibet* vint voleter dans la chambre du Prophète en chantant : « Un mois, un tout petit mois suffit. » Le Prophète réveillé par son joli gazouillis l'écouta un instant et quand plus tard vint le corbeau il le renvoya en disant : « Le salut de la *tibibet* a précédé le tien, et je suis son conseil. Les musulmans jeûneront un mois seulement. »

La *tibibet* est un oiseau qui jouit au Maroc d'une véritable vénération. On ne tue jamais une *tibibet*. Si un de ces jolis oiseaux entre le matin dans la chambre où l'on a dormi, c'est qu'on recevra des hôtes dans la journée. On pense que les *tibibet* sont des *Foqra* (pluriel de Faqir) et qu'elles apportent des nouvelles des absents. On les interroge et on interprète leur cri. Les femmes leur préparent toujours un petit repas de pâtes sur le coin du fourneau. Si elles viennent manger dans le plateau pendant qu'on nettoie du grain, on ne les chasse pas et l'on peut voir dans les Souks les marchandes de *Châria* (petits vermicelles faits à la main) entourées de nombreux oiseaux qui viennent manger à même les plats préparés pour la vente.

Si la *tibibet* est l'amie du foyer, par contre on ne doit pas conserver de tourterelles dans les maisons, car elles portent malheur. On ne les laisse vivre que dans les sanctuaires des saints.

INTERDICTION DE TUER CERTAINS ANIMAUX. —

De même qu'on ne tue pas les *tibibet*, on ne doit pas non plus tuer les chats, les chiens et les grenouilles, car on pense que ces animaux peuvent très bien être des génies qui ont pris cette apparence. Si on fait du mal aux chats, aux chiens et aux grenouilles, on est sûr de tomber malade aussitôt.

Cette croyance préserve chiens et chats des mauvais traitements. On croit que les chiens ont soixante-dix-sept âmes. Les gens pieux cependant n'acceptent pas les chiens dans la maison. Ils prétendent que si un chien y rentre les anges n'y viennent plus pendant quarante jours.

Le chat a sept âmes. On croit qu'aider une chatte en gésine est un acte de grande piété. On raconte que le Prophète lui-même prêta un jour un coin de son manteau à une chatte qui accoucha sur ses genoux ; pour ne pas la déranger il découpa la partie du manteau sur laquelle elle reposait avec ses petits chatons et déposa le tout délicatement à terre.

Faire du mal à un chat est une faute que l'ange de la mort fait expier cruellement.

NÉCESSITÉ DE PORTER SECOURS À CERTAINS ANIMAUX. —

Cette piété envers les animaux n'est pas rare. Il y a encore à Marrakech, dans la Zaouiat L'Hadar, près de la Médersa, un fondouk appelé Fondouk Larnja qui a été haboussé[2] par un

---

2. De « habous » : biens appartenant à une communauté religieuse.

chérif Moulay-Abdesselem, oncle de Moulay-Sliman[3], pour qu'on y soignât les oiseaux blessés et en particulier les cigognes. Les locataires de ce fondouk qui y font leur commerce, sont tenus de recueillir les cigognes infirmes qu'on leur apporte. Les dépenses d'entretien des oiseaux blessés ou malades sont couvertes par le loyer de deux boutiques sises au « *Talâa*[4] » en face des notaires, et de deux autres boutiques situées au marché des teinturiers, qui ont été aussi haboussées à cet effet par un autre homme pieux.

On ne doit pas non plus tuer les puces. Quand on attrape une puce on doit la rouler entre ses doigts et la jeter au loin, car la puce jouit de la protection du Prophète. Un jour qu'il était profondément endormi, il fut piqué par une puce qui ainsi le réveilla juste à l'heure de la prière. Il fut si heureux de l'opportunité de cette piqûre qu'il promit à la puce qu'elle ne serait jamais ni écrasée ni brûlée. Il lui dit :

> Celui qui te tuera sera tué,
> Celui qui t'écrasera sera écrasé
> Et que Dieu te jette entre les mains d'une vieille, parce qu'elle n'aura pas la force de te faire du mal.

Et il la lâcha.

On ne tue pas davantage les abeilles ; tuer une abeille

---

3. Moulay Slimane (1760-1822) : sultan du Maroc (dynastie alaouite) de 1792 à l'année de sa mort.
4. Talaa (la montée) : quartier de Marrakech.

est un crime. C'est qu'au moment de la mort l'âme s'échappe du corps sous la forme d'une abeille et c'est sous cette forme qu'elle revient sur terre visiter les vivants ainsi qu'on le verra plus loin. On ne sait donc jamais si on a affaire à une véritable abeille ou à une âme s'envolant sous cette apparence. Quand on trouve une abeille transie de froid et ne pouvant voler, on doit la réchauffer d'abord ; ensuite on la dépose délicatement dans la corolle d'une fleur.

Le serpent jouit aussi d'une sorte de protection. On dit qu'il est le voisin, le protecteur de la maison, car il peut bien n'être qu'une apparence sous laquelle le génie protecteur du foyer se montre aux humains. On ne doit pas le tuer. On lui apporte même à manger près de son trou.

Cependant, chez les Juifs, si on en voit un le vendredi, on dit qu'il sort pour tuer ou être tué et ce jour-là seulement on le poursuit car il est aussi de mauvais augure.

Pourquoi les Poules ne volent pas et pourquoi les Guêpes meurent de leur piqûre. — Comme dans de nombreuses contrées, on trouve ici une petite légende expliquant pourquoi les poules qui ont pourtant des ailes, ne volent pas. Tous les oiseaux s'étaient réunis en vue de prendre leurs dernières dispositions pour partir au saint pèlerinage de La Mecque. A la fin de la réunion, ils dirent : « Si Dieu le veut, nous partirons demain. » Alors les poules répondirent : « Que Dieu le veuille ou non, nous partirons demain. » Au moment du départ elles ne purent s'envoler en punition de cette parole irrespectueuse. Les autres oiseaux les maudirent et s'écrièrent :

El Ghaddar ibka feddar.
Le traître restera à la maison.

et depuis elles restent au poulailler.

Si les guêpes meurent de leur piqûre, c'est parce qu'elles l'ont demandé à Dieu. Après avoir créé le monde, Dieu demanda à chaque animal ce qu'il voulait y faire ; il promit que le vœu exposé serait exaucé.

La guêpe voulut dire :

Elli additou ymout.
Celui que je piquerai mourra.

Elle se trompa et dit :

Telfat ou galt
Li additou n'mout.
Après avoir piqué, je mourrai.

Elle voulut se reprendre, mais le souhait avait été exaucé aussitôt qu'elle l'eut formulé.

LA FAUNE

Interprétation du cri de quelques Animaux. — Le cri des animaux est interprété assez souvent d'une manière amusante. Ainsi quand la poule a pondu le coq dit en chantant :

> *Kheleq ould soultân.*
> Est né le fils du roi.

A quoi la poule répond :

> *Y aych oukâne.*
> Qu'il vive, et c'est tout.

Ce qui est bien le véritable sentiment de la mère. Le coq dit aussi :

> *Benti hassen men bent soultâne.*
> Ma fille est mieux que celle du sultan.

Le petit mâle de la tourterelle dit :

> *Diqat roh.*
> Ma vie est étroite (je vais mourir).

et la femelle répond :

Ferdji Allah.
Secours, guérison de Dieu.

Quand le hérisson est pris au piège et qu'on va le tuer en le sacrifiant, il s'écrie :

Ouili, ouili.
Malheur à moi, malheur à moi.

Il dit encore :

Allah (Dieu).

C'est pourquoi, quand on le sacrifie, on doit être en état de pureté.

Le corbeau dit :

El gharq, el gharq.
Que le monde soit submergé.

A quoi les Fellah répondent :

Teghraq enta ou oualidik.
Que tu sois submergé, toi et ta race.

C'est un cri de mauvais augure qui annonce toujours une pluie non désirée.

Quand le merle siffle, orgueilleux, il dit :

Makan radjel ghir ana.
Il n'y a de (bel) homme que moi.

A quoi sa petite femelle répond, malicieuse :

Kedebti, kedebti.
Tu mens, tu mens !

Quand on veut tuer le porc-épic, il crie :

Ay, ya mouimti.
Aïe, ma petite mère.

On croit en outre qu'il parle chleuh et répète sans cesse :

Le travail de la maison est bien difficile.

L'hirondelle est comme la *tibibet*, un oiseau vénéré ; si elle se loge dans le plafond de la maison, elle porte bonheur.

Le mâle dit :

Mchit ou djit
Lqit Lalla Fatime Zohra
Ka takoul l'âssida ou zit.

Je suis allé (au paradis) et j'en suis revenu,
J'ai rencontré Lalla Fatime Zohra (Fille du Prophète),
Qui mangeait de l'*âssida* (bouillie d'orge, de maïs ou de blé) avec de l'huile.

La femelle dit :

Radjli mcha l'Souq
Ou jab lia l'ââbrouq
Chedditou ou cheriqtou,
Ou dirt lih rerrik.

Mon mari est allé au Souk
Et il m'a rapporté un voile de tête,
Je l'ai pris et je l'ai déchiré
Et j'ai fait *rerrik*.

Bruit fait en déchirant une étoffe et qui imite aussi le cri de l'oiseau.

Le chien du douar qui aboie le matin du premier jour

de l'an dit :

El ghela ou l'fqar.
La vie chère et la misère.

Et le sloughi répond :

Allah ma oussakchi tegoul had el kelma.
Dieu ne t'a pas chargé de dire cette parole.

ce qui conjure le mauvais augure.

On croit que les poules ont des mamelles secrètes à l'aide desquelles elles alimentent leurs poussins. Le serpent seul sait où elles sont cachées, car le serpent et la poule ont échangé un serment le jour où le monde a été créé.

La poule a dit au serpent : « Je ne révèlerai jamais à personne où sont cachés tes petits pieds », et le serpent a juré à son tour de ne jamais révéler où la poule cachait ses petites mamelles.

Les Animaux en Thérapeutique magique et en Sorcellerie. — On se sert de nombre d'animaux en thérapeutique magique et en sorcellerie. Le chameau, la grenouille, le hérisson, l'escargot, le porc-épic, le chien, le chat, l'aigle, la huppe, le chacal, le caméléon, etc., etc., sont tour à tour employés ainsi qu'on le verra au cours de ce travail.

On croit aussi qu'en mangeant la chair, le cœur de certains animaux, on prend leurs qualités les plus marquantes.

Ainsi pour avoir une belle voix, il suffit de manger un cœur de rossignol.

Pour être supérieur à tous par l'intelligence, on avale sans le mâcher un cœur de huppe, qui était l'oiseau de Salomon.

La huppe joue un très grand rôle en magie. On doit la tuer avec de l'or et ne pas faire tomber sur le sol une seule goutte de son sang, ni une seule de ses plumes. On se sert de son sang comme d'une encre magique pour écrire des *herz*, que portent sur eux les grands Caïds ou les grands chefs pour inspirer le respect. Lorsqu'une tribu est en révolte contre son caïd, lorsqu'il arrive devant les dissidents, s'il porte sur lui un *herz* de huppe, ceux-ci se soumettent aussitôt.

On croit que celui qui mange du cœur de lion ou du cœur de mouette voit tout ce qui est invisible et en particulier les génies de la terre et la cachette des trésors. Une griffe de lion portée en amulette a le même pouvoir que le *herz* de huppe.

Il y a des animaux de mauvais augure. Quand on consulte le *fal* ou augure, si on voit un âne, l'augure est très mauvais, de même que si on entend une chouette. On lui dit : « Va crier dans le désert », et on est sûr qu'un malheur arrivera sous peu ; par contre, la rencontre fortuite d'un cheval, d'un mouton, d'une poule, d'une vache est de bon augure.

LA FAUNE

Si une mouche tombe dans le verre ou dans l'assiette pendant qu'on boit ou qu'on mange, on croit qu'elle apporte le bonheur sur l'une de ses ailes. Mais comme fatalement ce bonheur est sur l'aile qui reste en l'air dans les mouvements que fait l'insecte pour ne pas se noyer, il faut avoir soin de l'enfoncer trois fois dans le liquide avec un petit bâtonnet afin de garder précieusement ce bonheur.

De même qu'en thérapeutique magique on passe à des animaux toutes les maladies dont on souffre on leur passe aussi les péchés que l'on a commis.

Ainsi, au Youm Kippour, jour du grand pardon, chaque Juif ou chaque Juive prend un coq ou une poule, suivant son sexe, et remet l'animal au rabbin pour le sacrifier. Avant le sacrifice, le rabbin tourne le volatile trois fois au-dessus de la tête et autour du corps du sacrifiant, faisant ainsi passer dans l'animal tous les péchés commis dans l'année. Ensuite la famille mange l'animal ainsi sacrifié qui est une victime expiatoire. Quand c'est une femme enceinte, elle tue deux poules et un coq en son nom et au nom de l'enfant qu'elle porte dans son sein et dont elle ignore le sexe.

LE MAUVAIS ŒIL FRAPPE LES ANIMAUX. — Le mauvais œil des gens et des génies invisibles frappe les animaux comme il frappe les humains et les rend malades.

Pour les protéger on encense les étables et les *zriba*, petits parcs entourés d'épines, avec du harmel et de la coriandre ; on jette du sel sur le sol, on pend dans l'écurie un squelette de tête de chameau ou de chien dans laquelle on met sept coquilles d'escargots remplies de goudron. On dessine une main de goudron sur le mur de l'étable près de la porte. Quand une vache a mis bas on attache des amulettes après sa queue pour préserver ses mamelles et ses organes génitaux de ce mauvais œil. On attache aussi des amulettes au cou ou entre les cornes des animaux qu'on vient d'acheter. On leur met du henné au front et sur le dos pour qu'ils prospèrent et aiment leurs maîtres et s'habituent à la maison.

On met aussi au milieu des troupeaux ou dans les écuries un porc ou un sanglier. La seule présence de ces animaux chasse le mauvais œil et les mauvais génies qui rôdent autour du troupeau.

Lorsque les animaux domestiques sont malades on leur met des amulettes écrites par le *Taleb* et enfermées dans de petits tubes de roseau ; on leur fait des pointes de feu pour obliger le mauvais diable qui s'est installé dans leur corps à en sortir ; on les encense dans le même but avec des feuilles de laurier rose.

Saints guérisseurs des Animaux. — Quand il y a une épidémie sur un troupeau dans les plaines du Houz, on consacre ce troupeau à Sidi Fares, à Moulay-Brahim, à Sidi Bel-Abbès, qui sont pour les animaux des saints guérisseurs. On prend un des animaux du troupeau, on le sacrifie au saint et on le lui laisse pour faire une *sadaqa* ou repas pour les pauvres. Quand le mal est conjuré, on offre le premier-né du troupeau au saint.

Le saint Sidi Fares protège en outre contre les dégâts commis par les sangliers. Quand un cultivateur s'aperçoit que des sangliers sont venus retourner son champ, il se procure de l'eau du sanctuaire de Sidi Fares et fait le tour de son champ en la jetant par gouttes. Le cercle magique ainsi tracé protègera son champ contre toute nouvelle incursion des sangliers.

En outre si un cheval ou une mule a l'habitude de buter, il suffit de lui laver le pied avec de l'eau du sanctuaire, pour le guérir.

Dans les Abda[5], c'est à la lionne de la sainte Lalla Fathma Bent Mohammed que l'on consacre les animaux et qu'on demande leur guérison. La sainte est enterrée avec sa *lyba* ou lionne, près de Safi.

Quand on a un animal malade, on prend le piquet auquel il est habituellement attaché et on va le planter dans le sanctuaire à l'endroit où se trouve la lionne. Le piquet a pris tout le mal et l'animal est aussitôt guéri.

PETITS RITES MAGIQUES DES ÉTABLES. — Les paysannes emploient quelques pratiques magiques pour que leurs vaches ou leurs brebis donnent beaucoup de lait, pour que leurs couvées réussissent.

---

5. Abda : Maroc occidental.

Pour que les vaches ou les brebis du voisin tarissent et que lait et beurre passent dans les pis des siennes, la paysanne sort toute nue la nuit. Elle va dans la *zériba* ou parc où dorment les animaux qu'elle veut faire tarir ; elle recueille un peu de leurs excréments. Le matin, elle va au jardin, fait des entailles à un figuier et recueille la sève laiteuse de l'arbre dans un tube de roseau, puis elle l'enterre avec les excréments recueillis pendant la nuit. Elle a ainsi enterré tout le lait du troupeau voisin, et augmenté d'autant la production de ses animaux.

Pour que ses couvées réussissent et donnent des poulets bien dodus, en mettant ses œufs à couver elle relève ses robes et leur montre son derrière. Pour qu'ils soient joufflus avec de grosses barbes, qualité très recherchée, elle gonfle ses joues.

Pour que le tonnerre ne tue pas les embryons, elle trace avec de la suie prise sous la marmite une raie sur l'œuf ; le tonnerre sait ainsi que la couvée est sous la protection du génie du foyer et ne lui fait pas de mal.

On fait aussi des conjurations contre les animaux nuisibles, tels que belettes, scorpions, punaises, sauterelles.

Quand les belettes que l'on appelle *fart et khil*, rats des chevaux, viennent dans un poulailler, les femmes prenant des tambourins et les frappant en cadence, font le tour du poulailler en disant : « O belettes, quittez notre pays et allez chez nos ennemis. »

Pour empêcher les scorpions de sortir en été des vieilles murailles, on prend le premier que l'on trouve on l'écrase, on le sale et on le suspend au mur. Cela fait peur aux autres et ils restent terrés dans leur trou. On croit aussi que si l'on n'a pas été piqué par un scorpion avant vingt ans on ne le sera jamais.

Quand les sauterelles arrivent dans le pays, on en protège son champ en brisant la jarre d'eau de la cuisine et en en enterrant les morceaux aux quatre coins du champ. Un des génies du foyer les empêche de traverser le cercle magique ainsi déterminé. On croit que les sauterelles ont été données en dot à Lalla Fatime Zohra, fille du Prophète, avec le sel. Elle a distribué le sel sous forme de salines aux peuples pieux. Elle tient les sauterelles en réserve et les envoie en punition de leur impiété à ceux dont elle est mécontente.

On croit que tous les animaux, après leur mort, vont au paradis, car ils ne font pas de mal volontairement pendant leur vie.

Le Sacrifice du Mouton à l'Aïd El-Kebir. — Le mouton tué à l'Aïd El-Kebir en particulier, fera passer sur son dos, au jour du jugement dernier, le pont tranchant à celui au nom de qui il aura été sacrifié. Aussi avant le sacrifice, on entoure ce mouton de prévenances.

La veille, on lui met un emplâtre de henné sur la tête ; le matin, on lui met du *koheul* aux yeux, on lui lave la bouche avec de l'eau contenant des feuilles de henné. Ensuite on lui présente un plateau sur lequel on a placé de l'orge, du henné, du sel et du *souak* (écorce de noyer). On lui en met un peu dans la bouche en lui disant :

> *Ana âleftek fi dounia*
> *Ou enta tâlefni fi l'akhira.*

> Moi je te nourris dans ce monde
> Et toi tu me nourriras dans l'Autre.

On tire un augure au moment de la mort de l'animal tué à la grande prière sur l'*Emçala*[6]. Dès qu'il a le cou tranché on doit le porter chez le Pacha de la ville. On le charge sur une mule et on l'apporte rapidement au domicile du pacha ; s'il a encore des convulsions agoniques en arrivant, c'est que l'année sera heureuse et prospère. S'il meurt en route, l'augure est des plus mauvais.

Dans chaque famille on sacrifie un ou plusieurs moutons ; on fait le sacrifice au nom du chef de famille, si on n'en tue qu'un seul, et au nom des différents membres de la famille, si on en tue plusieurs. On recueille dans un récipient le premier sang qui coule, on y jette quelques grains de sel, pour en éloigner les génies et on le laisse se coaguler. Ensuite on tire un augure de l'examen du sang.

Si le sérum est très abondant, l'année sera pluvieuse, sinon elle sera mauvaise. Des bulles dans le coagulum

---

6. Msala.

représentent la fortune ; si elles sont petites et nombreuses, c'est signe d'une abondante récolte de céréales.

On fait ensuite sécher au soleil ce sang coagulé et on le conserve précieusement. On s'en servira au cours de l'année comme d'un parfum chargé de baraka en le brûlant dans le brûle-parfums, dans les différentes circonstances de la vie.

Au moment du sacrifice, les *chouaffat* ou voyantes recueillent le sang dans une coupe et le boivent à longs traits. Cela leur donnera le pouvoir de prophétiser l'avenir. Les autres personnes présentes s'en frottent toutes le talon droit. Cela les protègera du mauvais œil des génies et des humains. On y trempe même complètement le pied droit en marchant dedans. On en met aussi pour la même raison une gouttelette entre les deux yeux.

Aussitôt que l'animal est dépouillé, on prend le péritoine du mouton ou plutôt l'épiploon[7] et on en recouvre entièrement la tête des enfants. Cela leur donne l'apparence des teigneux et les protègera contre la teigne.

Quand on a une fille méchante, on lui fait mordre trois fois le mouton sacrifié pendant qu'il a les dernières convulsions agoniques. Tout son esprit du mal passe dans le mouton et meurt avec lui.

On conserve l'omoplate du mouton. Cet os sert dans les pratiques divinatoires et est enterré à l'Achoura, sous le

---

7. Épiploon : repli du péritoine qui relie entre eux les organes abdominaux.

nom de Baba Achour.

La vésicule biliaire est conservée avec soin. En la suspendant au-dessus de la porte de la chambre ou près du lit, on y concentre toute l'amertume de la vie. La présence de cette vésicule biliaire protège le ménage contre les querelles.

On jette la rate sur le mur et elle y adhère et s'y dessèche. On l'y laisse jusqu'au jour où une femme accouche difficilement dans la famille. On fait des fumigations avec cette rate desséchée que l'on brûle dans le brûle-parfums et aussitôt tous les mauvais génies qui s'opposaient à l'accouchement quittent la chambre et la délivrance devient facile.

On conserve aussi avec soin la peau du mouton de l'Aïd El-Kebir. On s'en sert généralement comme tapis de prière, et on la met aussi sur le lit de la femme en couches pour faciliter son accouchement.

CHAPITRE VII

LA CRÉATION DE L'HOMME

Création de l'Homme. — Évolution de l'Homme. — Légendes expliquant la couleur de la peau, la qualité des cheveux.

CRÉATION DE L'HOMME. — Dieu créa notre père Adam et notre mère Ève, avec la terre des Doukkala (région située entre Mazagan[1] et Marrakech).

Les premiers hommes étaient des géants. Ils avaient deux estomacs, un en avant du thorax et l'autre dans le dos, une grande queue comme les chiens ; de plus, leurs organes génitaux étaient entre leurs yeux.

Ils ont depuis pris l'aspect extérieur qu'ils ont maintenant et à chaque génération, leur taille diminue. A l'heure du jugement dernier ils seront tout à fait petits et leur taille ne dépassera guère celle d'un petit chien.

A l'origine tous les hommes étaient blancs. Mais un jour que Sidna Blale, qui est un saint Guenaoui, s'était absenté

---

1. El Jadida, aujourd'hui.

pour satisfaire à ses besoins naturels, un de ses fils le suivit et se moqua de lui. Alors Sidna Blale le maudit et s'écria : « Que tu noircisses à l'instant. » Aussitôt le jeune homme fut changé en nègre.

Il se repentit et demanda pardon à son père qui lui dit : « Va à tel endroit, il y a une rivière, tu n'auras qu'à entrer dedans et tu redeviendras blanc. » Le jeune nègre s'y rendit aussitôt. Il trempa la plante de ses pieds et la paume de sa main dans la rivière miraculeuse. Instantanément la paume de ses mains et la plante de ses pieds blanchirent. Il revint triomphalement les montrer à son père qui l'envoya à nouveau à la rivière pour s'y tremper tout entier. Malheureusement, quand il arriva pour la seconde fois à l'endroit où se trouvait la rivière, elle avait disparu, car Dieu se souvenait de la malédiction proférée par Sidi Blale. Il donna naissance à la race nègre.

Le Maroc compte une forte proportion de métis originaires du Souss, dont la peau est fortement cuivrée ; on les appelle des « *Haratine* » et on a en général pour eux, beaucoup de mépris.

On prétend que la couleur de leur peau vient de ce qu'ils ont mangé un prophète blanc. Comme ils étaient nègres, la malédiction de Dieu les poursuit jusque dans leur descendance et cette couleur rouge les désigne à la haine publique.

LA CRÉATION DE L'HOMME

On dit d'eux :

Çahbet l'hartani
Kif çahbet dib,
Maa l'kherfani.

L'amitié du Hartani
Est semblable à celle du chacal
Pour le petit agneau.

On dit aussi :

Haratine Baratine,
Khout chiatine,
Ila Chebaôu,
Fassakou
Ila djaaou, saraqou.

Hartanis, crottins d'âne,
Frères du Satan.
S'ils sont rassasiés,
Ils se livrent à la débauche.
S'ils ont faim, ils volent.

Un petite légende explique pourquoi les blancs ont les cheveux longs et plats et pourquoi les nègres les ont courts et crépus.

Un jour, la mère de la race blanche et celle de la race nègre, préparaient leur déjeuner, l'une roulait du gros couscous appelé *berkouks*, et l'autre préparait des pâtes de vermicelle. Toutes deux étaient enceintes et chacune eut envie du plat préparé par l'autre. Comme cette envie ne fut pas satisfaite, elle apparut à la naissance sur la tête de chaque enfant, sous forme de cheveux longs pour l'enfant blanc et de cheveux crépus pour le nègre. Depuis, cette qualité se transmet à toute leur descendance.

CHAPITRE VIII

LA NAISSANCE

La stérilité. — Croyance à l'enfant endormi. — Pratiques pour réveiller l'enfant endormi. — Procédés pour guérir la stérilité. — Stérilité voulue. — Moyens magiques pour rendre une femme stérile. — La grossesse. — Les Saints protègent contre l'avortement. — Croyances relatives à la grossesse.

Accouchement. — Pratiques observées à la naissance de l'enfant. — La première chemise. — Accueil réservé aux garçons et aux filles. — Jours fastes et jours néfastes. — L'enfant né coiffé. — Repas spéciaux à la naissance. — Bain de purification après l'accouchement. — Rites du septième et du quarantième jour.

LA STÉRILITÉ. — La femme stérile est méprisée. On dit qu'elle est entre toutes les religions. Elle n'est ni musulmane, ni juive, ni chrétienne. On croit que Dieu pardonne toutes leurs fautes aux femmes qui ont enfanté. C'est une injure de traiter une femme de stérile, en même temps, qu'un mauvais sort.

CROYANCE À L'ENFANT ENDORMI. — La femme stérile ne peut admettre sa stérilité. Elle croit à une conception entravée dans son développement par un maléfice. Si elle a eu au cours de sa vie quelque trouble passager dans son tribut mensuel *Haq Chahr*, elle s'imagine qu'elle était enceinte et que l'enfant s'est endormi. Elle dit couramment : *andi ragued* : j'ai un enfant endormi, et se livre à certaines pratiques pour le réveiller.

PRATIQUES POUR RÉVEILLER L'ENFANT ENDORMI. — Par exemple elle mange le matin à jeun un cœur d'oignon, arrosé de safran et qui a été exposé à la rosée.

Elle se fait mettre des compresses d'eau glacée sur le ventre.

Les femmes juives considérant que cet enfant peut être évanoui posent sur le ventre de la femme qui a un *ragued* du vin doux cuit avec de la cannelle et de la viande grillée, repas qu'elles offrent d'habitude à une personne qui a eu une syncope.

LA NAISSANCE

Pour réveiller l'enfant endormi on donne aussi à la femme du fiel de lièvre mélangé avec un peu d'huile. Elle doit absorber cette mixture dans la position debout. L'enfant se réveillera et manifestera sa vie par des mouvements intra-utérins aussi rapides que ceux du lièvre. On suppose aussi que ce médicament magique, s'il ne réveille pas l'enfant, facilitera son expulsion et que la femme enfin délivrée pourra concevoir normalement.

Procédés pour guérir la Stérilité.

— La stérilité de la femme pèse sur elle toute sa vie. Ainsi une veuve qui n'a pas eu d'enfants de son premier mariage se remarie très difficilement. On dit d'elle que c'est une mule et qu'en se remariant elle n'apportera avec elle ni lait, ni beurre.

On comprend donc combien la stérilité est combattue…

Les hommes mangent des testicules de mouton quand ils pensent que la stérilité vient de leur fait.

Les femmes avalent des testicules de coq ; les juives le prépuce du nouveau-né qu'on vient de circoncire pour être fécondes et avoir des garçons.

Les marocaines font des tagines ou ragoûts avec du placenta de brebis ou de chèvre, des fœtus de mouton ou de chien. Elles pensent ainsi obtenir la vertu prolifique de ces animaux et font de l'opothérapie[1] sans le savoir.

---

1. Opothérapie : emploi thérapeutique d'organes d'origine animale, à l'état naturel ou sous forme d'extraits.

Lorsqu'une femme stérile assiste à un accouchement dans les montagnes du Glaoui, elle se précipite sur l'arrière-faix[2] qui vient d'être expulsé, le prend avec ses dents et se retire à l'écart. Elle dépose à terre ce placenta ainsi volé et s'assied dessus pendant une heure environ. Quand la matrone a fini de donner ses soins à la nouvelle accouchée, elle s'approche de la femme stérile, la met dans la position de l'accouchement et l'engage à expulser son enfant, lui faisant faire le simulacre de l'accouchement. Le mauvais sort qui rendait la femme stérile est ainsi conjuré et rien ne s'opposera plus à ce qu'elle devienne féconde.

Pour combattre ce mauvais sort et en neutraliser l'effet, la femme stérile recueille, dans le plus grand silence, de l'eau de sept puits Semmaoui, dont l'ouverture n'est pas fermée. Le vendredi elle fait ses ablutions avec cette eau et ensuite va la jeter sur le seuil de la mosquée pendant la grande prière. Elle a jeté avec l'eau le mauvais sort qui sera inopérant parce que les fidèles, imprégnés de force sacrée, en détruiront toute la force mauvaise en marchant sur cette eau. Pour compléter ce rite, en rentrant chez elle, elle fait sous ses robes des fumigations de soufre, d'Asa foetida ; au lieu d'employer l'eau de sept puits ouverts, elle emploie aussi l'urine de sa mère qui lui passera la vertu fécondante d'une femme ayant enfanté.

Sur le littoral, une femme stérile lave le mauvais sort dans la mer. Elle prend un peigne et une poignée d'alfa et se

---

2. Arrière-faix : le placenta et les membranes.

LA NAISSANCE

rend au bord de la mer avec une parente ou une amie en qui elle a toute confiance. Elle cherche un endroit très isolé. Elle se met nue, se couche sur le rivage et offre sept fois son corps à la vague qui lave ainsi tout le mal, le *bass* qu'elle porte sur elle et l'emporte en se retirant. Ensuite elle peigne ses cheveux, frotte son corps avec la poignée d'alfa qui lui sert de brosse, puis elle jette dans la mer le peigne, les cheveux tombés en se coiffant et l'alfa en disant :

> *Hana kesst fikoum et tabâ*
> *Li tabâni fi korchi,*
> *Bach t'helli hazami.*

> Je jette dans vous (ô vagues) le mauvais sort
> Qui a ensorcelé mon ventre,
> Pour que vous ouvriez ma ceinture.

Si après cela une grossesse ne survient pas dans un temps rapproché on tatoue la femme stérile contre ce mauvais sort. Ce tatouage consiste en une croix entre les deux épaules et une autre croix sur les malléoles externes (aux deux chevilles). Ce tatouage est d'une très grande force magique car il agit comme tous les tatouages de ce genre, non seulement contre le mauvais œil des gens mais contre celui des génies de la terre.

Pour compléter ce rite, la femme stérile jette aussi à la mer la chemise qu'elle portait en venant le pratiquer ainsi que sept cailloux sur lesquels un taleb a écrit :

Tleq sraha had el oulïa.
Libère cette femme du mauvais sort.

Pour combattre la stérilité, on se sert aussi de plantes qui font beaucoup de graines, de végétaux qui ont des feuilles très nombreuses. Ainsi on prend une poignée de harmel, on la lave sept fois, on la passe ensuite sept fois au-dessus des fumées de l'encens, on la pétrit avec des dattes et on en fait une pâte dont on mange matin et soir. Le harmel et le palmier produisant beaucoup de grains et beaucoup de fruits, passent à la femme stérile toutes leurs qualités reproductrices.

On fait contre la stérilité une préparation très compliquée que l'on appelle *Khemira*, levain, et qui donnera à la femme qui la consommera les propriétés du levain dont la reproduction étonne l'esprit.

C'est en général une sorcière, ou une *moqaddema* ou servante de sanctuaire qui prépare cette mixture. Elle prend des graines de carvi, de garance, de fenugrec, de cresson alénois et de harmel, toutes plantes donnant d'abondantes graines. Elle y ajoute de l'ambre, puis après avoir sacrifié un chien (animal prolifique), qui vient de naître, elle le coupe en morceaux et met le tout à macérer pendant sept jours dans un vase contenant de l'eau. Au bout de sept jours elle envoie le tout à la femme stérile. Celle-ci mélange le bouillon de macération

LA NAISSANCE

au bouillon qu'elle consomme pendant trois jours ; en outre elle fait cuire les morceaux de chiot et les mange. Enfin le troisième jour elle va au bain et reprend sa vie conjugale.

Le vingt-septième jour du Ramadan et le jour de l'Achoura qui sont remarquables par leurs rites funèbres, on a coutume d'apporter sur les tombes des branches de myrte. La femme stérile se rend donc au cimetière ces jours-là et vole des feuilles de myrte aux branches déposées par des gens pieux sur les tombes de morts inconnus et oubliés en disant :

> *Salam âlik ya qebbeur,*
> *Ma aarft enta oula dekeur.*
> *Ila dekeur n'goulek ba,*
> *Ila enta n'goulek oummi*
> *Ou samah'ni.*

Je te salue, ô mort (ô enterré),
Je ne sais si tu es femme ou homme.
Si tu es homme, je te dis : Mon père,
Si tu es femme, je te dis : Ma mère,
Et pardonne-moi.

Après s'être ainsi mise sous la protection du mort inconnu et oublié, elle emporte les feuilles de myrte. Arrivée chez elle, elle les pile et les mange avec son mari ; ensuite ils accomplissent l'acte sexuel. Le mauvais sort est levé, les feuilles de myrte passeront à la femme leur vertu de se reproduire nombreuses par la protection du mort auquel elle a rendu un hommage de respect.

Le porc-épic est employé contre la stérilité, car il a le pouvoir d'éloigner le mauvais œil. La patte du porc-épic, *ied derbâne*, est en effet employée à cet effet et même portée sur le corps comme un bijou magique montée sur un cercle d'argent.

On prend donc un porc-épic entier, le tout ayant les mêmes propriétés magiques que la partie. On le met dans une marmite que l'on ferme hermétiquement et qui sert de four crématoire et on le laisse sur le feu jusqu'à ce qu'il soit réduit en cendres. On fait des pilules avec du miel et cette cendre que l'on appelle *remad derbâne*, cendre de porc-épic. Ces pilules sont particulièrement efficaces contre la stérilité due au mauvais œil.

Les saints, les fontaines, les cascades jouent, comme on le pense, un grand rôle dans la stérilité due à une action de magie malfaisante.

Il suffit souvent de faire une *ziara* ou pèlerinage aux sanctuaires pour guérir la stérilité. Cependant, en général, on accomplit certains rites auprès des tombeaux sacrés.

Ainsi dans le sanctuaire de Lalla Izza Hamad, à Marrakech, la *moqaddema* ou gardienne du sanctuaire, peigne la femme stérile, puis lui fait une tresse sur le côté droit de la tête. Elle conserve le peigne et les cheveux tombés, gardant ainsi tout le *bass* ou mal qui empêchait la fécondation. Quand une femme stérile va demander sa protection au saint Moulay-Brahim au-dessus de Tahannaout, elle enlève sa ceinture et la dépose sur le tombeau où elle la laisse une nuit entière pendant qu'elle-même se recueille et s'endort à l'ombre du grand saint. Le lendemain elle reprend sa ceinture qui a abandonné tout le mal dont elle était imprégnée et qui est chargée de Baraka et la noue directement sur la peau de son ventre. Elle doit la conserver ainsi en contact direct avec elle pendant sept jours. Par la protection du saint elle guérit de sa stérilité.

Près du sanctuaire de Moulay-Brahim, il y a un moulin qui joue un rôle immense dans la guérison des maladies et en particulier de la stérilité. On y vient de toutes les provinces du Maroc.

Les femmes stériles se mettent toutes nues au-dessous du moulin ; après avoir peigné leurs cheveux elles jettent peigne et démêlures dans la rivière dont le courant emporte le mal. Elles y jettent aussi leur chemise puis elles prennent une douche sous le moulin, et avant de partir elles avalent sept gorgées d'eau prise au même endroit. Les maris participent très souvent à ce pèlerinage et font exactement la même opération. Tous les mauvais sorts qui les empêchent de procréer sont lavés par l'eau qui tombe du moulin sacré, et emportés par la rivière.

Dans le pays de Zemran à Sidi Rahhal, il y a une

source de fécondité. Il est défendu aux Juifs d'en approcher. On croit que si des femmes juives venaient y boire ou s'y laver en cachette, l'eau se transformerait en sang.

Dans les montagnes de Glaoui, au-delà de Demnat, la cascade de Moulay-Ighi est réputée pour ses vertus fécondantes. Les femmes stériles s'en approchent accompagnées de la *moqaddema*. Elles y vont pieds nus, vêtues seulement de leur chemise et leurs cheveux recouverts d'un foulard. Comme au moulin de Moulay-Brahim, elles se coiffent, jettent leur peigne, leurs cheveux tombés, leur chemise, leur foulard dans la cascade. Elles s'en retournent débarrassées du mal et imprégnées de *baraka*.

Stérilité voulue. — Moyens magiques pour rendre une femme stérile. — Si la stérilité est combattue par des moyens magiques, elle est aussi recherchée par certaines femmes qui vont jusqu'à pratiquer des manœuvres abortives pour se débarrasser du produit de la conception. Cependant l'avortement est réprouvé. On croit que les femmes qui se sont fait avorter sont tourmentées dans leur tombe après leur mort par tous les enfants qu'elles ont ainsi privés de la vie. On pense qu'au jour du jugement dernier elles seront changées en chiennes et iront hurler en enfer.

Les moyens magiques pour rendre une femme stérile sont très nombreux. Une femme qui ne veut pas d'enfants va recueillir des grains d'orge tombés de la bouche d'une mule et les mange. Le contact du grain avec la bouche de l'animal, stérile par nature, a pris cette qualité et la lui transmet. Elle emprunte aussi la sangle qui sert à fixer la selle que l'on met habituellement sur le dos d'une mule, en s'en entourant le ventre, elle obtient le même résultat. La corne de sabot de mule carbonisée et réduite en poudre est un puissant agent de stérilité. Enrobée dans du miel elle sert à faire des pilules magiques dont l'emploi est courant.

Les crottes de mouton recueillies à l'abattoir au moment où on vide l'animal tué sont très recherchées. En les avalant la femme qui veut être stérile les compte en disant mentalement : « Chaque crotte pour une année. » Elle fixe la durée de la stérilité voulue.

Le fer du sabot d'une mule, un clou arraché à la planche qui sert à laver les morts sont employés par les sorcières qui veulent faire un mauvais sort à une jeune mariée et la condamner à la stérilité. Le rituel du maléfice est toujours compliqué. La sorcière se procure un linge taché de sang du tribut mensuel ou du sang de la défloration de la personne contre qui elle opère, un morceau du linceul arraché au linceul d'un mort enterré récemment. Elle enveloppe le fer de mule ou le clou avec ce linge taché de sang dans le morceau de linceul et enterre le tout dans une tombe oubliée en prononçant une incantation qu'elle termine en exprimant son désir : Tant que je ne déterrerai pas ces objets, une telle, fille d'une telle, sera stérile.

Les perles noires ont aussi un grand pouvoir contre la fécondation, on en fait avaler autant que l'on veut d'années sans enfants.

Les figues sèches qui ont perdu leur pouvoir de reproduire des figuiers, sont aussi employées pour les mauvais sorts. Il suffit de voler une ou deux figues sèches offertes au repas donné à l'occasion d'une mort, ce qui renforce l'action magique, et de les suspendre dans un endroit fréquenté par la femme contre laquelle se fait le sort, tant qu'elle ne découvrira pas les figues et ne les verra pas, le maléfice sera opérant.

La poussière de bois de peuplier mort, mélangée adroitement aux aliments d'une rivale la condamne à la stérilité de l'arbre mort.

Des nœuds dans les cheveux, sous forme d'une petite tresse dissimulée au milieu de la chevelure, garantissent aux prostituées, une sécurité complète. Tant que la tresse ne sera pas dénouée, le sortilège agira.

On fait aussi des nœuds sur le cordon ombilical de l'arrière-faix aussitôt après l'accouchement. Tantôt ce sont les parentes même de l'accouchée, qui l'ayant vu souffrir veulent reculer le plus possible une fécondation ultérieure. Tantôt c'est une rivale qui les fait pour faire un maléfice. Mais que le sort soit fait dans un esprit bienveillant, ou avec un sentiment de haine, le rituel est le même et chaque nœud lie pour une année.

LA NAISSANCE

La mère d'une jeune mariée qui ne veut pas que sa fille ait un enfant aussitôt le mariage pratique souvent le petit rite suivant : Au moment où la jeune fille est prête à rejoindre son mari, elle lui boutonne tous les boutons de ses vêtements. Puis elle prend le vase dans lequel on a préparé les fards dont on s'est servi pour farder la mariée, le retourne à l'envers et l'enferme dans un endroit très secret. Ce vase est le témoin de la « fermeture ». Tant qu'elle ne le sortira pas de sa cachette et ne le remettra pas dans sa position normale le sort agira et la jeune femme sera stérile.

Il y a dans l'année une période néfaste qui va du 24 février au 4 mars, pendant laquelle la procréation est funeste ; les rapports sexuels sont interdits pendant cette période entre mari et femme.

Ces jours maudits s'appellent *yam hessoum*. Un enfant conçu pendant cette semaine est fatalement voué au malheur : les mariages et les circoncisions sont également interdits pendant ces jours néfastes.

Une naissance pendant ces *yam hessoum* entraîne aussi un mauvais présage pour la vie de l'enfant et le bonheur de la famille.

LA GROSSESSE. — On croit que c'est un ange qui façonne l'enfant dans le ventre de sa mère à la manière d'un sculpteur qui, d'une masse informe de marbre, fait une belle statue. Quand le travail est achevé et que tous les organes sont formés, l'ange écrit sa destinée sur le front du fœtus.

Les Juives en état de grossesse n'entrent pas dans les cimetières avant que le fœtus ait manifesté sa vie par des mouvements intra-utérins. Elles redoutent qu'une âme errante d'un être mort prématurément avant son heure, ne pénètre dans le corps du fœtus et ne l'anime. Dans ce cas la vie de l'enfant serait fatalement écourtée. C'est en quelque sorte une survivance d'une antique croyance à la métempsychose.

Chez les Marocains musulmans la femme enceinte n'est pas admise auprès des morts, parce que la crainte de la mort pourrait la faire avorter.

La femme enceinte redoute l'avortement. Elle porte pendant toute sa grossesse des serres d'aigle nouées dans sa ceinture ou directement appliquées sur son ventre. Ces serres d'aigle empêcheront l'avortement dû au mauvais œil ; en outre, elles indiquent à l'enfant de faire le geste de se cramponner à sa mère.

Dans le même but elle fait écrire un *herz* (ou amulette) par le taleb et le porte directement sur le ventre. Chaque mois elle doit le renouveler car il perd de son efficacité. Mais elle ne doit pas jeter le *herz* qu'elle remplace, ni le brûler. Elle doit délayer l'encre magique dans un bassin d'eau et faire ensuite ses ablutions avec cette eau.

Les Saints protègent contre l'Avortement. — Tous les saints du Maroc protègent contre l'avortement. Quand

LA NAISSANCE

une femme a coutume de ne pas mener ses grossesses à terme et qu'elle se croit enceinte, elle se met sous la protection du saint auquel elle est consacrée. Elle apporte des bougies, du sucre à la gardienne du sanctuaire, lui annonce son état. Celle-ci lui remet alors en échange de la semoule, de l'huile et du sel bénis. La femme grosse fait son premier repas pendant les sept premiers jours de chaque mois avec cette farine, cette huile et ce sel dont elle fait une bouillie. En outre, la *moqaddema* lui peigne les cheveux et séparant une longue mèche, la tresse suivant la *qaïda* habituelle du saint. Cette mèche ne doit pas être dénouée jusqu'au moment de l'accouchement. La protection efficace du saint se manifeste ainsi jusqu'à la délivrance. Le petit sac contenant la farine chargée de baraka ne doit pas être posé sur le sol. On doit en prendre le plus grand soin et le conserver, suspendu à la tête du lit de la femme à qui il est destiné. Si on négligeait de l'entourer du respect dû aux choses sacrées, il perdrait aussitôt sa vertu magique.

Le saint dont la protection est la plus recherchée et la plus efficace est Moulay Abdelkader Djilani, parce qu'il commande aux diables, et qu'on suppose que l'avortement est dû à la jalousie d'une *gennia* qui tue l'enfant dans le ventre de sa mère et que l'on appelle *tabââ* : la poursuivante.

Les Juives, dans ce cas, déménagent car elles attribuent ces avortements aux mauvais génies de la maison.

CROYANCES RELATIVES À LA GROSSESSE. — La femme enceinte observe certaines coutumes. Ainsi si par hasard en entrant dans son neuvième mois, elle regarde la lune, elle doit aussitôt détacher sa ceinture pour avoir un accouchement facile.

Elle ne doit ni filer la nuit, ni coudre pour éviter que l'enfant ne vienne avec des circulaires du cordon autour du cou.

Elle ne doit pas sortir le soir, car elle risquerait d'être battue par les diables et d'avorter.

Pendant les trois premiers mois de la grossesse, elle doit se mordre la langue, si elle passe à côté d'un arbre, d'un animal impur, d'un albinos, ou d'une personne malade ; si elle oubliait cette prescription elle accoucherait d'un monstre.

Pendant la grossesse elle peut avoir des envies qui se marquent sur la peau de l'enfant d'une manière indélébile. Elle se purifie de ces envies par une lustration avec l'eau du puits d'un sanctuaire, qui les efface.

La femme juive prend ce bain de purification au *Neqoua* (piscine consacrée où se font les purifications après les règles, après l'accouchement ainsi que les purifications collectives du *Youm Kippour*, jour du grand pardon).

On fait regarder une gazelle à la femme enceinte pour que son enfant ait de beaux yeux. On lui fait même boire un verre d'eau au-dessus de la tête de ce gracieux animal pour que l'enfant soit beau et aimable.

LA NAISSANCE

Si une femme enceinte se moque d'une femme laide, elle peut être assurée que son enfant ressemblera à cette femme. On attribue la grossesse gémellaire à la rencontre d'un chameau ou d'un lapin au cours du troisième mois. On l'attribue aussi au fait que la femme a regardé la lune avec insolence.

Si pendant que l'on mange ou que l'on boit survient une femme enceinte, on doit aussitôt l'inviter à partager repas ou boisson ; si on ne le fait pas, l'enfant naîtra avec du strabisme.

Les femmes souhaitent toujours connaître le sexe de l'enfant qu'elles vont mettre au monde. Pour cela elles prennent un pou et le jettent sur leur ventre. S'il tombe sur ses pattes, ce sera un garçon ; s'il tombe sur le dos, ce sera une fille.

Elles consultent aussi une pierre d'alun. Elles la mouillent avec un peu de sécrétion lactée, puis la brûlent dans le brûle-parfums. En brûlant l'alun prend très nettement la forme du sexe de l'enfant à venir.

Si une femme enceinte a déjà eu plusieurs garçons et qu'elle désire accoucher d'une fille, elle mange à jeun le troisième mois des oviductes de poulet qu'elle avale crus.

Si au contraire elle désire un garçon, elle avale des mâles de guêpes enrobés dans du miel.

Les Juives avalent, dans le même but, sept tronçons de serpent ou le membre viril d'un mouflon qu'elles trempent dans du miel.

Au début du neuvième mois de grossesse, les femmes de

Marrakech vont en pèlerinage à *Sidi Bou Nfais*, Monseigneur père de l'accouchement. La *moqaddema* leur attache sept petites pierres sur le ventre. Ces pierres ne sont enlevées qu'après la délivrance. Le jour du pèlerinage elles achètent un cierge de cire à l'intention du saint, mais ne le lui donnent pas. Elles le suspendent au mur de leur chambre et ne l'envoient au sanctuaire que lorsque tout s'est bien terminé.

Il y a dans le Mtouga[3] une sainte chleuh Lalla Aziza qui est aussi la patronne du bon accouchement. Elle a une Zaouïa à Marrakech. En entrant dans son dernier mois la femme berbère file un fuseau de laine pour la sainte et le lui fait parvenir. La *moqaddema* remet en échange de la farine pour le premier repas après l'accouchement.

La grossesse et l'accouchement sont considérés comme une purification. La femme qui meurt pendant sa grossesse ou pendant son accouchement ne subit aucun tourment après sa mort et va tout droit au Paradis.

Il en est de même de celle qui a donné le jour à dix garçons.

On dit que la tombe de la femme est ouverte depuis le jour où elle a été fécondée jusqu'au quarantième jour après l'accouchement.

On dit qu'à partir du jour de la conception, elle a un pied dans ce bas monde et un pied dans l'autre monde :

---

3. Mtouga : sud-est de Marrakech.

LA NAISSANCE

Redjel fi dounia,
Ou Redjel fi l'akhira.

Pendant les derniers jours de la grossesse, la sage-femme doit venir coucher tous les soirs dans la chambre de la femme qu'elle doit accoucher. Cela a pour but de détourner le mauvais œil des gens et des génies malfaisants.

Accouchement. — Le travail doit commencer en secret ; si l'accouchement a lieu prématurément et qu'on soit obligé de chercher la sage-femme pendant la nuit, celle-ci ne sort pas sans avoir mis dans sa main droite du harmel, du sel et de l'alun, qu'elle lance au devant d'elle tout le long de sa route, pour les diables qu'elle gêne à l'heure où la terre est à eux. Elle fait ainsi une offrande aux bons génies et éloigne les méchants. De plus elle ne risque pas d'être enlevée par eux pour aller assister le double de la femme en couches qui, sous terre, accouche en même temps qu'elle. Le double génie naît en même temps que l'être humain et c'est d'ordinaire une sage-femme *gennia* qui pratique l'accouchement. Mais les génies aiment à demander l'assistance des sages-femmes de la race d'Adam, et c'est surtout pour cela que les sages-femmes redoutent de sortir la nuit.

Quand la femme ressent les premières douleurs, on fait le lit de travail avec la peau de mouton sacrifié à l'Aïd El-Kebir, qui contient toute la baraka de l'animal sacrifié.

On doit placer cette peau du mouton directement sur la terre : si le sol est recouvert de faïence ou de *dess* (enduit analogue au stuc), la sage-femme va dans un jardin chercher une couffe de terre qu'elle doit ramasser avec les mains, et l'étale sur la place où la femme accouchera, car le sang et les liquides de l'accouchement doivent être absorbés par la terre. Après l'accouchement la sage-femme recueille soigneusement toute cette terre et va l'enfouir dans le jardin où elle l'a prise.

(Il est à noter que c'est certainement à cette pratique courante que sont dus les nombreux cas de tétanos du cordon que l'on constate chez les nouveau-nés.)

Pour éloigner les diables qui pourraient gêner le travail, le retarder par leur malice, la sage-femme, après avoir préparé le lit de douleurs, jette du sel aux quatre coins de la chambre, dans la cour, dans les cabinets. Ensuite elle frotte les murs de la chambre avec du sel et de l'ail dont l'odeur les fait fuir.

Elle encense toute la chambre avec des intestins secs de hérisson qu'elle jette dans le brûle-parfums. Ceci contre le mauvais œil des gens et des génies. Elle prépare un sachet contenant quinze grains de *figela* (rue), du harmel et de l'alun et le suspend au mur au-dessus de la tête de la parturiente. A côté d'elle, la sage-femme dépose un clou, un couteau pour faire peur aux diables, un chapelet béni venant de la Mecque, un *herz* écrit par le taleb sur la planchette d'un écolier, une paire de ciseaux, une baguette d'olivier venant de la Mecque, un fuseau chargé de laine, un peu de farine. Tout cela influera

LA NAISSANCE

sur le sort de l'enfant. La présence du chapelet le rendra pieux, la planchette d'écolier lui fera aimer l'école, la branche d'olivier, le fuseau couvert de laine et la farine seront pour lui des gages de richesse à venir.

On emploie aussi couramment le peigne à carder pour effrayer les génies malfaisants. On en met une moitié à la tête de la femme en couches, et l'autre aux pieds.

Les Juifs tracent dans l'air un cercle magique autour de la femme en douleurs avec un grand sabre interdisant ainsi aux génies mauvais de le franchir ; et chaque soir, jusqu'aux relevailles, les hommes de la famille se réunissent dans la chambre de la nouvelle accouchée et répètent cette cérémonie.

Après avoir préparé la chambre de la femme en couches, on la prépare elle-même. La sage-femme lui dénoue les cheveux qu'elle étale sur son dos et lui retire son foulard de tête ; elle déboutonne tous les boutons de sa chemise et de ses vêtements ; elle lui enlève sa ceinture et tous les liens qu'elle a sur elle, ses bracelets, ses bagues, ses boucles d'oreille. Tous ces rites ont pour but de faciliter l'accouchement, d'ouvrir la voie, de délier ce qui est lié.

Dès que le travail est commencé, toutes les personnes présentes invoquent Dieu sous son nom de Moughit, en disant :

> *Ya moughit ghitha.*
> O secourant, secours-la.

Elles disent encore :

> *Fouk ! Roh men roh ya l'Khalaq.*
> Descends une âme d'une âme, ô Créateur !

Elles invoquent aussi les saints qui facilitent l'accouchement : Lalla Nedjema, Madame l'Étoile ; Sidi Bou Nfaïs, Monseigneur père de l'accouchement. Elles psalmodient le nom de Dieu : *Ya Latif*, O Clément, un nombre considérable de fois. De temps à autre la sage-femme se détache du groupe en prières et s'approchant du ventre de la mère, fait signe à l'enfant de venir, avec son index ; elle l'appelle en joignant ses lèvres et en poussant un petit cri significatif.

Si le travail se prolonge et devient laborieux, on emploie divers moyens pour en hâter la terminaison heureuse.

On prend le foulard de tête porté par une femme qui accouche facilement et on en recouvre la tête de la parturiente. Ce contact transmet la force magique qui a permis à la mère de famille de bien accoucher ; ou bien on prend sept pains frais, on les pose sur le ventre de la femme en couches, on prend ainsi tout le mal qui empêche l'accouchement. On coupe ces pains en deux, coupant ainsi le mal, et on les envoie au plus proche sanctuaire pour qu'ils soient donnés aux pauvres. Ce

Maarouf a donc aussi un but de purification par la charité. On transfère aussi les mauvaises douleurs dans un œuf en le promenant sur le ventre de la femme en douleurs, puis on va le jeter dans le puits d'un sanctuaire voisin ; le mal est ainsi jeté et de plus l'accouchement viendra aussi vite que l'œuf tombe dans le puits.

On fait boire à la parturiente pendant tout le travail de l'eau venant d'un sanctuaire ; à Marrakech, c'est l'eau du Moulksour, de la Zaouïa de Si Ahmed Tidjani, ou du sanctuaire de Sidi Ben Sliman Djazouli, qui est le plus souvent donnée dans ce cas.

On va chercher un adepte de la secte de Sidi Bono, on lui fait réciter la *moufaridja*, prière extraite du Dahlil Khirat[4], sur une grande cuvette d'eau. Ensuite on fait boire un peu de cette eau à la femme et on lui fait ses ablutions avec le reste. Cette *moufaridja* a un tel pouvoir qu'elle facilite et l'accouchement et la mort. On ne l'emploie que dans les cas extrêmes, alors que tout a été essayé, car si la délivrance n'arrive pas, cette incantation amènera au moins une bonne mort.

Cinq plumes d'aigle posées sur le ventre d'une femme en couches éloignent tout mauvais œil et facilitent l'accouchement.

Si les douleurs sont subintrantes, l'aile gauche d'un

---

4. Dalil Al Khayrat : ouvrage de prière sur le Prophète composé par le soufi Al Jazouli (mort à Marrakech en 870 H / 1465).

corbeau posée sur le ventre les rend supportables.

Quand la femme est très fatiguée, on prend son foulard de tête, on le pose un instant sur son ventre, et on va en silence à la mosquée du quartier. On remet ce foulard au *Moudden*. Celui-ci au moment où il va annoncer aux croyants l'heure de la prière, attache ce foulard après le drapeau qu'il hisse au sommet du minaret. Le vent, en secouant le drapeau, secoue les douleurs qui sont passées dans le foulard, et les emporte, et aussitôt l'accouchement se termine. De plus tous les gens qui aperçoivent ce foulard attaché au drapeau de la prière, doivent demander aussitôt à Dieu de délivrer la femme à laquelle il appartient et cette prière de tous les croyants inconnus est très puissante.

Une parente de la femme en couches va aussi dans un jardin couper des branches d'arbres chargées de feuilles, de fleurs ou de fruits, et les dépose auprès d'elle ; l'enfant naîtra aussi facilement que poussent les feuilles, les fleurs ou les fruits.

On fait aussi dans la chambre de la malade des fumigations avec des graines de tournesol et un nid de *Tibibet* que l'on brûle dans le brûle-parfums. La femme accouchera aussi facilement que naissent les oiseaux ou que la fleur de soleil laisse tomber ses graines à terre en s'entrouvrant.

Le mari vient en aide à sa femme dans les cas graves, car autrement il ne paraît pas dans sa chambre pendant l'accouchement. On lui fait tremper son orteil droit dans

LA NAISSANCE

une cuvette d'eau pendant un instant, puis il enjambe trois fois le corps de sa femme et lui fait avaler quelques gorgées de cette eau, dans laquelle il a passé toute sa force virile. La femme prend toute l'énergie de son mari et peut supporter plus facilement son mal.

Lorsque la période d'expulsion arrive, on ne découvre jamais la femme en travail, de peur du mauvais œil. Seule, la sage-femme peut voir ses organes génitaux.

Pratiques observées à la naissance de l'enfant. — En coupant le cordon ombilical, la sage-femme dit entre ses dents : « Louange à Dieu qui me fait mettre au monde ce Musulman » ; puis elle prend l'enfant et lui dit dans les oreilles : « *Allah ou kbar* », « Dieu seul est grand ». Ensuite elle lui fait un petit discours. Elle lui dit : « Tu grandiras et tu oublieras, tu seras heureux, tu apprendras à lire. » Elle lui met un peu de sucre sur la langue pour que la vie lui soit douce, elle lui comprime les os de la tête, lui tire le nez.

Après avoir lié le cordon elle pose dessus un petit emplâtre de farine et de henné en poudre, pour qu'il soit riche et bon, puis elle procède à la toilette de l'enfant.

Elle l'essuie simplement, puis le roule dans de la poudre de henné après l'avoir frotté d'huile. On n'essuie même pas les enfants de syphilitiques en activité pour qu'ils n'aient pas à leur tour une éruption.

PREMIÈRE CHEMISE. — Ensuite elle lui met sa première chemise. Celle-ci est coupée dans un tissu de laine rectangulaire usagé que l'on plie en deux et auquel on fait une simple fente pour passer la tête.

Rien de neuf ne doit être mis à l'enfant jusqu'au jour où il sera nommé pour ne pas exciter la jalousie des génies.

Cette chemise appelée *kziber* sera portée par l'enfant jusqu'au septième jour. Ensuite elle deviendra pour lui un véritable talisman : on l'enfermera dans son oreiller pour le protéger contre les génies invisibles. Quand il sera malade on l'en extraira pour la lui appliquer contre la poitrine, car elle continuera à contenir toutes les possibilités de vie qu'il avait en naissant.

On dit d'elle : « *Fiha hajeb ed-drari* », « Dans elle est la protection du petit enfant ».

Si l'enfant meurt avant le quarantième jour, on l'enterre avec cette première chemise. Au jour du jugement dernier, alors qu'il fera très chaud, le soleil étant descendu au premier ciel, l'enfant devenu oiseau ira la tremper dans les sources fraîches du Paradis et ira en rafraîchir le front de son père. Aussi on ne doit pas pleurer un nouveau-né s'il vient à mourir. Perdre un petit enfant est une assurance de ne pas être brûlé dans l'autre monde ; de plus les larmes versées pour un petit enfant mort, se changeraient en fleuve au jour du Jugement dernier et sépareraient à jamais l'enfant de ses parents.

Après avoir mis la première chemise à l'enfant, la

LA NAISSANCE

Qabla lui allonge les jambes, plie ses bras en avant et l'enroule à la manière des momies avec une cordelette.

Cette première cordelette qui sera employée seulement pendant les sept premiers jours a les mêmes vertus que la première chemise. Elle est faite de brins de laine arrachés à la peau du mouton tué à l'Aïd El-Kebir et grossièrement roulée sur les genoux. Elle ne doit pas être lavée pour conserver sa baraka. On l'appelle : *Seboula*. Comme la première chemise elle devient un talisman pour l'enfant parce qu'ayant eu son premier contact elle contient toutes ses chances de vie.

Cette première chemise et cette première bande peuvent servir aux autres enfants qui naîtront ensuite dans la famille, mais on ne les prête jamais aux étrangers.

Quand l'enfant est emmailloté, la sage-femme lui met son premier bandeau de tête. C'est une simple bande de tissu de coton pliée en deux sur le milieu de laquelle on trace avec du koheul cinq raies verticales contre le mauvais œil. On appelle ce bandeau *cheddada*.

Les Juives qui ont perdu des enfants pendant les premiers jours de la vie, ne préparent aucun objet de layette. C'est la sage-femme qui apporte la première chemise ainsi que celle du septième jour. De plus pour que les diables ne soient pas jaloux et ne fassent pas de mal au nouveau-né pendant les sept premiers jours, on lui met ses vêtements à l'envers.

Lorsque la toilette de l'enfant est terminée, la sage-femme le passe trois fois à la droite de la mère, puis à sa gauche, en disant : « Que tu soies à droite ou à gauche, sois sans crainte, les diables ne t'emmèneront pas. » Alors la sage-femme a le devoir de quitter un moment la nouvelle accouchée pour aller au bain se purifier du sang qu'elle a forcément touché.

Sauf dans un cas tragique, le mari doit quitter la maison pendant l'accouchement. Il va chez des voisins ou simplement s'assoit dans une boutique du Souk, proche de sa demeure et y attend la *bechchara* qui lui apporte la nouvelle. Celle-ci en se présentant devant lui, après une formule de salut, se précipite sur ses pantoufles et en les lui arrachant des pieds, lui dit : « Je ne te dirai la bonne nouvelle que lorsque tu m'auras promis une bonne récompense. » Quand elle a entendu énoncer le chiffre du cadeau qu'elle va recevoir, elle lui dit : « Il t'est né un fils ou une fille. » Aucune autre défense ne se pose contre le mari après l'accouchement, sauf celle d'approcher sa femme pendant quarante jours si elle a mis au monde un garçon, et quatre-vingt-dix jours si elle a donné le jour à une fille.

Accueil réservé aux garçons et aux filles. — Dans la maison aussitôt que le sexe de l'enfant est connu, on pousse trois ululations ou *Zrarit* si c'est un garçon ; si c'est une fille on ne pousse pas de *Zrarit*. Cependant cette naissance n'est pas mal accueillie ; on dit pour l'enfant des paroles de bon augure, pour les parents des paroles de bénédiction. On dit du reste :

LA NAISSANCE

Rezq el bent ouassâ and moulana.
Le bien de la fille est large chez Notre Maître (Dieu).

JOURS FASTES ET JOURS NÉFASTES. — Quand un enfant naît le quinze du mois, on dit qu'il sera riche parce que c'est le jour de la pleine lune ; mais c'est une chose éminemment heureuse que de mettre un enfant au monde au moment où le *neffar* (joueur de grande trompette), annonce le Ramadan, où la lune apparaît dans le ciel et où les femmes poussent toutes des youyous d'allégresse. Cet enfant aura un sort enviable car il entre dans la vie à l'instant précis où la joie est générale et où chacun se prépare à fêter par des réjouissances et des festins la nuit qui précède le premier jour du jeûne.

Par contre, le malheur poursuivra toute sa vie l'enfant né le jour de l'*achoura* (dixième jour du mois de Moharram) où dominent les rites funèbres. Ces enfants sont en général des enfants dont on ne pourra rien tirer malgré tous les soins dont on les entourera. Il est même proverbial de dire d'un enfant méchant : Il est sûrement né le jour de l'*achoura,* même si l'on sait que ce n'est pas vrai.

Quant à la fille qui vient au monde dans ce jour maudit, elle n'est pas considérée comme vierge. On fait venir les *adoul* et le Qadi et on dresse un acte constatant qu'elle est bien née le jour de l'*achoura* afin qu'à son mariage il n'y ait aucune contestation au sujet de sa virginité, si les signes apparents n'en sont pas constatés. On dit de plus qu'elle n'apportera à son mari aucune baraka, aucune chance.

Quand un enfant naît avec des amputations congénitales des doigts ou des membres, on croit que l'ange qui l'a façonné ne l'a pas terminé, parce qu'on a réveillé brusquement sa mère endormie au moment où il achevait son œuvre.

ENFANT NÉ COIFFÉ. — De l'enfant qui naît enveloppé des membranes de la délivrance, on dit qu'il est né *mahdjoub*, né coiffé. C'est un signe de chance pour lui et pour sa famille. La sage-femme ne doit pas inciser ces membranes avec un couteau de fer pour dégager l'enfant. Elle doit prendre la broche d'argent qui ferme le *khallala*, bijou qui retient l'*izar* au-dessus des seins. Ces membranes sont soigneusement desséchées et conservées car elles contiennent toute la chance de l'enfant et de ses parents. La mère ne s'en sépare que par petits fragments qu'elle vend très cher pour la confection de *herz* (talismans) que portent les grands personnages. Ceux-ci les enferment précieusement dans de petites boîtes d'argent. Un homme injustement accusé s'en procure à tout prix, car rien ne le protègera plus efficacement contre ses accusateurs.

Dans le sud du Maroc, on enterre le placenta sous le seuil de la maison car il contient la chance de la mère. Quand il y a eu avortement jusqu'au cinquième mois, on enterre fœtus et placenta sous le seuil. Ce n'est qu'après cinq mois que le fœtus est inhumé ; on dit du reste en expliquant cette pratique :

Rezq dar ibqa feddar.
Le bien de la maison reste à la maison.

Repas spéciaux à la naissance. — Le jour de la naissance on prépare un plat spécial qui doit être mangé par toutes les personnes qui rendent visite à la nouvelle accouchée.

Voici comment on le prépare : On prend du blé, on le fait griller, ensuite on le moud et on met toute la mouture dans un plat, on y ajoute du sucre et du beurre et on en fait un gâteau à froid. Cela s'appelle la *zemmita*.

Le fait de goûter à la *zemmita* de la nouvelle accouchée assure à l'enfant une vie prospère et empêche la nouvelle maman d'avoir des syncopes.

Dans les campagnes on offre la *zemmita* à toutes les personnes qui entrent dans la *nouala* quand la vache ou la chamelle ont mis bas. Cela assure la prospérité des maîtres de ces animaux.

Au Miloud on fait aussi de la *zemmita* pour les Aïssaouas[5] afin qu'ils donnent leur baraka aux récoltes et

---

5. Aïssaouas : confrérie religieuse qui se rattache au soufisme, fondée au XVIe siècle par Sidi Mohamed Ben Aïssa (qui serait né en 872 H / 1465-1466). Son centre spirituel (*zaouïa*) principal se trouve à Mekhnès où son fondateur est enterré.

qu'elles soient abondantes.

Outre ce plat de bon augure, on prépare pour la nouvelle accouchée et toutes ses amies un plat de gros couscous appelé *berkouks*, pour que l'enfant soit fortuné.

De plus la *qabla* prépare le *ftour el mezioud*, le *ftour enta çabi*, le repas du nouveau-né.

Elle arrache sept brins de laine de couleurs différentes au tapis de la maison, elle les fait carboniser dans une petite marmite avec des intestins de hérisson. Elle prend alors le résidu de cette cuisson, le mélange avec du miel et un peu de bouillon pris dans le premier repas de la mère et pendant trois jours elle frotte les lèvres et la langue du nouveau-né avec cette mixture. Ceci a pour but de lui assurer un avenir heureux et une grande beauté ; il aura sur le visage les belles couleurs du tapis ; la vie lui sera douce comme le miel et les gens et les génies effrayés par les entrailles du hérisson, ne lui feront aucun mal.

Pendant les sept jours qui suivent l'accouchement, on ne donne pas de viande de boucherie à la nouvelle accouchée. On ne prépare ses aliments qu'avec des farines, des pâtes et des poulets.

Si une femme perd habituellement ses enfants dans les premiers jours qui suivent la naissance, on fait son premier repas avec un coq sacrifié en son nom. On prend la tête du coq, on la sale et on la suspend au-dessus de son lit, on l'y laisse quarante jours. Cette tête fait peur aux diables qui veulent tuer le nouveau-né. Au bout du quarantième jour on l'enferme dans le sac d'herbes magiques (henné, harmel) qui est toujours placé à côté de l'enfant. Plus tard quand l'enfant commencera à comprendre et à parler, la mère s'arrangera pour qu'il ouvre ce sac, qu'il prenne la tête du coq dans ses mains. Si à ce moment il demande ce que c'est, sa mère lui répondra : « Ce n'est rien, va le jeter. » Il jettera ainsi tout son mauvais sort.

Chez les Juifs on fait le sacrifice d'un coq dans le même but de protection ; on suspend la tête salée à la porte de la chambre avec cinq petites galettes en forme de couronne. On n'enlèvera le tout que lorsque l'enfant aura atteint l'âge de sept ou huit mois. Dans le même but on peint au goudron sur les murs de la chambre, près de la porte, et près du lit de l'accouchée deux mains stylisées, une paire de ciseaux et un peigne.

Les défenses de protection autour de la femme accouchée et de l'enfant nouveau-né sont nombreuses. Ainsi on ne doit jamais laisser entrer un chat noir dans la chambre d'une nouvelle accouchée car cela pourrait être un diable qui aurait pris cette apparence.

Il en est de même des prostituées car elles portent en général sur elles en amulette du *dem meghdour*, sang d'un homme assassiné, pour inspirer la crainte aux gens qui leur voudraient du mal ; l'odeur de ce sang serait funeste à l'enfant. De plus elles sont chargées de mal et pour être admises à visiter une femme en couches, il leur faudrait se purifier avec sept *guerba* (outres) d'huile et donner à boire de l'eau à soixante pauvres.

On ne laisse pas non plus pénétrer auprès d'elle une femme qui n'a pas fait ses ablutions après avoir eu commerce avec son mari ; il en est de même pour une femme très parfumée, l'odeur des parfums est fatale à l'enfant, et pour une femme amoureuse à cause de l'odeur magique des talismans dont elle est couverte.

On ne doit pas donner de feu aux voisins jusqu'aux relevailles, cela donnerait une ophtalmie purulente à l'enfant et il deviendrait aveugle. On ne doit pas donner de levain ni de sel car il lui viendrait de l'impétigo.

On ne fait pas cuire dans la maison de la nouvelle accouchée des pois chiches, ni des fèves pendant sept jours pour la même raison. De plus les fèves sont employées dans les rites funèbres. En préparer entraînerait la mort de l'enfant ou de la mère.

Si une amie dont on est peu sûre ou une personne étrangère vient dans la chambre de la nouvelle accouchée on prépare aussitôt le brûle-parfums et on y brûle pendant toute la durée de sa visite un mélange de harmel et d'alun. Si la visiteuse, ignorant les coutumes, prend l'enfant dans les bras, on ne le lui laisse pas reposer sur le lit ; la personne qui brûle les parfums le prend et le passe trois fois dans les fumées qui se dégagent du brûle-parfums, pour le purifier de ce contact et en annuler toute l'action mauvaise.

Le sang des nouvelles accouchées pouvant servir à des sortilèges faits contre elles, est caché à tous les yeux. Seule la sage-femme y touche et pour cette raison lave le linge de la nouvelle accouchée. Il en est de même des langes de l'enfant qu'elle lave et sèche dans une pièce fermée, à l'abri de tous les regards. De plus elle étend ces langes sur des objets de cuivre, mortiers, plateaux, car le cuivre éloigne les diables qui pourraient être tentés de souiller ces langes et de leur transmettre des maladies mortelles pour l'enfant.

La *n'fissa* ou nouvelle accouchée ne prend ses repas qu'avec la sage-femme pendant les sept jours qui suivent l'accouchement. Même si d'autres personnes mangent dans la même chambre, on prépare un plat spécial pour elle, auquel personne ne doit toucher, sauf son accoucheuse.

Si deux femmes accouchent ensemble dans la même chambre, ce qui peut se produire par suite de la polygamie, elles doivent aussitôt accouchées, échanger un œuf et le manger pour que ni l'une ni l'autre n'influence mal sa compagne. Elles échangent leur enfant pour la première tétée, elles se pardonnent mutuellement leurs griefs et prononcent ensemble des paroles de paix pour que les enfants ne subissent aucune peine du fait de la rivalité.

On ne laisse pas la jeune maman, ni le nouveau-né seuls pendant sept jours, pour que les diables ne changent pas l'enfant tant qu'il n'est pas nommé. L'enfant n'est en effet jamais changé avant sa naissance par les diables ; mais après il en court le risque constamment. C'est pourquoi on l'entoure de protection magique, jusqu'à ce qu'il soit élevé. Dès sa naissance on place auprès de lui un sac de velours dans lequel on a mis du harmel, de l'alun, du sel, un couteau ouvert. Ce sac ne le quitte jamais et quand on change l'enfant de place, on porte le sac à côté de lui.

Pour que l'enfant ait les lèvres rouges à la première tétée, la mère passe sur ses seins une couche de vermillon qui en masque la couleur foncée.

Pour que le père aime son enfant, on prend le dernier méconium rendu et on en frotte les semelles de ses chaussures. Cela renforce le lien qui l'attache à l'enfant.

Le troisième jour après l'accouchement, on peint la figure de la jeune mère avec du safran ou du vermillon pour effacer le masque de la grossesse.

Pour qu'elle n'ait pas d'hémorragies, on attache à la cuisse droite une amulette écrite par un taleb. On lui met de petites ligatures aux index de chaque main, aux bras, aux cuisses, puis on pose sur son ventre des compresses glacées qui ont pour but de refroidir le sang. Compresses d'eau froide et ligatures ont aussi pour but d'empêcher le sang de couler.

Contre les tranchées utérines qui surviennent après l'accouchement, la sage-femme prend un peu de sucre, le trempe dans le sang de l'accouchement et en frotte trois fois le talon droit de l'accouchée.

LA NAISSANCE

Les Juives en outre donnent à manger à l'accouchée du miel et du beurre fondu pour adoucir ses douleurs.

Si la nouvelle accouchée a le sommeil lourd et ne se réveille pas facilement pour allaiter son enfant, on lui fait manger de la terre venant d'un trou de fourmis, les fourmis ayant le sommeil très léger. Les Juives lui font boire de l'eau dans le seau qui sert à abreuver un cheval de race qui lui aussi est réputé pour se réveiller facilement. Si au contraire la nouvelle accouchée, trop attentive aux besoins de son bébé ne réussit pas à s'endormir, elle fait une offrande au saint Sidi Sacy et lui dit :

> *O saint Sidi Sacy, fils de Sacy*
> *Donne-moi ma mesure de sommeil.*

Quand une nouvelle accouchée n'a pas de lait, on prend des grains de luzerne parce que la luzerne donne du lait aux vaches. On les pile et on lui en fait une bouillie très claire, le lait coulera comme la bouillie. Elle mange aussi des mamelles de *haase* et à Marrakech on fait en son nom une offrande au saint Moulksour qui est le *moul l'halib*, le maître du lait. Il suffit ensuite de lui faire boire de l'eau du sanctuaire pour que le lait vienne en abondance.

Le grand Sidi Bel Abbès, *Elli Iqdi koul Hadja*, celui qui procure tout, procure aussi le lait en abondance aux nourrices. Il suffit de remplir une cruche d'eau de son sanctuaire, de la déposer sur son tombeau où on la laisse une nuit entière et de la faire boire ensuite à la jeune maman pour obtenir une sécrétion lactée abondante.

Les Juives de Marrakech envoient puiser de l'eau dans une *khottara* de Bab El Khemis appelée *tireret* et la font boire à la nourrice et le lait arrive à profusion. En général, du reste, l'eau des saints patrons de chaque ville ou de chaque tribu donne le même résultat.

Lorsque le cordon ombilical tombe vers le quatrième ou le cinquième jour, on prend un peu de terre sous le lit de la mère et on attache ce cordon desséché et cette terre dans un petit sachet que l'on fixe après les vêtements du nouveau-né. On laisse ce sachet en contact avec lui pendant trois jours, puis on le coud dans son oreiller ; ce sera pour lui un gardien vigilant contre les diables. Si pendant sa petite enfance le bébé a mal aux yeux, on se servira de ce cordon comme d'un collyre sec ; on fera brûler à la bougie son extrémité et on la passera sur les paupières malades.

Dans les montagnes de l'Atlas, on enterre ce cordon avec le placenta sous le seuil de la maison.

Si pendant les premiers jours de la vie, l'enfant a le hoquet, on prend un brin de soie rose au foulard de tête de sa mère et on le lui colle verticalement entre les deux sourcils, c'est un tatouage mobile que l'on enlèvera aussitôt que le hoquet sera passé. C'est un avertissement aux diables qui provoquent ce hoquet d'avoir à s'éloigner car l'enfant est sous la garde de

LA NAISSANCE

sa mère et ne les redoute pas.

BAIN DE PURIFICATION APRÈS L'ACCOUCHEMENT. — Le sixième jour dans la soirée, la nouvelle accouchée va au bain maure. Elle n'y emporte jamais son enfant qui prendra le premier bain quand il aura un an révolu.

Avant de sortir de sa chambre elle se met debout sur son lit et la sage-femme lui entoure la cheville droite d'un brin de soie noire dans lequel elle a enfilé une pièce d'argent trouée, un tout petit sachet de sel, de harmel, d'alun et de soufre. Ce bracelet magique a pour but de la protéger quand elle franchira le seuil de la maison contre les mauvais génies de la route et le mauvais œil des gens qu'elle pourrait rencontrer. Elle le conservera jusqu'au quarantième jour, alors elle détachera ce frêle anneau et le coudra dans l'oreiller de l'enfant pour le protéger nuit et jour.

Ses amies l'accompagnent dans cette première sortie : En général la sage-femme ne l'accompagne pas, mais reste auprès de l'enfant pour le protéger contre les ennemis visibles et invisibles. Quand elle pénètre au bain maure, une de ses amies pousse trois *zrarit* (youyou). Elle entre jusque dans la salle chaude toute habillée ; elle porte dans sa main droite du harmel et du sel mélangés, qu'elle lance au-devant d'elle en disant :

El Harmel harma ya ghassoul Allah
T'ahdina men genn ou gennia.

Le Harmel est sacré, ô envoyé de Dieu
Et nous protège des génies et des *gennias*.

Quand elle est dans la chambre chaude, on la déshabille et on lui donne son bain qui est un bain de purification. Avant de se livrer aux baigneuses, elle boit trois gorgées d'eau fraîche prises à la fontaine du bain, en disant :

Cherbt halibi.
J'ai bu mon lait.

Cela a pour but d'empêcher les génies du bain de lui voler son lait et de tarir sa sécrétion lactée.

Si elle rencontre par hasard une autre nouvelle accouchée dans le bain maure, elle court un très grand risque. Les amies qui l'accompagnent ordonnent aux deux mamans de fermer les yeux aussitôt, puis on prend deux coupes d'eau à la fontaine du bain et on les leur fait avaler en même temps. Après avoir bu ensemble, chacune dit à l'autre : « Laisse-moi mon lait, je te laisse le tien. » Ce rite a pour but de conserver à chaque enfant le lait de sa mère. S'il n'était pas accompli, l'une des deux, par le pouvoir du mauvais œil, volerait à l'autre tout son lait.

LA NAISSANCE

Rites du septième jour et du quarantième jour. —
Le septième jour est le jour de l'imposition du nom. C'est aussi celui de la purification de l'enfant et de sa présentation aux génies de la maison qui deviendront ses amis et protecteurs. Ce sont des rites de *Raha*, rites de sortie de la période dangereuse où toutes les forces invisibles peuvent nuire à la mère et à l'enfant.

Le premier rite accompli est le sacrifice du mouton pour l'imposition du nom si l'enfant est un garçon.

Pendant les sept premiers jours on n'a pas donné de nom à l'enfant, on l'a appelé *Sidi Embareck*, si c'est un garçon et *Lalla Embarka*, si c'est une fille, Monsieur le Béni.

Le sang du sacrifice apaisera les génies jaloux et irrités. On ne donne en général pas le nom des parents ni des grands-parents aux enfants s'ils sont vivants, mais s'ils sont morts on le leur donne en respectueux souvenir. Si le père de l'enfant meurt le septième jour qui est le jour de l'imposition du nom, on donne son nom à l'enfant et on y ajoute le surnom de Khalifat, c'est le remplaçant du père et c'est sous ce vocable qu'on l'appellera, bien que ce ne soit pas son nom. On donne aux esclaves le nom du jour de leur naissance *Djemaa* ou *Boudjemaa*, s'ils naissent le vendredi.

Si un enfant naît le jour de l'Aïd-El-Kebir, on l'appelle *Kebour* ou *Keboura*. Le jour du Miloud, *Miloud* ou *Milouda*. Le premier jour du Ramadan, *Ramdan* ou *Ayada*, c'est-à-dire fête, si c'est une fille en souvenir du jour heureux de leur naissance.

Quand on est embarrassé pour choisir le nom, on s'en rapporte souvent au sort.

On prend deux morceaux de bois, un grand et un petit et on leur donne à chacun un des noms au sujet desquels on hésite, puis on sort dans la rue et on remet les morceaux de bois à la première personne qui passe en lui disant : « Donne-m'en un. » L'enfant recevra le nom attribué au morceau de bois choisi par l'étranger ; d'autres fois on consulte l'augure de la façon suivante : On sort dans la rue avec l'intention de prendre pour l'enfant, le premier nom que l'on entendra prononcer à haute voix. On se place à un endroit où passe beaucoup de monde et on écoute ce que disent les passants. Dès qu'on a entendu prononcer un nom, on rentre à la maison : le sort a choisi ce nom.

Lorsqu'on a des jumeaux on leur donne toujours le nom des fils jumeaux de Lalla Fatime Zohra, fille du prophète ; Hassene et Hosseine[6] aux garçons ; Hassena et Hosseina aux filles.

Lorsque le nom est choisi, on procède au sacrifice du mouton que l'on a préparé comme le mouton de l'Aïd El-Kebir. Tous les amis du père sont réunis pour cette solennité. On sacrifie le mouton en disant : « Au nom de un tel, fils d'un tel. » Pendant le sacrifice cinq ou sept petits enfants sont alignés devant le mouton. Ils tiennent sur leur tête un petit sac de velours rempli de paille. C'est pour que l'enfant soit généreux

---

6. Al-Hassan et Al-Hussein.

LA NAISSANCE

et riche, et c'est aussi pour que le sacrifice ait une action sur la fertilité du sol et que les récoltes soient abondantes. Il y a échange de forces sacrées entre les sacs de paille représentant les produits de la terre et l'enfant.

Après le sacrifice du mouton, on prend son foie, on le coupe en morceaux que l'on fait simplement cuire à l'eau bouillante et que l'on distribue à toutes les personnes assistant à la cérémonie. Ce repas sacrificiel a pour but d'obliger tous ceux qui y ont participé à aimer l'enfant. Si quelqu'un des assistants n'en mangeait pas, cela entraînerait la mort de l'enfant.

Avant de sacrifier le mouton, on offre aux *tolba* qui sont venus pour assister à ce sacrifice, un plateau chargé de dattes et de lait. On ajoute du harmel, du sel, des parfums à brûler, de l'*aoud komari*, bois d'aloès, du benjoin et un bracelet d'argent sur le plateau. Les *tolba* doivent boire le lait et manger les dattes pour que la vie de l'enfant soit douce et heureuse ; ils doivent jeter le sel et le harmel aux génies de la maison et brûler l'*aoud komari* et l'encens en leur honneur. Quant au bracelet d'argent il représente la chance de l'enfant. Il reste sur le plateau pendant le sacrifice comme un témoin et on le rapporte à la maison où on le conservera avec les affaires du bébé. L'après-midi on procède à la toilette de la mère et de l'enfant.

On habille la mère avec les vêtements du mariage ou avec des vêtements neufs. Au moment où on l'en revêt, elle mord les manches à l'épaule pour les porter encore dans une circonstance semblable. On lui remet sa ceinture. Pendant cette opération, elle ne doit pas tourner ses yeux à droite ou à gauche, mais les garder baissés et regarder devant elle, sinon l'enfant ne suivrait pas le chemin de Dieu. On la farde : on lui met du *koheul* aux yeux, du rouge aux joues, du *souak* aux lèvres. On peint son menton et l'espace qu'il y a entre ses deux sourcils avec du *hargous*.

Il faut qu'elle soit très belle pour que sa fille soit coquette ou pour que son fils, quand il sera grand, épouse une femme jolie.

On lui remet tous ses bijoux qu'on avait enlevés pour l'accouchement.

Ensuite on s'occupe de l'enfant. On allume d'abord deux grands cierges de cire multicolores provenant du sanctuaire du saint auquel l'enfant est consacré, pour que la chance de l'enfant soit lumineuse ; puis on le déshabille et on le met complètement nu. La mère le tient au-dessus d'une cuvette et la sage-femme verse sur lui l'eau lustrale qu'on a envoyée avec les bougies du sanctuaire auquel l'enfant est consacré. Elle commence par verser l'eau sur la main droite, le côté droit, la main gauche, le côté gauche, puis la tête en disant : « Il y a dans ce bas monde la rougeole, la coqueluche, la gourme, la variole, la teigne, etc., etc. », dans l'intention évidente que cette lustration emporte avec elle le germe de toutes ces maladies et immunise l'enfant contre elles. Dans le bassin où tombe l'eau lustrale, les amies, les parentes de la mère mettent quelques pièces d'argent, du harmel et du sel. La monnaie d'argent blanchit la chance de l'enfant, c'est une *tebyada* (qui blanchit), mais cependant cet argent est destiné à la sage-femme. Le harmel et le sel empêchent qu'un enfantelet génie s'y baigne pendant qu'on lave l'enfant, ce qui le rendrait malade. Après avoir prononcé le nom des maladies, la sage-femme invoque les saints locaux et en particulier celui qui doit protéger l'enfant. Quand la lustration est terminée, on jette l'eau qui a servi à la faire au pied d'un arbre pour transmettre à l'arbre la force magique de vie puisée au contact de l'enfant.

Parfois on la jette sur le seuil d'une mosquée au moment de la prière. Cela a pour but de compléter la purification par la force sacrée qui émane de tous les croyants qui viennent de prier Dieu et pour que plus tard l'enfant aime la mosquée et s'y rende volontiers pour accomplir ses devoirs religieux.

Pendant le lavage et l'habillement de l'enfant, chaque personne présente pousse à son tour trois youyous en signe d'allégresse et aussi pour éloigner les mauvais esprits.

Quand la lustration est terminée, on encense les vêtements que l'on va mettre à l'enfant pour que si un génie s'y était logé, il s'en retire ; puis on passe trois fois un des cierges allumés au milieu des vêtements neufs en l'entrant par le bas et en le faisant sortir par l'encolure pour que l'enfant dorme aussi bien la nuit que le jour en disant :

Nqsem naas enta lill maa dial nahar.
Je partage le sommeil de la nuit d'avec celui du jour.

Ensuite on habille l'enfant. On lui met au front un bandeau de soie sur lequel on a au préalable tracé cinq raies verticales avec du safran ou cousu un petit bijou appelé *ayacha*, qui donne la vie, présentant cinq angles arrondis contre le mauvais œil.

On lui met du *koheul* aux yeux et aux sourcils. On lui met du henné aux mains, on en a au préalable passé sur tout son corps. Avant de serrer la *guemmata* ou bande qui lui donnera l'aspect d'une petite momie, on met sur son derrière un petit emplâtre de levain pour qu'il grandisse comme la pâte dans laquelle on a incorporé du levain. La sage-femme doit conserver un peu de ce levain pour en pétrir le premier pain qu'elle mangera chez elle afin de continuer à protéger l'enfant même quand elle aura terminé son rôle effectif auprès de lui.

Quand la toilette du bébé est terminée, toutes les femmes qui ont eu le privilège d'y assister et qui sont des amies sûres, le prennent à tour de rôle et l'embrassent sur la bouche, puis elles placent sur son front une petite pièce d'argent destinée à la sage-femme. Ce n'est pas une rétribution de son travail mais une offrande de purification pour la blanchir du sang dont elle a forcément été souillée.

Lorsque l'enfant est habillé, la sage-femme s'habille

de neuf ; elle peint son visage avec du vermillon, se met du koheul aux yeux et prend l'enfant sur un coussin. Elle enfile à son bras droit un sac de harmel et d'alun, une planche d'écolier, une bride de cheval, un sabre, pour que l'enfant soit plus tard savant, bon cavalier, brave, puis elle fait le tour de la maison pour présenter l'enfant aux génies invisibles et leur demander leur protection. Elle est précédée de quatre femmes, la première tient un des cierges allumé pour la lustration ; la seconde porte un plateau de vannerie sur le milieu duquel on a posé une boîte d'encens et de parfums, qui est une offrande aux génies ; la troisième tient le brûle-parfums allumé et la quatrième tient dans sa main droite un petit couteau ouvert.

La sage-femme suit, entourée des parentes, tantes, aïeules de l'enfant ; derrière suivent les musiciennes, les amies, les esclaves tenant toutes une *târidja* (tambourin de poterie) à la main. Enfin terminant le cortège viennent les enfants qui ont assisté le matin au sacrifice du mouton. Ils portent sur la tête le petit sac de velours rempli de paille, comme ils l'ont déjà fait le matin.

La mère assiste au départ du cortège. Elle est debout sur le seuil de la porte de sa chambre et tient dans sa main gauche le second cierge allumé pour la lustration. Elle a entrouvert son vêtement, mis à découvert son sein droit, et trait son lait sur le sol en offrande aux génies en disant : « Hôtes de Dieu, voici notre enfant, ne lui faites point de mal, nous n'en voulons point faire au vôtre. » Le cierge qu'elle tient bien droit dans sa main a une influence heureuse sur la vie de l'enfant qui sera droite et éclatante.

Lorsque le cortège s'ébranle, toutes les femmes jouent de la *târidja* pour faire peur aux mauvais génies et aussi en signe d'allégresse. Elles prient toutes à haute voix en disant :

Çla ou Salem ya Rassoul Allah.
La prière et le Salut, ô envoyé de Dieu.

La femme qui précède la sage-femme gratte un peu de terre à tous les murs près desquels on s'arrête, à tous les seuils, aux piliers de toutes les portes, avec son couteau et la recueille précieusement. On en fera un sachet que l'on coudra dans l'oreiller de l'enfant. Cette terre, qui est l'habitation des génies, contient toute leur protection.

Pendant la procession, des vociératrices crient des vœux pour l'avenir de l'enfant ; qu'il soit riche, qu'il soit beau, qu'il ait des maisons, des esclaves. A l'énoncé de chaque vœu, tout le chœur des suivantes répond :

In cha Allah. — Si Dieu le veut.

Il faut présenter l'enfant à sept seuils de portes et dans tous les endroits qui sont l'habitation préférée des génies.

Ensuite on revient à la chambre de la nouvelle accouchée. Celle-ci abandonnant sa pose hiératique d'idole

LA NAISSANCE

sacrée, remet le cierge à une amie et prend son petit dans les bras. Elle est tranquille maintenant. Les rites ayant été accomplis, les génies invisibles sont obligés de le prendre sous leur protection.

Elle prend alors avec la sage-femme le dernier repas en commun.

Dans les campagnes, on remplace pendant la cérémonie, qui est partout la même, les sacs de paille portés par les enfants, signe de prospérité future, par des bottes d'épines arrachées à la *zériba* ou haie entourant la *nouala* (hutte). C'est pour que le nouveau-né reste attaché au douar.

Quand la cérémonie de présentation aux génies est terminée, on prépare pour eux un repas de *bciça*. C'est un mélange d'encens, de gemme térébinthe, de coriandre, d'huile, de semoule et de sucre. On en fait des boulettes que l'on jette sur le sol dans tous les endroits où ils se tiennent. La sage-femme, après avoir pris son dernier repas avec la nouvelle accouchée, s'assoit sur des coussins avec l'enfant sur ses genoux ; toutes les personnes qui ont assisté à la cérémonie lui font une nouvelle offrande d'argent qui est encore une *tebyada*, puis on lui remet tous les vêtements que portait l'accouchée pendant l'accouchement et les suites de couches. Elle emporte avec tout le mal et toutes les douleurs.

Elle prend aussi la peau du mouton sacrifié, la tête et les cornes.

Jusqu'au quarantième jour, on ne sort pas l'enfant de la maison. Si on le laisse seul dans son berceau, on est tenu de prendre pour le protéger certaines précautions. On attache après le berceau des *herz*, des *oudââ*, un sachet de harmel et d'alun. En outre, lorsque la mère quitte son enfant pour vaquer à ses occupations domestiques, elle trait quelques gouttes de lait sur le sol, entourant le berceau d'un cercle magique qui ne sera pas franchi par les esprits invisibles. Elle en trait aussi quelques gouttes sur sa poitrine.

Quand elle s'absente, la mère juive enlève le foulard de sa tête et le dépose sur le berceau pour conserver sa protection à l'enfant. Quand on prend l'enfant pour le faire téter, on ne doit pas laisser le berceau vide ; on y met un couteau ouvert pour effrayer les mauvais génies.

Du reste, dans l'intervalle des naissances, le berceau ne doit jamais être vide, ni être bercé à vide, même par plaisanterie. On le remplit souvent d'orge pour que la mère continue à être féconde. On y dépose un couteau, un peu de lait et une clef pour qu'en venant au monde les enfants à venir ne meurent pas.

Pour protéger le nouveau-né et l'empêcher de mourir dans les premiers jours de la naissance, sa mère lui fait faire une boucle d'oreille ou *khérissa* en argent. Cette boucle doit être faite avec sept petites pièces de monnaie d'argent remises à cet effet par sept mères dont les enfants sont beaux et vigoureux. Ces pièces de monnaie sont aussitôt portées à un bijoutier juif

LA NAISSANCE

qui les fond, en fait une boucle qu'il vient lui-même mettre à l'enfant, en lui perçant l'oreille droite, ce qui renforce le sort, les bijoutiers passant pour être sorciers. Ce bijou s'appelle aussi une *ayacha* que l'on peut traduire par « assurance de vie ». Il ne doit jamais quitter l'enfant. Quand l'époque dangereuse est passée, on l'incorpore à un autre bijou, bague, bracelet, poignard, dont l'enfant ne devra jamais se séparer. Les femmes juives compliquent ce rite pour en renforcer la puissance. C'est pendant la grossesse qu'elles se procurent ces pièces de monnaie. Elles les font trouer et les portent attachées dans leurs cheveux, sous leur foulard, pendant la durée de la grossesse. Après l'accouchement, elles les détachent et les suspendent aux vêtements du nouveau-né.

Ces petites pièces percées ont le même pouvoir que la boucle d'oreille *ayacha* des musulmans. Un *khalkhal*, bracelet à une seule cheville, est aussi un bijou de protection magique. On le met à l'enfant au cours d'une maladie. Il est coutume de le faire aussi avec de l'argent donné par des mères heureuses ayant des enfants bien portants.

Lorsque l'enfant a trois semaines, on donne une petite fête aux amies de la mère. Cette fête comporte un repas auquel toutes les invitées doivent prendre part. Pendant toute la durée de ce repas, on dépose l'enfant dans le pétrin de terre cuite qui sert à faire le pain. Ceci a pour but de lui assurer une croissance rapide. Il grandira comme la pâte mêlée de levain que l'on met dans le pétrin.

Du septième au quarantième jour on met du koheul aux yeux de l'enfant et aux sourcils pour qu'il ait plus tard de longs cils et des sourcils touffus, pour qu'il voie très clair et n'ait jamais mal aux yeux.

Le quarantième jour est une date importante dans la vie de l'enfant. De même que le septième jour on l'a présenté aux génies de la maison, on le présentera ce jour-là aux saints protecteurs du pays et en particulier on le consacrera à celui qui doit le protéger.

Ce jour-là, la mère va d'abord au bain maure faire une purification, mais elle n'y emmène pas son enfant. Au retour, elle se farde comme pour la fête du septième jour, revêt ses plus beaux atours, met tous ses bijoux. Elle fait aussi à son enfant un tatouage factice au *hargous*, entre les sourcils et sur le menton, lui met du henné dans la paume de ses mains, et l'habille de vêtements neufs ; puis elle reçoit ses amies auxquelles elle offre une grande fête. Si elle est riche les musiciennes viennent chanter à cette fête. Si elle est pauvre, elle fait au moins un repas que tous les invités mangeront pour que l'enfant soit heureux et aimé.

Après le repas, une parente ou une amie à son défaut prend l'enfant et l'emporte aux sanctuaires des saints de la ville. C'est sa première sortie, elle doit se faire dans la joie, pour influencer heureusement son avenir. Avant de lui faire franchir le seuil de la maison on encense le seuil et toute la maison avec du benjoin, du harmel et de l'alun que l'on brûle

LA NAISSANCE

dans le brûle-parfum. On apporte l'enfant au sanctuaire du saint auquel il est consacré.

On appelle cette cérémonie la *tsennida*. Le saint est tenu, du fait de la *tsennida*, d'éloigner tout mal de l'enfant.

En le portant au sanctuaire les parents apportent avec eux une faucille, un soc de charrue, s'ils veulent que l'enfant soit cultivateur ; une planche d'écolier, pour qu'il soit instruit ; une bride et des étriers pour qu'il soit bon cavalier ; un peu de laine, un fuseau, un peigne à carder la laine pour que la fille soit plus tard habile dans l'art de filer la laine, de tisser les tapis et les vêtements. Tous ces objets sont laissés en offrande au sanctuaire.

Le *Moqaddem* du sanctuaire qui est l'intermédiaire entre les *Messendine*, les consacrés, et le saint, après avoir reçu les cadeaux offerts et consommé un sacrifice en tuant un taureau, un mouton ou une poule, procède à la première coupe de cheveux qui est le véritable rite de consécration.

Il rase l'enfant suivant la *qaïda* du saint et cette coupe de cheveux sera scrupuleusement observée par la suite par le barbier. Chaque enfant est consacré à un saint et comme les saints sont innombrables, les coupes de cheveux sont d'une variété infinie. Ainsi par exemple, les enfants qui sont consacrés à Moulay Idriss de Zerhoun ont la tête entièrement rasée sauf une large plaque ronde comme une calotte sur le sommet du crâne ; sur cette partie non rasée, on laisse pousser les cheveux sans les tailler, jusqu'à l'âge où tout danger étant écarté, la croissance de l'enfant étant terminée, on lui rasera complètement la tête, et ils poussent fort longs. On les coiffe et on les natte en nombreuses petites tresses. Les chérifs consacrés à ce saint portent en outre deux toutes petites mèches plates en avant des oreilles. Les enfants du Sultan sont consacrés à Moulay Idriss de Zerhoun, ainsi que de nombreux enfants des régions de Meknès et de Fez.

Les enfants consacrés à Moulay Brahim dont le sanctuaire est près de Tahannaout, ont également la tête rasée sauf une large plaque circulaire sur le sommet du crâne. Les cheveux qu'on laisse pousser longs sont séparés par une raie transversale et nattés en deux tresses, une droite et une gauche, dont on réunit les extrémités. Autour de cette plaque de cheveux longs on laisse pousser les cheveux sur une petite circonférence concentrique et on les coupe en leur laissant une longueur d'environ un centimètre. En outre, on respecte au niveau de la fontanelle antérieure une toute petite touffe triangulaire.

Les chérifs d'Ouezzan consacrent les enfants par la chevelure au *Dar Demana*, à la maison de la Caution, qui est le nom donné à toutes les Zaouïas du saint Sid El Hadj l'Arbi Tayibi, en laissant sur la tête une plaque de cheveux large d'un centimètre ayant un centimètre de hauteur et allant du front à la nuque en passant par le sommet du crâne où on laisse pousser une longue mèche ; en outre deux mèches latérales, elles sont toutes trois tressées séparément, puis réunies à leur extrémité. C'est une *chérifa* d'Ouezzan qui, dans toutes les Zaouïas, procède à cette première coupe de cheveux.

Quand un second enfant est présenté après son frère aîné, qui est vivant, on doit en même temps amener ce premier-né et la *chérifa* supprime d'un coup de ciseaux une des trois mèches. C'est un nouveau sacrifice pour que l'aîné qui a vécu passe sa force de vie au second.

Les enfants consacrés à Sidi Mohammed Cherqi, à Boujad, ont la tête rasée, sauf une mèche unilatérale un peu en arrière de l'oreille droite ; quand les cheveux sont longs, on tresse cette mèche. En outre ces enfants ont sur le front une frange ou *queçça*. Quand les cheveux sont longs, on partage cette frange en deux mèches, la mèche gauche est tressée et pend en avant de l'oreille, le long du visage. La mèche droite est tressée également, puis passée en avant de l'oreille et reliée à la tresse pariétale ; on ajoute à ces tresses des *oudâa*, des *fout-rhamsa*, petites plaques d'argent en forme de fleur à cinq pétales arrondis, contre le mauvais œil.

Certains saints sont plus exigeants et veulent le sacrifice de la chevelure de la mère et de l'enfant. C'est ainsi que les femmes qui consacrent leur enfant à Lalla Koucha Bent El Kouch, dont le sanctuaire est à Marrakech, au pied de la Koutoubya, portent également une longue tresse qui pend près du visage en avant de l'oreille droite, tresse qui leur est faite par la *moqaddema* de la sainte, le jour de la consécration de l'enfant. En outre, comme cette sainte était de son vivant femme le jour et pigeonne la nuit, les mères et les enfants qui lui sont consacrés ne mangent jamais de pigeon.

Les adeptes de la confrérie des Guenaoua consacrent leurs enfants au roi des génies : Sidi Mimoun le Guenaoui. C'est aussi le *moqaddem* de la confrérie qui fait la consécration par la chevelure, le quarantième jour après la naissance. Il rase entièrement la tête des enfants sauf une mèche sur le sommet du crâne et une au-dessus des oreilles. Pendant la cérémonie de la première coupe de cheveux, ses *çahab* ou amis font une *derdeba* avec *Jdeb* ou danse sacrée. Le *moqaddem* est revêtu de ses ornements comme un prêtre ; il a sur les épaules une robe noire toute brodée d'*oudâa*, le chef casqué du bonnet de laine également brodé de coquillages. Quand il a fini de raser l'enfant, il enlève sa coiffure et la pose sur la tête du nouveau-né en signe de protection ; ensuite il lui met sur la langue un peu de sauce d'un tagine cuit sans sel, à l'intention des diables. Cette première coupe sert de modèle au barbier qui ne s'en écartera jamais.

C'est en général à l'époque du premier carême qu'on rasera complètement la tête des enfants. Cependant, certains saints veulent qu'on laisse toujours pousser quelques cheveux sur les plaques rasées afin de leur montrer du respect et de la reconnaissance.

Il arrive assez souvent que des femmes juives, redoutant de perdre un enfant nouveau-né, le mettent sous la protection d'un saint musulman. Dans ce cas, elles pénètrent dans le

LA NAISSANCE

sanctuaire accompagnées de femmes musulmanes, vêtues en musulmanes ; elles apportent des offrandes d'argent, de bougies et un animal à sacrifier. Elles déposent leur enfant sur le tombeau du saint en disant mentalement : « O grand saint un tel, cet enfant t'appartient, il n'est plus à moi. » Elles se recueillent un instant et se retirent persuadées qu'elles ont forcé la main du saint qui protègera l'enfant d'Israël de la même manière qu'il protège les enfants musulmans.

Les Juives, toujours dans le même but de protection, célèbrent les fiançailles de leur garçon nouveau-né avec une petite fille bien portante et dont la mère n'a jamais perdu d'enfants en bas-âge. Il n'est pas possible aux parents de cette fillette d'interdire ce rite qui, cependant, est souvent funeste à la petite fiancée. Elle devient en effet un véritable accumulateur magique du mal qui a fait mourir les frères et sœurs de ce singulier fiancé.

CHAPITRE IX

ENFANCE ET ADOLESCENCE

Protection de la première enfance. — L'enfant « *Mebeddel* » ou changé par les génies. — Les ennemis et les amis invisibles du petit enfant. — Causes et traitement magiques des maladies de l'enfance. — Les enfants qui pleurent. — La dentition, le sevrage et les premiers pas. — Un curieux rite d'adoption. — Le premier bain au Hammam. — Chansonnettes pour endormir les enfants. — L'École. — L'enfant qui urine au lit. — Respect dû aux parents. — Formulettes pour apprendre le nom des doigts. — La circoncision. — Quelques jeux d'enfants.

PROTECTION DE LA PREMIÈRE ENFANCE. — Après le quarantième jour, on peut sortir l'enfant à qui on a assuré le maximum de protection. Cependant, il est constamment exposé au danger du mauvais œil des gens et des génies. Le jour de l'*achoura*, qui est un jour de pratiques funéraires, pour conjurer la mort qui rôde autour de lui, la mère, après avoir prié Dieu, l'asperge et le lave avec de l'eau de roses comme on le fait pour les morts. Comme elle a pensé à accomplir ce rite funéraire, la Mort satisfaite doit s'éloigner. Elle fait aussi à son enfant un bracelet de ses cheveux tombés qu'elle fixe à son poignet droit. Elle lui assure ainsi une protection constante. Si on fait des compliments à une maman sur son jeune enfant, on doit ajouter aussitôt la formule : « Grâce à Dieu », « par la bénédiction de Dieu ». L'oubli de cette formule équivaut à un mauvais sort jeté sur l'enfant, sort qu'il faut aussitôt conjurer.

Quand on est obligé de sortir l'enfant pendant un orage, on fait entre ses yeux une petite raie verticale avec du *koheul* ou de la suie de marmite ; cela l'empêchera d'être effrayé par le tonnerre.

Pour que les enfants deviennent forts, on les fait sauter trois fois au-dessus des braises incandescentes du feu de l'*achoura*. On fait chauffer sur ces braises de l'eau du sanctuaire auquel l'enfant est consacré ; on lui lave les yeux avec cette eau. Cela lui évitera les maux d'yeux. On ne sort jamais un enfant la nuit, car il deviendrait louche.

On ne rase pas un enfant le jour de l'*achoura*. Si on désobéissait à cette défense, il tomberait malade.

On croit que l'enfant baveur et morveux aura de la chance et fera tout ce qu'il voudra de ses doigts. De plus, il apporte la chance dans la maison et sa famille deviendra riche.

ENFANCE ET ADOLESCENCE

L'Enfant « *Mebeddel* » ou changé par les Génies.

— Malgré toutes les précautions prises pour protéger l'enfant, il est bien souvent changé par les diables. Cet échange se fait, en général, aussitôt après la naissance. Mais il peut aussi se faire si la mère commet l'imprudence d'aller seule avec son nourrisson dans les endroits isolés, au bord des rivières, le long des *khottara* (canalisations souterraines qui amènent l'eau d'irrigation).

On ne s'aperçoit pas de suite du changement ; mais peu à peu, l'enfant maigrit, devient laid, ne se développe pas. On s'avoue alors avec effroi qu'il est *mebeddel*, changé. Il n'y a pas d'autre remède que de le rendre aux génies et leur réclamer l'enfant des hommes. Pour faire l'échange, la mère va dans un cimetière. Elle cherche une tombe démolie, y dépose l'enfant *mebeddel* avec une offrande aux génies qui consiste en un plat d'*assida* ou bouillie sans sel. Elle s'éloigne un moment pour ne pas les gêner. Quand elle entend crier l'enfant, elle vient le reprendre, lui fait une lustration soit avec de l'eau bénite qu'elle a apportée, soit avec de l'eau puisée dans le cimetière, en disant : « J'ai pris mon enfant et n'ai pas pris l'enfant des Autres. »

Elle va aussi l'exposer sur une pierre plate dans une rivière et accomplit les mêmes rites.

Les Amis et les Ennemis invisibles du petit Enfant.

— Sans aller jusqu'à changer l'enfant et le remplacer

par son *grîne* ou double, les mauvais génies sont toujours prêts à lui faire du mal. C'est la *Khadem Quemqouma* : la négresse Marmite de cuivre qui les réveille en sursaut et leur fait peur pendant les sommeil ; c'est *Oum Cebiâne*, la mère des petits, qui les roue de coups, les pince, les fait pleurer sans répit jusqu'au jour où ils meurent de convulsions. Pour éloigner d'eux la méchanceté de *Oum Cebiâne*, on les place sous la protection des saints Regragui[1], dont les descendants font une image d'*Iblis* avec un morceau de levain et la leur attachent sur la poitrine. Une quenouille dans le berceau, le tagine dans lequel on pétrit le pain dans la maison protègent aussi contre *Oum Cebiâne*. C'est pourquoi quand on a un nourrisson, on ne prête jamais aux voisins ni pétrin, ni quenouille, car dès que ces objets seraient sortis de la maison, *Oum Cebiâne*, n'ayant plus peur, recommencerait à martyriser l'enfant.

C'est aussi *Zagaz* qui les tue dans les premiers jours de la vie et qui est redouté des mères.

Quand une femme a déjà perdu un enfant du fait de ce mauvais génie, elle prépare dans les derniers jours de sa grossesse une poudre dont l'odeur magique l'éloigne. Dans la composition de cette poudre entre un peu de toutes les plantes médicinales ou magiques vendues par les herboristes. Aussitôt la naissance et avant de sectionner le cordon la sage-femme roule l'enfant dans cette poudre. Puis, lorsque la délivrance est

---

1. De la confrérie Regraga des Chiadma (arrière-pays de la ville côtière d'Essaouira).

venue et qu'elle a coupé le cordon, elle met sur cette délivrance un mélange d'*assa foetida* et de laurier rose ; aussitôt qu'elle a terminé de donner ses soins à la mère et au bébé, elle va enterrer cette délivrance dans un cimetière en disant : « Délivrance, ce n'est pas toi que j'enterre, c'est le *zagaz*. »

Ensuite elle fait un chapelet de coloquintes sèches et le suspend au-dessus de la tête de l'enfant. Elle met sur le matelas de l'enfant de la poudre de laurier rose, car tous les produits amers éloignent ce diable. Elle fait en outre de la fumée d'encens, de harmel et d'alun en abondance, puis passant trois fois sa main droite dans les nuages de fumée, elle la pose sur la tête de l'enfant. Enfin elle recouvre l'enfant d'un voile noir pour le mettre sous la protection du roi des génies, Sidi Mimoun El Guenaoui. Si les douleurs de l'accouchement prennent la femme au moment où elle est seule, elle jette à travers sa chambre et tout autour d'elle de la poudre de coloquinte et de laurier-rose qu'elle a préparée à cet effet. Malgré tous ces soins, la maladie causée par le *zagaz* pardonne bien rarement, car c'est le tétanos des nouveau-nés. Quand le tétanos se déclare le seul remède employé consiste en scarifications nombreuses sur le ventre de l'enfant. Le mal quittera le corps avec le sang.

Cependant, l'enfant n'est pas entouré que de mauvais génies. L'*Arifa*, *Gennia* qui gouverne les génies de la maison, comme son homonyme gouverne les femmes de la maison, est son bon gardien. Elle surveille son sommeil et barre souvent la route aux mauvais génies.

Quand un enfant meurt de débilité congénitale, on attribue la mort à des coups donnés par les enfants des diables. On dit dans ce cas :

> *Derbou oukhtou, Meskina, ma àndha chi l'aaqel.*
> Sa sœur (Gennia) l'a battu, la pauvre, elle n'a pas de raison.

CAUSES ET TRAITEMENTS MAGIQUES DES MALADIES DE L'ENFANCE. — Quand une femme prend son enfant sur ses genoux, et s'assoit le soir à la belle étoile, elle l'expose à une maladie magique provenant de ce qu'il a senti l'oiseau de nuit, la chouette, voler au-dessus de lui. Cet oiseau peut en outre laisser tomber sa fiente sur l'enfant qui devient aussitôt très malade. Il dépérit, a de la diarrhée et une ophtalmie chronique. C'est aussi pour cette raison qu'on n'étend pas la nuit les langes de l'enfant, car ils serviraient d'agent de transmission et le contamineraient.

Pour pouvoir sortir un enfant le soir sans danger pour lui, du fait de l'oiseau de nuit, la jeune mère se procure une chouette vivante. Elle lui ouvre le bec, trait son lait dans la bouche de l'oiseau, puis après l'avoir caressé et embrassé, elle le lâche et le laisse s'envoler. L'oiseau de nuit est devenu le frère de son enfant et ne lui fera plus aucun mal.

ENFANCE ET ADOLESCENCE

Quand un enfant est malade, parce qu'il a senti l'oiseau de nuit ou que celui-ci a déposé sur lui son *bzeq* ou fiente, dans la région de Marrakech, on le porte au sanctuaire de Sidi Mouça *Zahhaf*, Sidi Mouça, le cul-de-jatte. On lui offre des œufs et de l'argent et la mère et l'enfant s'installent dans sa Zaouïa pendant trois jours. Chaque jour le *moqaddem* instille un blanc d'œuf dans la bouche de l'enfant. Ensuite il trempe deux fils de laine dans du blanc d'œuf et en entoure le cou de l'enfant. Il met sur le dos de ses mains, sur ses coudes, et sur ses tempes une tache de goudron. Le blanc d'œuf étant de la couleur de la fiente d'oiseau, le goudron évoquant l'oiseau de nuit par sa couleur, sont des remèdes magiques dont l'effet est puissant et l'enfant guérit si sa maladie est bien due à l'oiseau de nuit.

On s'adresse aussi au tisserand pour guérir l'enfant de cette maladie. On lui demande un fil de trame pris sur un métier sur lequel il travaille. Ce fil s'appelle : *khit nira*. On mesure l'enfant avec ce fil et on va le suspendre enroulé dans un jujubier sauvage. Avec la mesure, on a pris tout le mal de l'enfant et le vent en secouant l'arbre l'emportera. Ensuite on prépare un breuvage avec des oignons, du thym, du levain d'orge, que l'on mélange avec de l'urine de chien. On met le tout dans un bol, on recouvre le bol d'un tamis sur lequel on pose un couteau ouvert pour en éloigner les mauvais génies et on expose le bol à la belle étoile. On met le matin quelques gouttes de cette mixture sur la langue de l'enfant. C'est de l'homéopathie magique, car l'oiseau de nuit est sûrement passé au-dessus du récipient que l'on a exposé la nuit à cette intention. Après avoir humecté la bouche de l'enfant avec ce remède, on le dépose dans un drap et deux femmes prenant les extrémités de ce drap, le tordent et balancent l'enfant comme s'il était dans son berceau, jusqu'à ce qu'il s'endorme. Tout le mal s'en va avec les mouvements rythmés de ce berceau.

Une autre contagion peut encore se produire lorsque l'enfant sent l'odeur de la chouette que des femmes font carboniser pour s'en servir dans des pratiques de sorcellerie. Dans ce cas, il devient hydrocéphale et sa fontanelle antérieure se distend énormément. Pour le guérir, on se procure des cendres de chouette incinérée ; on les mélange avec de l'huile et on en frotte son corps trois jours de suite. En outre, on fait une pâte avec des fèves sèches mâchées et on applique cette pâte autour du crâne comme un serre-tête et sur la fontanelle. L'ossification du crâne se fera sans tarder et les os deviendront aussi durs que cette pâte qui en effet devient très solide.

L'athrepsie[2] qui est si fréquente est attribuée aussi à ce que l'enfant a senti l'odeur du *dem meghdour*, sang d'homme assassiné, soit qu'une femme amoureuse en ait porté en amulette, soit que dans un but de magie mauvaise une ennemie lui en ait passé sous le nez.

Il n'y a à cela qu'un remède. On fait venir une *kouwaya*,

---

2. Athrepsie : dénutrition et dépérissement des nouveau-nés à la suite de diverses affections.

faiseuse de pointes de feu. Celle-ci pose son fer rouge sur le ventre, le dos, les malléoles de l'enfant, brûlant ainsi le mal et l'expulsant. Tant que les brûlures ne sont pas guéries, on ne laisse approcher personne de l'enfant et il est défendu de l'embrasser. Rien ne doit le soustraire à l'influence magique de la *kouwaya*. Toutes les maladies ont en général une cause magique et sont traitées par la magie.

Les enfants marocains sont très souvent atteints d'impétigo. On appelle cette maladie *nar el farsia*, le feu persan, on la soigne en appliquant de la cendre provenant du sanctuaire du saint Sidi Farès que l'on mélange avec de la salive du *Moqaddem* d'une des Zaouïas de ce saint. On fait aussi une pommade avec de la terre provenant du tombeau de ce saint, mêlée à de l'huile et du sel. Cette pommade appliquée pendant sept jours sur l'impétigo le guérit radicalement.

La bronchite est traitée par des applications de sel en poudre sur le dos pour faire peur au diable qui fait tousser. Lorsqu'un enfant est gravement brûlé, on cherche une sorcière ou simplement une vieille femme qui prend la mesure de son corps avec une ficelle qu'elle noue et fixe au cou de l'enfant comme une amulette pendant trois jours. Le troisième jour elle prend la ficelle et la jette à un carrefour ; la première personne qui marche dessus, prend le mal et la brûlure guérit sans suppuration.

Cinq petits cailloux attachés après le cou d'un petit enfant atteint de conjonctivite due au mauvais œil, prennent également tout son mal. En les déposant dans un endroit où passe beaucoup de monde, on expose la première personne qui les regardera à prendre cette conjonctivite et on en débarrasse l'enfant.

La variole est guérie aussi par des procédés purement magiques. Lorsque les pustules sont bien formées et avant qu'elles ne suppurent on prend du blé que l'on fait griller. On en met la moitié sous l'oreiller de l'enfant pour lui faire prendre tout le mal. De l'autre moitié on prépare du couscous à très gros grains après l'avoir moulu. Quand ce couscous est cuit, on le verse dans un plat que l'on tient au-dessus de la tête de l'enfant, puis on l'envoie en offrande avec le blé, à un saint du pays qui guérit de la variole. A Marrakech c'est Sidi Ben Salah qui est coutumier de ce miracle. Dans le Glaoui, c'est Sidi Merri.

On croit que lorsqu'une nourrice devient enceinte, son lait est pernicieux pour l'enfant qu'elle allaite, parce que le liquide amniotique se mélange au lait. Aussi la coutume est-elle de sevrer un nourrisson dès qu'une grossesse nouvelle se confirme. Si l'enfant continue à téter sa mère, il tombe gravement malade. On dit de lui *yerdaa-el-khial*. « Il a tété du lait mélangé de liquide amniotique. » On croit que ce liquide est rendu nocif par la jalousie du fœtus qui veut que sa mère soit toute à lui. Dans ce cas, on prépare du bouillon avec des fœtus de chèvre, de chien, de brebis, on y ajoute des intestins de hérisson, un mélange de toutes les herbes magiques que l'on appelle *rass l'hanout*, tête de la boutique. Et on fait absorber à l'enfant du pain trempé dans ce bouillon. On lui passe ainsi toute la force vitale des fœtus d'animaux qu'on a fait cuire ; de plus ces fœtus contrebalancent le mal fait par le fœtus humain.

En outre, lorsque la mère accouche à nouveau, on remet cet enfant au sein pendant quarante jours pour éliminer tout le mal et créer un nouveau lien entre lui et son frère.

Quand un enfant est atteint de coqueluche, on attache à son cou un morceau de trachée de chameau, on lui fait avaler de la graisse de chameau, car le grognement du chameau ressemble à la quinte de coqueluche.

LES ENFANTS QUI PLEURENT. — On croit que les enfants qui pleurent la nuit sont effrayés par des visions terrifiantes de génies monstrueux. Pour les protéger contre ces visions, on les place sous la protection de certains saints. A Salé, c'est à Sidi Abdallah Ben Hassoun qu'on les porte ; à Marrakech, c'est à Sidi Bou Aomar. Le rituel est toujours le même. A l'heure de la prière on les dépose un instant sur le tombeau du saint et on les y laisse seuls, puis on vient les chercher, on leur lave les mains et la figure avec de l'eau du sanctuaire. Ensuite leur mettant un œuf dans la main, on le leur fait jeter en offrande dans le puits du sanctuaire, en disant : O grand saint,

Dâina âlik jaara.
Nous portons plainte contre le pleureur.

La Dentition. — L'éruption dentaire est une cause de préoccupation pour les parents, car elle est souvent accompagnée de malaises et se fait fréquemment d'une manière anormale.

Le jour où l'enfant perce sa première dent, la mère donne une petite fête que l'on appelle *ars snin*, la noce des dents. Elle y invite ses amies et un grand nombre d'enfants qui ont toutes leurs dents. Elle fait cuire un plat spécial appelé *tafezra*, composé de fèves sèches, pois chiches, maïs, pois verts. Quand la cuisson est terminée, elle fait refroidir puis elle assied son enfant sur la peau de mouton de l'Aïd El-Kebir au milieu des invités et jette sur sa tête sept poignées de ce mélange de légumes et de graines. Tous les enfants invités se précipitent pour les ramasser et les manger pendant que les femmes poussent des youyous. Chaque invité doit ensuite en manger un peu et on envoie le reste à tous les voisins. Cette cérémonie a pour but de faciliter l'éruption dentaire et donner de la chance à l'enfant.

Les Juifs croient que si les incisives supérieures sortent les premières, le père de l'enfant mourra dans l'année.

Pour éviter cette mort et conjurer le mauvais sort, le père fait un testament au profit du nourrisson, testament dans lequel il stipule qu'il lui donne une part spéciale sur le bien familial. Étant assuré d'être avantagé au moment du partage de l'héritage, l'enfant n'a plus aucun intérêt à voir mourir son père.

ENFANCE ET ADOLESCENCE

Plus tard quand l'enfant perdra sa première dent, après l'avoir enveloppée dans un linge avec un peu de sel, on la lui fera jeter dans un puits en disant : « O génie du puits, je te donne ma dent d'âne, donne-moi une dent de gazelle. »

On la lui fait aussi jeter dans un rayon de soleil. Quand on demande à un enfant ce qu'il a fait de cette première dent perdue, il répond : « *Dah el firan*. Les souris l'ont emportée. »

LE SEVRAGE ET LES PREMIERS PAS. — Pour faire accepter à l'enfant de se passer facilement du lait de sa mère, au moment du sevrage, on accomplit le petit rite suivant :

On fait un gros pain en forme de couronne, on l'enfile avec une ficelle et on le fait porter à l'enfant qu'on amène près d'un chameau. Là, on lui fait frapper le chameau sept fois, en disant : « Que Dieu lui donne la patience du chameau qui supporte de ne pas manger à sa faim. » Cela facilite le sevrage.

Lorsqu'un enfant est en retard pour marcher, on le met dans un panier, on dépose le panier au milieu du chemin, puis appelant les tantes, les cousins, cousines de l'enfant, et tous les enfants du voisinage, la mère leur dit : « Déliez ses jambes. »

Alors toutes les personnes accourues jettent sur la tête de l'enfant une poignée d'orge, de blé ou de maïs. La mère recueille tout ce grain qui a pris au contact de l'enfant le mal qui l'empêchait de marcher. Elle le nettoie, le moud, et en fait une bouillie que doivent manger tous ceux qui ont jeté le grain. Après avoir terminé la bouillie, tous les convives se sauvent en courant à toutes jambes pour montrer à l'enfant qu'il doit en faire autant.

D'autres fois après avoir mis son enfant dans un panier, elle prie deux enfants du voisinage d'aller mendier pour le cul-de-jatte. Ceux-ci prennent le panier d'une main et tiennent dans l'autre un bâton comme les infirmes. Ils marchent avec beaucoup de difficulté, et frappent à sept portes en demandant l'aumône. A chaque porte on leur donne une poignée de grains qu'on jette sur la tête de l'enfant.

Ensuite la mère prépare une bouillie que chacun mange après avoir lancé les bâtons en l'air. Ces bâtons sont alors envoyés en offrande à un saint local.

UN CURIEUX RITE D'ADOPTION. — Quand une femme stérile trouve un enfant nouveau-né, abandonné dans un sanctuaire, elle procède à une cérémonie spéciale d'adoption. Elle rentre chez elle, retire sa ceinture comme une femme en douleurs, et fait passer l'enfant par l'encolure de sa chemise pour le sortir par le bas, simulant un accouchement. Ensuite elle fait le geste de lui donner le sein et le septième jour elle procède aux rites de l'imposition du nom, de la lustration et de la présentation aux génies de la maison. A partir de ce jour elle considère l'enfant comme si réellement elle en était la mère.

LE PREMIER BAIN AU HAMMAM. — Lorsque l'enfant a un an révolu sa mère l'apporte au Hammam pour la première fois. C'est l'occasion d'une fête à laquelle sont conviés parents et amis.

En entrant au bain toutes poussent des youyous pour annoncer aux génies du bain l'entrée du petit enfant.

La mère porte son enfant attaché dans le dos ; elle va ainsi toute habillée dans la salle chaude lançant à poignées au-devant de ses pas, sel, alun, harmel, pour écarter les mauvais génies et se concilier les bons. Arrivée dans le *bit l'aarous*, chambre de la mariée, elle fait à la *gennia* Lalla Reqya Bent Bel l'Ahmar, patronne des bains maures, une offrande de douze mèches qu'elle allume dans une lampe à huile. Alors elle déshabille son enfant. Quand elle arrive à la chemise, elle ne l'enlève pas, elle la déchire en deux morceaux qu'elle arrache et lance l'un à droite, l'autre à gauche, en disant :

> *Rmit likoum l'kesoua men ksatou*
> *Ma tadi fi çah'tou.*

> Je vous jette un vêtement parmi ses vêtements
> Et ne faites rien contre sa santé.

Ensuite elle jette de l'huile au-devant des pieds de l'enfant pour qu'il marche facilement, puis revenant sur ses pas à l'entrée du bain, elle se déshabille et rentre prendre son bain.

ESSAI DE FOLKLORE MAROCAIN

CHANSONNETTES POUR ENDORMIR LES ENFANTS. — On endort les petits en leur chantant des chansonnettes et en les berçant dans le berceau.

Voici trois petites berceuses :

Nini ya moumou,
Ta itib sissou
Ou l'haïma ou baba.

Dors ô mon tout petit,
Jusqu'à ce que soit cuit le petit couscous
Et la petite viande et la petite mie de pain.

Ouledi fouta enta l'harir,
Ou dehb fi houassia,
Ouledi sedjra âlïa
Ou l'ma mehedîa.
N'tleb rebbi l'karim iehedik
Ou ihayed el bla âlik.

Mon fils est une *foutah* de soie,
Un collier d'or autour du cou,
Mon fils est un arbre au-dessus de moi
Et de l'eau pure.
Je prie le Dieu généreux de te faire la bonne route
Et d'écarter de toi le mal.

Raria rari,
Djib rahmet rebbi l'drari.
Dodo, dodo,
Apporte la bénédiction de Dieu aux enfants.

Quand l'enfant marche et peut échapper à la surveillance et à la protection de sa mère, celle-ci lui fait de petits tatouages sur les genoux et autour des chevilles. Ce sont des raies verticales par petits groupes de deux raies parallèles. Ces tatouages gardent jalousement l'enfant de l'envie et du mauvais œil des génies et des gens.

L'École. — Quand l'enfant grandit on le met à l'école coranique. En le présentant à l'école, son père fait au maître d'école une offrande de dattes. Ces dattes sont distribuées à tous les écoliers qui aimeront le nouveau venu et auront avec lui de bons rapports. Pour que l'enfant soit studieux et apprenne facilement, le taleb lui met un peu de miel dans la main droite et le lui fait lécher ; son labeur lui sera doux. Le Coran est d'une étude très difficile. Pour que l'enfant qui y arrive avec peine, triomphe de ces difficultés, le *Fqih* prend une coupe d'argile et recueille la nuit de l'eau de pluie, et lui en fait avaler sept gorgées, il absorbera aussi facilement les *sourates* que les gorgées d'eau qui auront lavé toute l'aridité du travail.

A Fez, dans le même but, on lui fait avaler un estomac de poisson qui a l'habitude de digérer des choses très indigestes.

Les enfants Juifs boivent l'eau qui a servi à laver le pétrin pour absorber facilement l'hébreu.

A Marrakech on envoie les enfants bornés au sanctuaire de Sidi Jebbar, le jeudi. On leur fait déposer sept grains de raisin sec sur le tombeau du saint. Ensuite ils les piquent avec une épingle et les avalent. Le Coran sera par la suite aussi facilement assimilé.

Les enfants des écoles coraniques participent aux rites de pluie. Quand on a un grand malade, un procès, des affaires en mauvais état, la coutume est de leur envoyer un bon repas. Leurs prières obtiendront la guérison des maladies ou l'amélioration des affaires.

Lorsqu'un enfant est étourdi et dissipé, on le mène au sanctuaire du saint qui guérit la folie et on demande au saint de le rendre sage. A Marrakech c'est au *moristâne* placé sous le patronage de Lalla Haoua qu'on mène les enfants dont on a à se plaindre. Il y a dans la cour du *moristâne*, une colonne qu'on appelle *sariat l'aaqel*, la colonne de la raison, de l'intelligence. On prétend que la sainte est enterrée sous cette colonne. On frappe sept fois la tête de l'étourdi contre la colonne en disant : « O sainte donne la raison à cet enfant. » Ensuite on lave sa chemise dans l'eau de la fontaine puis on lave ses mains et sa figure.

On le purifie ainsi du mal moral qui le rend insupportable.

ENFANCE ET ADOLESCENCE

L'Enfant qui urine au lit. — Lorsqu'un enfant urine au lit la nuit, le jeudi de chaque semaine on introduit sa tête dans une vieille marmite trouée ou dans un vieux panier sans fond. On attache après lui tout ce qui est cassé dans la maison, puis on l'amène au-dessus d'une grille d'égout percée de sept ouvertures. On lui fait dire à haute voix : « Je jure par le premier trou de cette grille que je ne ferai plus pipi au lit » ; ensuite : « Je jure, etc. que je ferai pipi au lit », et ceci pour chaque ouverture. Ensuite on le promène dans toute la ville suivi d'un cortège d'enfants jouant du tambourin et disant : « O pisseur, donne-nous cinq sous, ou nous crions jusqu'à la porte de la ville. » En général, il a si honte, qu'il ne recommence plus.

Respect dû aux parents. — On apprend aux enfants à avoir le plus grand respect pour leurs parents. Un enfant ne peut chanter devant eux ni élever la voix, ni se montrer nu.

Cela permit à un *Boukhari*[3] de la garde du Sultan Moulay Hassan[4] de reconnaître son fils d'avec les fils adultérins de sa femme. On raconte que ce *Boukhari* avait été pendant trois ans et demi en Harka avec son Sultan. En partant de Meknès, il laissa sa femme et le jeune enfant qu'il venait d'avoir avec elle. A son retour, il trouva trois enfants. Il

---

3. Boukhari : soldats de la garde du Sultan qui avaient prêté serment sur le recueil de hadiths de l'imam Boukhari.
4. Hassan 1er (1836-1894) : sultan du Maroc de 1873 jusqu'à sa mort.

demanda des explications à sa femme. Mais celle-ci, qui était impudique et effrontée, lui répondit : « Par la baraka de Sidna Moulay-Hassan, notre vénéré Sultan, j'ai eu ce fils-ci de ta Djellaba (sorte de manteau) avec laquelle je couchais et celui-ci de ton *Selham* (autre vêtement). » Le *Boukhari* entra dans une si violente colère qu'il eut même des inquiétudes au sujet de sa première paternité. Pour sortir de son doute angoissant, il alla au souk acheter trois chemises et trois vêtements et les remettant à sa femme, il lui ordonna d'en revêtir les trois enfants. Les deux fils adultérins se mirent sans difficulté nus devant lui ; quant à son vrai fils il se mit à pleurer, disant qu'il était interdit de se montrer sans voiles devant son père. Sûr alors de sa paternité, le *Boukhari* renvoya sa femme ainsi que le fils du *Selham* et celui de la Djellaba.

On appelle les enfants irrespectueux envers leurs parents : *meskhout*[5]. Les *meskhoutine* ne peuvent traverser la pierre trouée de Sidi Abdesselam Ben Mechiche dans les Djebala. Elle se resserre sur eux et les écrase. Il en est de même de deux colonnes du mausolée des Sultans Saadiens à Marrakech. Fût-il mince comme une lame de sabre, le fils *Meskhout* ne peut passer entre elles. Au moulin de Moulay-Brahim, ils sont aussi l'objet d'une interdiction magique. Dès qu'un fils irrespectueux approche du moulin, il est subitement cloué au sol et aucune puissance humaine ne peut le faire avancer. Il est obligé de faire demi-tour à sa grande honte, car tous les

---

5. *Meskhout* signifie aussi maudit. (*Note de l'auteur.*)

témoins du fait, lui lancent des quolibets.

Si, en général, on exige du respect des enfants, dans la nuit qui précède le Ramadan, ils ont toute licence d'être insolents et de se moquer des gens plus âgés qu'eux.

Il est de règle ce soir-là, qu'ils raillent cruellement les priseurs et les fumeurs qui, pendant un mois, vont souffrir de la défense de se livrer à leur plaisir favori, pendant les longues heures du jour. Ils s'organisent donc en cortège, précédés d'un entraîneur, tenant en l'air un grand roseau et ils chantent en riant :

> *Men khassou sebsi ?*
> *Men khassou ouqida ?*
>
> A qui manque la pipe ?
> A qui manque l'allumette ?

Ils disent encore :

> *A l'kïafa aadiamin Allah*
> *Ma ichoufou rassoul Allah.*
> *Moula taba fi tabtou*
> *Iahchi sebaou fi taktou.*
>
> Les fumeurs de Kif ennemis de Dieu
> Ne verront pas l'Envoyé de Dieu.

Le priseur comme tabatière
Trempera son doigt dans son derrière.

Les personnes ainsi raillées non seulement ne doivent pas se fâcher, mais sont obligées de leur donner quelque monnaie pour se débarrasser d'eux.

FORMULETTE POUR APPRENDRE LE NOM DES DOIGTS. — On emploie comme partout des formulettes pour apprendre aux enfants certaines notions usuelles, le nom des doigts, par exemple. Voici une de ces formulettes :

Srir ou âqel sarek el bida
Lbess khouatem chouaha
Touil ou khaoui n'qaha
Chahed gallou faïn haqqi
Kebir foum dar gâllou kaltou l'mechcha.

- *Faïn mchicha ?*
Taht zerb.

- *Faïn zerb ?*
Eddâh es-sil.

- *Faïn es-sil ?*
Cherbou l'ââgil.

ENFANCE ET ADOLESCENCE

- *Faïn l'ââgil ?*
Ouzzaouh l'ouazzaa.

En partant du petit doigt :
  Le petit doigt, petit et intelligent, a volé l'œuf ;
  L'annulaire, le vêtu de bagues, l'a fait cuire dans la cendre ;
  Le médius, le long et le vide, a enlevé la coquille ;
  L'index, celui qui affirme la foi, a dit où est ma part ;
  Le pouce, le grand à la porte de la maison, a dit : Le chat l'a mangée.

- Où est le chat ?
Sous les épines du jujubier.

- Où sont les épines du jujubier ?
L'eau qui coule les a emportées.

- Où est l'eau qui coule ?
Le petit veau l'a bue.

- Où est le petit veau ?
Les partageurs de viande l'ont partagé.

Alors l'historiette étant terminée, on chatouille l'enfant sous le bras dont on tient la petite main.

LA CIRCONCISION. — Lorsque l'enfant mâle atteint l'âge de sept à huit ans, on pratique la circoncision. C'est pour la mère l'occasion de resserrer le lien qui l'unit à l'enfant. Le matin du jour où doit avoir lieu la cérémonie, on rase les cheveux de l'enfant suivant la règle du saint auquel il est consacré. La mère elle aussi coiffe sa chevelure. Elle ouvre ses nattes et étales ses cheveux sur le visage et les épaules et les recouvre d'un voile trempé de safran. Elle met son torse à nu. Puis prenant son enfant, après avoir enlevé sa ceinture, elle le place une minute entre ses cuisses nues comme si elle le mettait de nouveau au monde. Ensuite elle l'attache sur son dos directement sur la peau. Ce rite de nudité est observé partout. Néanmoins dans les grandes familles, ce n'est pas la mère qui l'accomplit, mais une esclave qui est dans ce cas la remplaçante de la mère. Quand l'enfant est solidement attaché sur son dos, la mère se drape dans son Haïk. Elle arrache alors le roseau qui sert à écarter les fils de trame de son métier à tisser. Elle introduit l'extrémité inférieure de ce roseau entre le premier et le second orteil de son pied droit et s'appuie sur lui comme sur une canne. C'est la représentation d'un des génies domestiques qui protègera l'enfant. De sa main gauche elle tient un miroir dans lequel elle se regardera tout en marchant. Dans les campagnes et dans les montagnes berbères, elle quitte la maison suivie de toutes les femmes et va présenter d'abord son enfant à la source ou à la fontaine du pays, ou plutôt au génie de la source. Il ne faut pas qu'elle regarde ailleurs que dans ce miroir pendant tout ce trajet. Si elle y manquait le barbier ferait son incision de travers et la cicatrisation se ferait mal.

Tout en marchant elle chante une sorte de complainte demandant à Dieu de lui conserver son enfant et de donner de l'eau et des récoltes en abondance.

Quand elle est arrivée à la source ou à la fontaine, elle s'arrête. Alors une des femmes qui l'accompagnent, fait sur son pied droit une lustration d'eau dans laquelle on a fait tremper pendant trois jours des fleurs de roses, des fleurs d'oranger, des feuilles de mythe et de l'encens. Dans les villes la mère ne porte pas l'enfant à la source car la cérémonie se passe entièrement à la maison. Mais on prépare une grande *guessaa* (cuvette de bois ou de terre), remplie d'eau et elle y trempe le pied droit pendant qu'on apporte son enfant au barbier, ce qui est le même rite sous une autre forme.

Quand la lustration est terminée la mère reprenant la tête du cortège revient à la maison et présente son enfant au barbier. Pendant la circoncision, les personnes présentes prennent son Haïk et l'étendent au-dessus du barbier et de l'enfant, renforçant ainsi la protection maternelle.

Aussitôt que le barbier a terminé la mère reprend son enfant, le remet sur son dos nu, le recouvre de son Haïk et l'emporte en chantant la même complainte et en se regardant dans le miroir.

Pendant les trois jours qui suivent la circoncision, la

mère doit peindre son visage. Le premier jour elle le peint avec du safran, le second avec du rouge, le troisième elle dessine sur son menton et entre ses yeux des tatouages non indélébiles avec du *hargous*. Pendant les sept jours qui suivent, elle ceint son front avec un bandeau teint avec du safran. Elle ne doit pas quitter sa chambre pendant sept jours comme pour son accouchement. Le septième jour une femme de bonnes mœurs doit changer les linges de l'enfant et les laver à l'abri de tout regard et en grand secret. L'eau de lavage de ces linges doit être jetée au pied d'un arbre ou à défaut de jardin, dans un pot de fleurs afin de transmettre à une plante vivante, la force de croissance de l'enfant.

Le septième jour, avant de sortir l'enfant, une sage-femme doit le prendre et le porter aux quatre coins de la chambre en y jetant du sel et du lait pour les génies de la maison, renouvelant les rites de la naissance. On ne laisse pas entrer de prostituée auprès de l'enfant qu'on vient de circoncire, par crainte de voir suppurer la plaie nouvellement faite.

Il est coutume aussi, pour éviter cette suppuration, de traire du lait d'une nouvelle accouchée sur le prépuce de l'enfant pendant les jours qui précèdent la circoncision. Cette lustration de lait facilite, adoucit l'opération. Il y a des jours propices pour la circoncision, ce sont les lundi, mardi et samedi.

Après la circoncision, le prépuce est en général emporté

par le barbier qui le sale et le conserve avec tous les prépuces des enfants qu'il a opérés. La coutume est qu'à chaque cent il fasse le sacrifice d'un mouton pour que les enfants se portent bien.

Quand une femme a déjà perdu des enfants, elle prend le prépuce et va l'enterrer dans le sanctuaire du saint auquel son enfant est consacré pour l'obliger à le protéger efficacement. Les femmes juives mangent fréquemment le prépuce d'un enfant circoncis pour avoir des garçons et les grand'mères musulmanes, pour renforcer leur amour pour l'enfant.

Dans les premiers dix jours du mois du Mouloud, on pratique les circoncisions collectives, mais en général la circoncision est un acte individuel.

Chez les Juifs elle est pratiquée le septième jour après la naissance. On présente l'enfant au barbier sur un grand fauteuil qu'on envoie au préalable en procession dans une synagogue pour le charger de la bénédiction du lieu saint.

Le sang qui coule de la blessure est recueilli sur un plateau sur lequel on a mis de la terre qui doit boire le sang comme elle boit le sang du sacrifice. Pendant trois jours on expose ce plateau sur lequel on a aussi déposé les linges souillés de sang pendant l'opération et on place de chaque côté du plateau deux grands cierges allumés qui représentent la vie de l'enfant. Ces cierges doivent brûler jusqu'au bout. Si on les éteignait par erreur ou s'ils s'éteignaient spontanément, cela présagerait une vie très courte pour le nouveau-né.

Le troisième jour on enfouit la terre dans un jardin. Quant aux linges souillés on ne les lave pas. On les plie précieusement et on les coud dans l'oreiller de l'enfant pour le protéger des mauvais génies.

Le jour de la circoncision, dans les villes, avant de présenter l'enfant musulman au barbier, on l'amène dans les sanctuaires des saints protecteurs de la ville et dans celui du saint auquel il est consacré.

Le cortège est analogue au cortège du nouveau marié. L'enfant est tenu sur un cheval rouge ou blanc par son père. Des esclaves ou des amis marchent devant et avec de grands foulards font le geste de chasser les mouches. Un orchestre de trompettes ouvre la marche. Les femmes suivent en poussant des youyous. Cette présentation aux saints est analogue à la présentation au génie de la source ou de la fontaine qui se fait dans les montagnes berbères.

QUELQUES JEUX D'ENFANTS. — Les jeux auxquels se livrent les enfants sont multiples. En voici deux qui sont joués par les mamans avec leurs tout petits pour leur apprendre des mots.

Le jeu de :

Nkab, nkab.
Picore, picore.

- Ya djerrada malha faïn kounti sarha ?
Fi djenan Salah

- Ouach kelti, ouach cherebti ?
Ghir teffah ou neffah
Erfed yeddik, baqadi, ya meftah.
Nkab, nkab, tarou tiour, nazlou tiour,
Ba Abdallah tah fi sella ou mzaoud yakoul.

O sauterelle salée, où as-tu été te promener ? — Dans le jardin de Salah. — Qu'as-tu mangé et qu'as-tu bu ? — Rien qu'une pomme qui m'a fait du bien. — Lève ta main, père Qadi, ô clef, picore, picore, l'oiseau est tombé. Et le père Abdallah est tombé dans la corbeille. Que ceux qui sont là mangent.

La mère, en disant cette formulette, pique successivement les cinq doigts de son enfant et de tous ceux avec lesquels elle joue. Ensuite elle met une de ses mains dans son dos. Tous les enfants superposent leurs mains comme dans notre jeu de la main chaude. Elle met ensuite son autre main au-dessus de toutes les autres et dit : « La main de dessus est la main de Sidi Bel Abbès ; la main de dessous est celle de Moulay Abdelkader Djilani. A qui sont les autres ? » Et elle doit deviner ensuite à qui appartient chaque main. Si elle se trompe le propriétaire de la main lui donne une petite claque

en disant : « Frappons le menteur. »
Le jeu de *Lalla Jara-Jara*, Madame Voisine, Voisine. La maman prend son petit enfant sur les genoux et lui dit en le tenant par les lobes de ses oreilles :

> *Lalla Jara Jara — Naam, naam —*
> *Ya mezouied el baq — Naam, naam —*
> *Ya mezouied el berghout — Naam, naam —*
> *Ya mezouied l'guemel — Naam, naam —*
> *Ya mezouied namous — Naam, naam —*
> *Sir and jarti ou chouf*
> *Naïcha ou Ahmad yakoul l'assida ou zit*
> *Tebki bkitha ou tchki chkitha âla benitha*
> *Ouach ? khebizti tabet oula mazal ?*

« Madame Voisine, voisine. — Bien, bien » (dit l'enfant pour montrer qu'il écoute).

> O mon petit sac de punaises — Bien, bien —
> O mon petit sac de puces — Bien, bien —
> O mon petit sac de poux — Bien, bien —
> O mon petit sac de moustiques — Bien, bien —
> Va chez ma voisine et vois

La petite Aïcha et le petit Ahmed qui mangent de la bouillie et de l'huile. — Elle pleure un petit pleur. — Elle

ENFANCE ET ADOLESCENCE

se plaint d'une petite plainte à cause de sa petite fille. — Eh quoi ! Mon petit pain est-il cuit ou pas encore ? »

Alors elle tâte les joues de l'enfant pour voir si elles sont chaudes comme des pains cuits, puis lui tourne la tête à droite et à gauche, le soulève trois fois en l'air et le jeu est terminé par un éclat de rire.

Les enfants plus grands jouent à *Lalla Bziza Bzizti* : Madame petit ventre, mon petit ventre. Tous les enfants qui jouent à ce jeu s'assoient en formant un cercle. Au milieu du cercle, on met un *maallem* ou maître du jeu qui le dirige et un enfant auquel on a bandé les yeux. Le *maallem* attache une bague dans le coin d'un mouchoir et le jette sans parler à un des enfants assis en rond. Alors celui qui a les yeux bandés, s'écrie :

Lalla bziza bzizti, faïn l'khatem azizt guelbi.
Madame petit ventre mon petit ventre
Où est la bague chérie de mon cœur ?

Et elle ajoute : « Çlat ennebi. — La prière du prophète ». — Chaque enfant à son tour répond : « Çlat l'habib ou salem. — La prière de l'ami et le salut. » Au ton de la réponse, aux rires, aux chuchotements, l'enfant aux yeux bandés doit deviner qui conserve la bague ; s'il tombe juste, c'est celui qu'il a désigné qui le remplace. C'est un jeu très aimé des enfants et

211

même des femmes dans les harems. Il s'accompagne de toutes sortes d'interpellations et de taquineries à l'encontre de celui qui a les yeux bandés et qui se trompe.

Le jeu de « *Rais ya rais*. — Capitaine, ô capitaine. » Les joueurs se donnant la main font une ronde autour de l'un d'eux qui est enfermé dans le cercle. Celui-ci interroge les autres. Il dit : « *Rais ya rais*. — Capitaine, ô capitaine », l'un des autres enfants répond : « *Naam naam* », « Bien, bien ». Celui-ci ajoute : « Combien y a-t-il de pains dans le four ? » Un autre répond : « Soixante-six. — Qui les a brûlés ? — Le père crapaud. Il est monté sur une ânesse rapide et il appelle Mansour, le victorieux, le tueur d'étourneaux. » Alors la ronde se brise et tous les enfants s'échappent dans tous les sens pendant que celui qui était au milieu cherche à en attraper un pour se faire remplacer.

Le jeu de la poule aveugle et couveuse.

Ce jeu est en général joué par des jeunes filles ou par des femmes.

Une jeune fille est assise à terre. Elle a les yeux bandés et fait le geste de rouler du couscous. On l'appelle la *djaja aamia ou karkara* : la poule aveugle et couveuse. Toutes les autres sont debout autour d'elle. Une jeune fille lui frappe sur l'épaule ; elle répond : « Qui est là ? — Moi, une telle. — Que veux-tu ? — Du petit feu. — Vois un fourneau. — Il n'y en a pas. — Vois sous la bouilloire. — Il n'y en a pas. — Tiens par Dieu goûte mon petit couscous et dis-moi s'il est assez salé ou s'il est fade. »

Alors celle qui pose les questions frappe la main de la poule aveugle et couveuse en disant : « O Dieu, il est plein de mouches ! » C'est le signal attendu de toutes les joueuses qui se mettent à courir en tous sens tandis que la poule couveuse et aveugle cherche à les attraper, en se tenant toujours dans la position accroupie et en sautant comme une poule. Ce jeu s'accompagne de quolibets, de plaisanteries de toutes sortes et de rires, et il est toujours des plus animés.

CHAPITRE X

AMOUR ET MARIAGE

La sorcellerie et l'amour. — Eau de lune et couscous fait par la main du mort. — Incantation pour les charmes d'amour. — Le *tqâf* ou fermeture. — Charme de beauté. — Poudre séparatrice et pâtes de vengeance. — Les prostituées.

Le mariage. — Pour qu'une jeune fille se marie. — Pour que la jeune fiancée commande en ménage. — Coiffure de la mariée. — Petits rites pour que le ménage soit heureux. — Présentation de la mariée aux génies domestiques. — L'amour et le mariage. — Virginité et mariage. — La baraka de la mariée. — Époques où les mariages sont interdits. — Quelques proverbes sur la femme.

La Sorcellerie et l'Amour. — Pouvoir des Sorciers. — Toute la vie de la femme marocaine est dominée par l'amour. La polygamie généralement pratiquée, la promiscuité du harem, la prostitution facile et non réprouvée, font naître des jalousies violentes. Pour l'emporter sur une rivale préférée, la femme se livre aux pratiques de sorcellerie les plus extraordinaires. Par suite, la sorcière, le sorcier, le forgeron jouent un rôle considérable dans la société marocaine.

On croit que le pouvoir magique d'un sort fait par un sorcier ne peut dépasser quarante jours. Celui fait par une sorcière a un pouvoir illimité. On dit couramment :

Sehor matheneoud
Gheleb et-tolba ou l'Ihoud.

Le sort fait par une femme gagne celui du taleb et du Juif.

Il y a des contre-sorts pour tous les sorts, sauf pour ceux faits par le forgeron dans la nuit de Achoura.

Du reste, ce jour de Achoura les sorciers se livrent à certaines pratiques rappelant de loin les messes noires. Pour renouveler leur puissance magique, poussés par *Iblis*, ils entrent dans les mosquées et souillent la natte de l'Imam. Ils font leurs ablutions avec du petit lait ou lait aigre et urinent sur le Coran. Ils souillent aussi les *tafedna* ou réservoirs d'eau chaude dans les bains maures publics.

Eau de Lune et Couscous fait par la Main du Mort. — C'est aussi la nuit de l'Achoura que la sorcière va dans les cimetières recueillir l'eau de lune. Après avoir été au bain, elle fait une parodie du maquillage et de la coiffure. Elle met du *souak* sur la moitié droite de sa bouche, du rouge sur sa joue droite, du koheul à son œil droit.

Arrivée au cimetière, elle arrache son foulard, ramène ses cheveux sur sa figure, se met entièrement nue et chevauchant un roseau, elle court en tous sens au travers des tombes. Elle encense la terre avec les parfums agréables aux génies invisibles et ils apparaissent en foule. Pour les voir, elle ne doit pas avoir de commerce charnel ou être vierge. Si elle a observé strictement cette obligation, elle a le pouvoir de causer aussi avec eux, mais elle ne doit pas leur parler la première, sinon ils lui souffleraient dessus et son corps disparaîtrait aussitôt. Quand tous les génies qui l'entourent se sont rassasiés des fumées de l'encens et des parfums brûlés, ils s'approchent d'elle et lui demandent ce qu'elle veut. Elle expose alors sa demande : du bien pour telle, du mal contre tel. Elle obtient toujours d'eux tout ce qu'elle désire. Elle interpelle alors les étoiles et leur dit :

Selam âlikoum nedjoum el lill koulkoum
Atiouni tlatine menkoum

Achra çafra, achra hamra
Ou achra iekhtefouli qelb flan ben flana
Ouakh'kha ikoun fi bled n'çara.

Je vous salue, ô vous toutes étoiles de la nuit — Donnez-moi trente d'entre vous — Dix jaunes, dix rouges et dix qui arracheront le cœur d'un tel, fils d'une telle, même s'il est au pays des chrétiens.

Elle roule en même temps une mèche sur ses genoux qu'elle brûlera ensuite dans une lampe pour les étoiles. Ensuite elle s'adresse à la lune. Pour cela, elle se tient auprès d'une tombe fraîchement creusée sur laquelle elle a déposé un grand plat de terre rempli d'eau.

Elle lui dit :

Ya guemra, ya talââ men merrara
Ya labsa ed-dounia ki el-gherara
Atini tlata ihoud, tlata n'çara
Ou tlata moudaa el guezzara
Idjibou li flan ben flana
Ouakh'kha ikoun fi Baghdad.

O lune, toi qui monte de (l'eau amère) de la mer, toi qui vêts le monde comme une *gherara* (corbeille sans fond dans laquelle on met le blé en réserve) — Donne-moi trois (diables) Juifs, trois chrétiens et trois venant de l'abattoir ; pour qu'ils m'apportent un tel fils d'une telle, même s'il est à Bagdad.

AMOUR ET MARIAGE

Elle prétend alors que la lune tombe dans la *guessaa* d'eau, s'y éteint et que l'eau surchauffée se transforme en une mousse ressemblant à de la mousse de savon. Elle recueille alors cette mousse dans une bouteille et la conserve pour les sorts d'amour et de haine qu'elle aura à faire dans le courant de l'année. Quand elle a recueilli l'eau de lune, elle déterre un cadavre récemment inhumé, l'assoit devant elle entre ses jambes et prenant les mains du mort dans les siennes, elle roule du couscous en se servant pour l'humecter de cette eau de lune. Ce couscous a des vertus magiques puissantes. Mangé par un amant volage il le fera mourir à tout amour, sauf à celui de la femme qui en aura incorporé dans ses aliments ; par un mari méchant et grondeur, il le rendra muet comme un mort ; par un mari jaloux, il le rendra aveugle à toutes les fautes. Mêlé à de l'urine de fou juif recueillie le samedi, à des rognures d'ongle, à des cheveux tombés volés à une ennemie ou une rivale, à de la terre du cimetière, il deviendra la nourriture maléfique qui empoisonnera d'une manière lente, occulte et sûre celle qui en absorbera quelques grains et que l'on appelle le *tââm*.

Cette eau de lune et ce couscous entreront dans la composition de quantité de charmes d'amour ou de haine.

C'est aussi dans cette nuit de Achoura que la sorcière recueille en revenant du cimetière des cendres du feu de joie allumé dans les carrefours. Ces cendres employées dans des charmes d'amour rendront la femme qui les portera brillante, éclatante comme le feu de l'Achoura, aux yeux de l'homme épris.

Bien que la Marocaine connaisse tous les sorts d'amour et de haine, tous les envoûtements, toutes les formules d'incantation qu'on doit prononcer en faisant des sorts, pour retenir un homme aimé ou nuire à une rivale, elle a le plus souvent recours à la sorcière ou au taleb.

INCANTATION POUR LES CHARMES D'AMOUR. — Voici la formule récitée en commençant une sorcellerie :

> *Chiert alik be tchira*
> *Khâllit fi guelbek tahira*
> *Kif l'khammes mââ l'mtira*
> *Kif l'ââoud mââ teldjima*
> *Ana nââja enta l'kherouf*
> *Mounti mount l'hakam*
> *Beghit menkoum kelma*
> *Chiert alik besoukkour bin sennik*
> *Nouâra bin aïnikoum*
> *Ieghelebni âlikoum*
> *Chïert âlik bi nedjemat l'ââcha*
> *Chîert âlik bel khamsa*
> *Anâ lallat en n'sa*
>
> *Chïert âlik bel l'hanna l'hanina*

AMOUR ET MARIAGE

Mêchet guernin
Ouahad l'ba, ouahd l'rezqi
Chïert âlik beoutib gouache
Mâ tsââbichi âlia, ma teroh chi and nass
Teqqeftek bi tatqifa
Lejemtek b'teldjima
T'erfed klami ou tkhalli, klam en-nass
Cheddit foummek âla el-kheta
Ou ieddek ala l'ââça.

Je t'évoque avec la main — J'ai laissé dans ton cœur l'inquiétude — Comme le *khammes* avec son champ labouré — Comme le cheval avec le mors — Je suis la brebis et tu es l'agneau — Mon repas est le repas du maître des génies — Je veux de vous une parole — Je t'évoque avec du sucre entre tes dents — Une fleur entre mes yeux qui me fait vous dominer. Je t'évoque avec l'étoile du soir. Je t'évoque par mes cinq doigts — Je suis la maîtresse des *gennia*. Je t'évoque avec le henné de la beauté. J'ai peigné mes deux tresses, une pour mon père, une pour ma chance — Je t'évoque par un coquillage, tu ne seras pas dur avec moi — Tu n'iras pas chez les gens — Je t'ai lié avec un lien — Je t'ai bridé avec une bride — Tu écouteras mes paroles et tu n'écouteras pas les paroles des gens — J'ai fermé ta bouche à l'injure et ta main aux coups de bâton.

Tantôt la sorcière s'adresse aux démons, tantôt à l'homme pour ou contre qui elle fait le sort dans un langage volontairement obscur.

La grande affaire de la sorcellerie amoureuse est le nouement de l'aiguillette. Cependant l'impuissance demandée à la magie est le plus souvent temporaire et partielle si l'on peut s'exprimer ainsi, c'est-à-dire que, en faisant son incantation, la femme use de la restriction mentale. Elle veut l'homme impuissant seulement vis-à-vis des rivales, des autres femmes du harem et réserve pour elle toute sa *virilité*.

On appelle le procédé magique qui aboutit à l'impuissance le *tqaf*, la fermeture.

Voici l'incantation prononcée mentalement ou à haute voix suivant les cas dans toutes les opérations de *tqaf* :

> *Teqqeftek âla miat oulia ou oulia*
> *Ou miat aksa fi cherbia*
> *Ou miat âzeba mah'dïa*
> *Ou mia ichir labsa bedâïa.*

> Je t'attache pour cent femmes et pour une femme,
> Pour cent femmes dans leurs voiles légers,
> Pour cent vierges esclaves,
> Et pour cent éphèbes vêtus de vestes.

En voici une autre spécialement employée pour empêcher un mariage :

AMOUR ET MARIAGE

El melha ma tdououd chi
Ou flan ould flana ma idir âras
Ghir te kerkeb rassou âla l'fas.

Le sel ne fera pas de vers et un tel fils d'une telle ne contractera pas de mariage, tant que sa tête ne roulera pas sur une pioche.

Cette condition ne pouvant jamais être réalisée, l'homme contre qui cette formule est prononcée ne pourra jamais se marier.

LE *TQAF* OU FERMETURE. — Voici quelques procédés de *tqaf* parmi les plus employés.

On rend impuissant par le *moukahlat enta chitâne*. C'est un petit sachet de cuir ou d'étoffe qui sert en général d'étui à koheul avec son *meroued* ou bâton. Il devient en sorcellerie le fusil du diable. Au moment où l'homme contre qui se fait le sort entre dans la chambre, la femme sort le bâton à koheul de son étui et dépose les deux objets séparément sur le tapis sur lequel il va marcher. Dès qu'il est passé au-dessus du sac et de son bâton, la femme sans se faire remarquer ramasse les deux objets, les remet l'un dans l'autre en prononçant mentalement la formule : « Je t'attache pour cent femmes et une femme, etc.... »

On rend un homme impuissant avec une carotte.

On l'évide, on la pose sur le chemin de l'homme et quand il est passé, on récite l'incantation de fermeture. Ensuite on enveloppe cette carotte dans un morceau de linceul volé à un mort et on va l'enterrer dans une tombe oubliée.

Pour arrêter l'effet de ce *tqaf*, il faut déterrer la carotte et prononcer une formule de libération.

On noue aussi l'aiguillette avec un couteau ou un miroir que l'on ouvre et que l'on ferme sur les pas de l'homme ; avec une serrure que l'on fait faire la nuit de Achoura par un forgeron.

Pour rendre le sort plus mauvais, le forgeron, après avoir fait ses ablutions, se met entièrement nu et forge la serrure et la clef en récitant lui-même l'incantation du *tqaf*.

On renforce ces sorts en allant ensuite porter ces objets dans un cimetière juif après les avoir lavés avec l'eau de lavage des morts.

Les hommes ont tous peur de ces enchantements. Pour s'en protéger, et les rendre inefficaces, ils portent pour la plupart sur eux un morceau de *fassoukh* (gomme ammoniaque). Ils sont tellement effrayés de l'effet de ces sortilèges que la suggestion opérant, les cas d'impuissance d'origine mentale sont extrêmement fréquents ; et il y a toujours le soir du mariage une sorcière prête à dénouer ce qui a été noué.

Il lui suffit le plus souvent de faire sous les vêtements du *meteqqaf*, attaché, des fumigations de soufre, d'assa foetida, de gomme ammoniaque, de peau de serpent, d'épines de hérisson, d'écaille de tortue pour rétablir l'équilibre des facultés du jeune mari. Il est aussi nécessaire qu'en faisant les fumigations la délieuse dise la formule :

> *Ila dartou mra ifsekh*
> *Ila darou taleb ifskh*
> *Ila darou genn ifskh.*

> Si c'est un sort de femme il est conjuré,
> Si c'est un sort de taleb, il est conjuré,
> De même que si c'est un sort de génie.

Quand, par ce simple procédé, elle n'y arrive pas, elle prend sept clefs de sept maisons différentes et de l'eau à sept puits. Elle place entre les jambes du *meteqqaf* un fourneau allumé, y dépose les clefs, les fait rougir et jette ensuite sur ces clefs l'eau des sept puits. Les vapeurs de l'eau emportent le mauvais sort. Sur le rivage on lui fait boire sept gorgées d'eau prises à sept vagues.

Si malgré cela l'homme reste impuissant, il va en *Ziara* dans les sanctuaires des saints et se lave avec l'eau sacrée ou s'adresse aux *tolba* pour lesquels il est une abondante source de revenus.

CHARME DE BEAUTÉ. — Pour être toujours belle aux yeux de l'homme aimé, la femme marocaine dit chaque matin en se débarbouillant le visage la formule suivante :

> *Salam âlik el oudjh el maghsoul*
> *Serr djak mersoul*
> *Men ând Lalla Fatime bent Rassoul*
> *Ikkoubb âlik serr*
> *Kif ma kebb en-n'da âla l'foul.*

Je te salue, ô figure débarbouillée,
La sympathie, le charme te vient, envoyé
De Lalla Fatime, fille de l'Envoyé
Que tombe sur toi le charme
Comme la rosée tombe sur les fèves.

POUDRES SÉPARATRICES ET PÂTES DE VENGEANCE. — La rivale heureuse est toujours cordialement détestée et les poudres séparatrices, les pâtes de vengeance sont d'un emploi courant.

Voici quelques recettes de cette cuisine magique : Pour séparer deux êtres qui s'aiment, la rivale se procure du fiel de corbeau, de la fiente de cigogne, de la fiente de chouette, des reliefs d'un repas de sept personnes faisant le carême, de la racine de laurier-rose, un morceau de la calotte d'un juif aveugle, la mèche temporale d'un nègre ; des os de charogne.

Elle incinère le tout dans une marmite neuve, lui servant de cornue et met un peu des cendres obtenues dans les aliments de l'homme. Elle se procure encore de l'oxyde de cuivre natif, du laurier-rose, du poivre noir, du foie de grenouille, de la cervelle de souris ou de porc, du goudron, de la suie de sept fourneaux, de la terre de prison. Elle mélange le tout et en frotte les chaussures de son mari et de sa rivale.

Ou encore de l'eau de lavage d'un mort, de l'urine de fou, des graines de poivron rouge, de l'assa foetida, de la suie de marmite. Elle met le tout dans une bouteille et l'enterre sous le seuil de la rivale. Contre ce maléfice, il n'y a que les fumigations de fougère (*fersiouâne*) qui soient efficaces. Parfois elle se procure une dent gâtée extraite par un barbier. Elle la met dans une amulette avec une poudre composée de terre prise sur une tombe oubliée, de bois mort ramassé dans un cimetière, de cendre provenant d'un four juif ; elle coud l'amulette dans le lit où son mari dort avec une rivale. Dès qu'il est couché, il est pris de malaises ressemblant aux rages de dents ; s'il sort, il va bien ; s'il revient, il est de nouveau malade et fatalement il déserte la couche de la femme aimée au profit de celle qui a fait le sortilège.

On emploie pour ces sortilèges des cheveux du front, des poils des aisselles et du pubis, des rognures d'ongles des mains et des pieds de la femme à laquelle on veut nuire. Cela s'obtient facilement en soudoyant une servante ou une esclave du bain maure. Aussi les femmes qui redoutent ces sorts cachent avec soin tous ces déchets de leur organisme afin qu'on ne puisse s'en servir contre elles. Tous ces procédés sont indifféremment employés par les femmes et les concubines dans les harems, par les prostituées dans la ville.

LA PROSTITUTION. — La prostitution n'est du reste pas mal considérée ; si la femme se prostitue, c'est que Dieu l'a voulu. Elle n'est nullement responsable de la destinée qu'un ange a écrite sur son front pendant sa vie fœtale et n'encourt aucun mépris. Lorsque l'homme se présente chez une prostituée, il lui dit en entrant : « *Dief Allah*. — Je suis l'hôte de Dieu » ; et cette formule n'est nullement ironique. Lorsque les prostituées se font tatouer, elles font écrire le nom de Dieu sur leur pubis, de même que l'acte de foi musulman : « *La Illa Lah Mohammed Rassoul Allah*[1] », et ce n'est pas une offense à la divinité. De même lorsqu'elles vont en pèlerinage dans certains sanctuaires et demandent au saint de les favoriser et de leur donner de la chance et le pouvoir d'attirer les hommes par le charme qui émane d'elles, elles accomplissent un acte qui n'a rien de répréhensible en soi. Des offrandes de thé, de bougies et de menthe au grand saint Sidi Abd el Aziz *Moul Nfaïd*, maître de l'estime, ne compromettent pas du tout ce grand saint, car l'acte sexuel n'a jamais rien d'infamant.

---

1. La profession de foi (Chahâda) : « J'atteste qu'il n'y a pas de divinité sauf Dieu et que Mohammed est son Envoyé ».

AMOUR ET MARIAGE

La visite d'une prostituée à une nouvelle mariée est d'un bon présage ; la jeune personne sera aimée. Elle doit se faire farder, parfumer et mettre du henné par la prostituée, car celle-ci a entre ses sourcils sept fleurs magiques qui attirent l'amour.

LE MARIAGE. — POUR QU'UNE JEUNE FILLE SE MARIE. — Le mariage est l'aboutissant naturel de la vie des jeunes filles. Si une jeune fille marocaine ne se marie pas, on la conduit sept samedis de suite dans un cimetière juif ; on la déshabille et on la lave avec l'eau du cimetière, puis on fait des fumées avec de mauvais parfums : épines de hérisson, cornes de sabots d'âne, gomme ammoniaque, soufre. On encense tout son corps et en particulier ses cuisses et son bassin avec ces fumées. Puis on prend une vieille couffe trouée ayant servi à porter la terre des tombes et la lui enfilant par la tête, on la fait sortir par les pieds et on la jette. On a ainsi laissé dans le cimetière juif tout le mal du mauvais œil qui empêchait la jeune fille d'être demandée en mariage.

Comme la jeune fille est plus que tout autre exposée au mauvais œil, la règle est de la cacher à tous les yeux. Les jours de fête, lorsque la maison est remplie d'invités, elle seule ne prend pas part à la fête. Elle est refoulée aux cuisines ou doit rester dans sa chambre et c'est uniquement pour ne pas l'exposer à la méchanceté et à l'envie des visiteurs. C'est souvent par l'effet d'un *tqaf* ou fermeture qu'elle ne trouve pas de mari.

Si on suppose que l'incantation du *tqaf* a été récitée sur un métier à tisser, on procède de la façon suivante pour la libérer de ce maléfice.

On la met nue un vendredi, à l'heure de la prière, et on la fait passer au-dessus du métier, du peigne à tisser, du rouleau de trame, puis au moment où le *Moudden* crie la grande prière, on lui fait une lustration générale avec de l'eau prise chez un forgeron et ayant servi à tremper le fer rouge.

Si on suppose que l'incantation de *tqaf* a été dite sur le moulin de pierre, on la lave de la même manière au-dessus des meules.

Si on n'a aucun soupçon et qu'on ne puisse savoir par quel objet elle a été ensorcelée, la mère la prend et lui fait passer la tête par les ouvertures des manches de sa chemise comme elle le faisait quand elle était encore un petit enfant au sein. Ce geste de grande protection annule les mauvais sorts. A Marrakech, on mène les jeunes filles qui ne se marient pas sur la tombe de *Lalla Oum Biied Saad* : Madame la mère de la chance blanche. C'est une petite muraille entourant un carré de terre dans le quartier de l'Assouel, proche de la zaouïa de Sidi Bel Abbès.

Les jeunes filles se peignent et se lavent à côté de la tombe et jettent dans ce petit enclos leur peigne, leurs cheveux tombés et un lambeau d'étoffe arraché à leurs vêtements ; en outre, elles font à la sainte une offrande de lumière le vendredi. Elles vont aussi dans le même but en pèlerinage à Moulay

Ibrahim, près de Tahannaout. Elles dorment trois nuits auprès de son tombeau et la troisième nuit, le saint leur fait voir en rêve le visage de leur futur mari.

On consulte aussi le sort pour savoir si une jeune fille se mariera bientôt.

Pour que la jeune Fiancée commande dans le Ménage. — Quand une jeune fille est fiancée, elle accomplit de petits rites pour commander dans le ménage. Ainsi il est coutume que le fiancé envoie des présents aussitôt qu'il est agréé et parmi ces présents il envoie toujours un mouton. Quand ce mouton est apporté dans la maison, la jeune fille dénoue ses cheveux, met du koheul à son œil droit, du rouge à sa joue droite et sur la moitié droite de sa bouche, met sur sa tête le foulard envoyé par le fiancé. Ensuite elle prend une bride de mule, la passe à la tête du mouton. Elle monte à cheval sur son dos et le bat pour le faire marcher en disant :

> Si je te dis : marche, mets-toi en mouvement.
> Si je te dis : arrête, arrête-toi.
> Si je te dis : dors, endors-toi.
> Si je te dis : réveille-toi, ouvre les yeux.

Ensuite, elle arrache des brins de laine aux yeux de l'animal, à sa bouche, sous son ventre, après sa queue et en fait un sachet qu'elle cache soigneusement.

Pendant tout le temps qu'elle a fait ce charme, toutes les femmes poussent des youyous.

Coiffure de la Mariée. — La mariée doit être coiffée le jour du mariage par une femme heureuse, n'ayant pas de rivales. Après lui avoir fait sur la tête une application de henné, cette femme prend une clef d'une chambre exposée au levant. Elle place un œuf sur la tête de la jeune fille et d'un coup sec elle casse l'œuf dont le contenu se répand sur les cheveux. Elle étale sur toute la tête cette pommade pour que la jeune mariée soit féconde.

En même temps elle lui dit :

> *Mechetlek be saad*
> *Mechetlek be dhen saad*
> *Tbqi enti moulat dar.*

Je te peigne avec le bonheur,
Je te peigne avec la pommade du bonheur,
Tu seras la maîtresse de la maison.

La rupture brutale de cet œuf est aussi un signe annonçant la façon dont le mariage sera consommé : si on doit donner plusieurs coups de clef pour le casser, c'est que la défloration sera difficile.

Quand on pétrit la pâte de henné qui doit être

AMOUR ET MARIAGE

appliquée à la jeune fille, on en fait un gros gâteau en forme de pain. Pour rendre cette pâte consistante, on y ajoute des blancs d'œuf, puis on plante dans cette pâte deux bougies représentant les mariés ; on les allume et on les laisse brûler. Si elles brûlent jusqu'au bout, c'est que les époux vivront tous deux très vieux ; si l'une s'éteint avant l'autre, c'est que celui qu'elle représente mourra le premier.

Lorsque le jeune mari pénètre dans la chambre nuptiale pour la première fois, il tient sa pantoufle droite à la main. La jeune fille l'attend également armée de sa pantoufle et tous deux cherchent à se frapper mutuellement. On pense que le premier qui frappera l'autre commandera dans le ménage.

PETITS RITES POUR QUE LE MÉNAGE SOIT HEUREUX. — Le mariage doit être consommé toutes lumières allumées. Cette lumière est un symbole de l'amour et de la vie heureuse.

Les cires allumées ne doivent pas être éteintes. On les laisse brûler jusqu'au bout pour que la mariée soit toujours devant son mari comme une lumière éblouissante. Si la lumière s'éteignait spontanément, avant que le cierge ne soit consumé, cela signifierait que la mariée n'est pas une vierge intacte.

La mariée est tantôt portée chez son mari, dans une chaise spéciale appelée *ammarya*, tantôt sur un mulet ou sur un chameau. Avant de quitter la maison paternelle, on lui en fait faire le tour pour dire adieu aux génies de la maison.

Quand on la porte sur une *ammarya*, on envoie d'abord

cette *ammarya* dans le sanctuaire du saint auquel est consacrée la jeune fille. L'*ammarya* est couverte de soieries et portée en procession au son des tambourins et des *ghiata*. Cela a pour but non seulement de la charger de baraka, mais de la purifier de tous les sorts qu'on aurait pu faire contre la jeune fille. Ce sont les porteurs de mort qui portent la mariée. On leur loue l'*ammarya* qui est la propriété de leur corporation.

Présentation de la Mariée aux Génies domestiques. — Quand la jeune fille arrive chez son mari, on lui fait faire trois fois le tour de la maison pour la présenter au nouveau foyer. On lui dit alors : « Tu garderas le foyer et tu y resteras comme le piquet de la tente. » Cette cérémonie de présentation revêt souvent un caractère grandiose.

On la fait alors le septième jour après la consommation du mariage. Après avoir délié les tresses de la mariée et remis sa ceinture, une femme la prend sur son dos et la porte sur une petite estrade de matelas et de coussins. Elle a le visage voilé. On la place debout et toutes les femmes amies et visiteuses l'entourent, chantant, poussant des youyous, et jouant du tambourin. On lève le voile qui cache son visage et on l'expose pendant un instant pour que chacun la voie et que les êtres invisibles prennent contact avec elle. Ensuite on lui fait faire le tour de la maison dont elle va être la maîtresse.

Si la première nuit de mariage, on place une *taïmouma* ou pierre noire employée pour la prière et remplaçant l'eau des ablutions rituelles, sous le matelas des mariés, on lie leur sort à celui de cette pierre, de sorte que l'union règnera dans le ménage, tant que la pierre sera entière. Si un jour la pierre se casse, les époux divorceront.

L'Amour et le Mariage. — Pour que le mari soit toujours épris on fait une amulette avec sept dattes, sept feuilles de sept arbres à fruit et du basilic et on la coud dans le matelas. Cela amènera aussi l'abondance dans la maison.

C'est pour la même raison qu'on jette des dattes sur la mariée au moment où elle franchit le seuil de la maison nuptiale. On lui offre du lait et on en lave son talon droit pour qu'elle entre avec la richesse et l'abondance. On lui met du miel dans la bouche pour qu'elle soit douce pour son mari. On lui met du levain dans la main pour que le bien de son mari prospère et augmente.

Comme les jeunes filles sont exposées surtout au mauvais œil qui les rend stériles, avant d'amener la mariée dans la maison de son mari, on lui fait ses ablutions avec de l'eau de lavage des morts, on annule ainsi l'effet de tous les sorts jetés sur elle.

La nouvelle mariée ne file pas jusqu'au quarantième jour après son mariage. Cependant, le septième jour, avant de remettre sa ceinture, elle doit filer une mèche de laine, rouler un peu de couscous, balayer un peu sa chambre et ébaucher tous les gestes qu'elle devra faire par la suite pour tenir sa maison.

Virginité et Mariage. — Quand un homme qui se marie pour la première fois a épousé une jeune fille vierge, il doit pendant trois jours se voiler le bas du visage avec le *litham* et sortir pendant une semaine avec les talons de ses *belras* relevés.

Lorsqu'une jeune fille n'arrive pas vierge au mariage, on l'expose au mépris public. On lui met une bride de mule, une selle sur le dos, on lui attache ses chaussures au cou, et on la promène dans les souks, pendant que son mari qui l'accompagne se revêt d'un manteau noir et porte les talons de ses pantoufles abaissés.

Cependant, il est bien rare de voir ce spectacle, car le marié accepte le plus souvent de régler cette question avec les parents de la jeune fille.

La Baraka de la Mariée. — On croit que la mariée est chargée de baraka et de chance. On communique cette baraka et cette chance au grain que l'on doit semer. Pour cela, dans les campagnes, au moment où on coiffe la mariée, on lui met du blé sur les genoux. Puis, quand sa toilette est terminée, on prend ce blé et on ramasse avec soin tous les cheveux tombés pendant la coiffure. Si c'est l'époque des labours, on va aussitôt jeter ce blé avec ces démêlures dans un sillon. Sinon, on le conserve précieusement pour s'en servir au moment des semailles et transmettre à la terre la force virtuelle de fécondation de la jeune mariée. C'est pour la même raison que le jour de son mariage, la mariée doit pleurer afin d'inviter le ciel à en faire autant pour que les récoltes soient abondantes.

On croit du reste que la vie de la femme est en relation constante avec la vie de la terre. Ainsi, pendant le mois d'*ennaîr*, c'est-à-dire au printemps, au moment de la floraison des arbres fruitiers, on enferme les jeunes filles à la maison avec un soin jaloux, même dans les campagnes où elles sont habituées à sortir, car on craint que par imitation de la nature, elles ne soient portées, malgré elles, vers l'amour.

ÉPOQUES OÙ LES MARIAGES SONT INTERDITS. — Il y a des périodes où les mariages sont particulièrement recommandés, et d'autres où ils sont interdits. L'interdiction absolue porte sur les sept jours de *hésoum*, du vingt-quatre février au quatre mars ; sur le mois tout entier de *achoura* et sur le mois de *ramadan*. Le reste du temps, on accomplit les mariages suivant sa convenance. Cependant, la période particulièrement favorable est l'automne, car la mariée, par sa baraka, participera à la prospérité du pays en augmentant l'abondance des récoltes.

Il y a aussi des jours interdits et des jours fastes. Le jour le meilleur pour la consommation du mariage est le jeudi soir. Le dimanche est aussi un jour faste. Les autres jours sont tous néfastes et on ne se marie que le jeudi et le dimanche.

Voici quelques proverbes sur la femme :

L'mra li ma fiha behal tââm bla melha.
Une femme sans pudeur est semblable à un plat sans sel.

L'mra chaourha ou la t'dir bi raîha.
Consulte une femme mais pour écarter son avis.

L'mra dalââ âouja.
Ila serahtiha t'herres.
La femme est comme une côte tordue.
Si on la redresse, elle se casse.

L'mra ou darsa ma ândhoum doua
Ghir koullab ou l'bra.
Contre la femme (méchante) et la dent gâtée,
il n'y a pas de remède autre que le davier[2] et le divorce.

---

2. Davier : outil de menuisier formé d'une barre de fer recourbée en crampon à l'une de ses extrémités.

CHAPITRE XI

LA MALADIE ET LA MORT

Étiologie magique des maladies. — Traitement magique des maladies. — Transfert du mal. — La possession diabolique. — Les guérisseurs. — Les saints guérisseurs.

La mort. — Croyances au sujet de l'âme. — Le lavage des morts. — Enterrement. — Respect dû aux morts et fêtes des morts. — Croyances relatives à la mort chez les juifs.

ÉTIOLOGIE MAGIQUE DES MALADIES. — Les Marocains qui n'ont aucune notion des sciences médicales attribuent à toutes les maladies une origine magique ou diabolique. Rendre quelqu'un malade est au pouvoir des sorciers, des *Tolba* et même de chaque individu. Ainsi il suffit pour donner une maladie mortelle à un ennemi, de prendre une jeune fille, de la virginité de laquelle on est sûr, de la mettre nue et de lui faire réciter une prière à rebours, les mains tournées le dos en l'air au lieu de la paume, et, la prière terminée, de lui faire formuler sept fois le souhait de mort ou de maladie, pour amener la mort ou la maladie de la personne désignée.

Les pratiques d'envoûtement sont fréquentes et sont surtout employées dans ce but. Prendre une tarente, une grenouille ou un crapaud, piquer l'animal avec une épingle en disant : « Ce n'est pas la tarente, la grenouille, ou le crapaud que je pique, mais c'est telle personne, dont je veux la maladie ou la mort », est un maléfice des plus communs.

Le couscous roulé par la main du mort, *Ftel-el-Miet*, mêlé à des os de mort pilés, des ongles de mort, de l'assa foetida, des cheveux tombés réduits en cendre, de la poudre de tarente desséchée, du bois vermoulu de figuier finement pulvérisé, est à la base de toute drogue magique administrée à l'insu de la victime, pour lui donner une maladie de langueur, cachectique[1] et la conduire d'une manière sûre au tombeau. C'est le *Tââm*. Tous les tuberculeux, tous les malades minés par la fièvre, tous les cancéreux, sont *Mthaoum*, c'est-à-dire qu'ils ont mangé le *Tââm* ; et toute la thérapeutique de ces maladies se réduit à des contre-sorts.

Les diables jaloux agissent ainsi que les humains ; la *gennia* qui accouche en même temps que son double, l'empoisonne sûrement, si, dans la nuit, elle a pu voler un pain pour le souiller en accouchant dessus, et si la femme imprudente

---

1. Cachexie : état d'amaigrissement et de fatigue généralisée.

consomme ce pain. Le *Tââm* des génies est infaillible ; si les *Tolba*, les guérisseurs qui sont des magiciens, peuvent trouver un remède au *Tââm*, fait avec le couscous roulé par le mort, ils n'en possèdent aucun contre celui préparé par les génies invisibles.

Ce sont aussi les génies qui amputent les doigts et les membres dans la lèpre mutilante et les lépreux si on les interroge sur le cours de leur maladie, répondent invariablement que ce sont : Ces Autres : *Had l'Akhorine*, qui les ont mutilés ainsi, par vengeance. De plus la possession diabolique est la cause de toutes les maladies nerveuses et mentales. On soigne donc les maladies par la magie ou le transfert du mal. On exorcise les diables et en dernier ressort, quand tous les moyens employés ont échoué, on s'adresse aux saints guérisseurs.

TRAITEMENT MAGIQUE DES MALADIES. — Les procédés magiques employés pour guérir les maladies sont innombrables : en voici quelques-uns à titre d'exemple.

Pour guérir les verrues ; le premier jour du mois, on regarde la lune au moment où elle apparaît dans le ciel, en même temps on met de la farine sur les verrues et on les balaie avec un balai neuf ; ou bien, le premier jeudi du mois, on vole à la natte d'une mosquée sept brins de paille, on les allume et on touche chaque verrue avec la partie incandescente. On les brûle aussi très légèrement avec un papier bleu sur lequel le taleb a écrit un sort.

Pour guérir les arthrites, rhumatismes, sciatiques, on prend un brin de laine noire ou un morceau de soie verte, on enfile un *oûda* et on en entoure l'articulation malade comme d'un bracelet. Les rhumatismes et les névralgies provenant de coups donnés par les diables, l'*oûda* et la soie verte ou la laine noire les éloignent.

On fait aussi écrire un remède magique par un sorcier, sur un papier bleu ayant servi à envelopper les pains de sucre. Pendant trois jours, le malade étant à jeun, prend le papier et délaie l'encre magique dans un peu d'eau qu'il avale.

Ensuite, quand le bol dans lequel il a délayé l'encre est vide, il y verse quelques gouttes d'huile afin d'en recueillir les parties qui auraient pu ne pas se dissoudre. Il prend le papier sur lequel était écrit le talisman, en essuie le bol, ramassant ainsi l'huile et s'en frotte les articulations malades.

Dans les névralgies faciales, le taleb écrit son talisman sur la peau même du malade. L'encre dont il se sert se compose d'ail pilé, de laine carbonisée, le tout délayé dans du vinaigre.

Le taleb est aussi appelé pour soigner les maladies contagieuses. Après avoir écrit une amulette sur du papier bleu avec une encre de goudron, il la jette dans le brûle-parfums, avec du harmel et de la rue, et encense le malade et la maison. Les mauvais esprits qui avaient donné la maladie sont obligés de s'enfuir, le malade guérit et la contagion est arrêtée.

Le crachat d'un chérif, d'un Aïssaoui[2], d'un homme

---

2. Aïssaoui : de la confrérie des Aïssaouas.

LA MALADIE ET LA MORT

pieux, guérit de beaucoup de maladies. Ainsi, quand on a une affection chronique des yeux, telle que trichiasis, ulcérations de la cornée, conjonctivite granuleuse, on s'adresse à un chérif descendant de Sidna Mohammed. Celui-ci après avoir placé le malade bien en face de lui, lui met les mains sur les épaules et lui crache trois fois dans les yeux. Ce collyre magique a une vertu singulière, car Sidna Mohammed a ainsi soigné et guéri son gendre Sidna Ali, et il a transmis cette baraka à tous ses descendants.

Les Aïssaoua sont appelés pour cracher dans la gorge des malades atteints d'angine.

Chez les Juifs, l'emploi de ce rite est très fréquent, mais beaucoup plus compliqué.

Lorsqu'un malade est atteint d'une maladie grave, typhus, typhoïde, par exemple, et qu'on a épuisé une longue liste de remèdes sans que la maladie en soit améliorée, une parente prend un verre neuf et se rend à la synagogue le samedi au moment de la grande prière. Elle présente son verre sans mot dire, à chaque fidèle, qui, sachant ce qu'elle désire, crache dans le verre. Quand elle a ainsi recueilli le crachat de tous les hommes en prière, elle s'en retourne auprès du malade et procède à une onction générale de son corps avec ce baume magique, chargé de la sainteté de la prière des hommes pieux. Si cette onction est inefficace et que la maladie continue à avoir un caractère de gravité inquiétant, on procède au changement du nom du malade. Dix rabbins se réunissent à son chevet et solennellement lui donnent un autre nom qui sera définitivement son nom s'il guérit. Ils abandonnent par ce rite aux puissances occultes le nom du malade qui fait partie intégrante de sa personnalité et pensent avoir détourné définitivement la colère des génies invisibles de la nouvelle personnalité ainsi octroyée, l'homme au nom nouveau étant un homme nouveau.

Si un malade est atteint de rétention d'urine, on lui fait boire de l'eau provenant de la fonte des premiers flocons de neige tombés en hiver, et soigneusement recueillis. L'urine retenue fond comme la neige.

Contre le paludisme, on encense pendant trois jours la maison et le malade avec des excréments de porc, un scorpion, du piment et de l'ail, que l'on brûle dans le brûle-parfums. La fièvre épouvantée s'enfuit.

La syphilis du larynx et de la bouche se traite par de la cendre provenant d'un corbeau incinéré dans une marmite neuve, après qu'on l'a au préalable assommé pour le tuer. On en fait des pilules avec du miel et on les fait avaler au malade qui absorbe ainsi toute la force de vie de l'animal renommé pour sa longévité. La syphilis est une maladie si répandue qu'on dit que celui qui ne l'a pas eue dans ce bas monde, l'aura dans l'autre monde. C'est aux saints guérisseurs qu'on s'adresse pour la guérir.

Dans la tuberculose pulmonaire, outre les pointes de feu magiques pour brûler le diable et l'expulser, on administre au malade un bouillon fait avec un jeune chien qui n'a pas encore ouvert les yeux (*Meghemmed*). En outre, on lui fait avaler le sang de l'animal aussitôt le sacrifice. On lui passe ainsi la force vitale d'un animal sacrifié brutalement après sa naissance.

Ce sont les Aïssaoua qui soignent les piqûres de scorpion en incisant la partie piquée et en la suçant, puis en appliquant sur la plaie, une pâte faite avec le scorpion même qui a piqué le malade. Ils pensent que le venin de l'animal guérira le venin qu'il a inoculé.

Les abcès du sein se traitent par le port direct sur la partie malade d'une patte de porc-épic : *ied derbâne*, dont les cinq doigts étalés éloignent le mauvais œil, cause de l'abcès.

Pour qu'une crise d'asthme se termine rapidement, on ouvre toutes les serrures.

Dans les affections graves de l'utérus, des annexes ou du péritoine, dans les coliques néphrétiques, on arrache le mal en posant sur le ventre une énorme marmite que l'on transforme en ventouse en la chauffant. Quand la ventouse est bien prise, plusieurs personnes l'arrachent en la tirant. On appelle ce procédé : Frapper la marmite. *Drib el Guedira*.

L'entorse est soignée par des massages, des pointes de feu et un bandage compressif. Mais ce traitement doit être appliqué par une femme ayant mis au monde deux jumeaux. Comme elle a donné naissance à quatre jambes, elle est seule qualifiée pour rendre l'usage de la jambe malade.

Pour faire cesser les douleurs du cancer ou du tabès, on enduit le malade de bouse de vache qui est considérée comme un mauvais parfum, et chasse le diable qui cause les douleurs. Ensuite, on assoit le malade dans un grand plat de terre cuite servant à laver le linge. On lui fait une grande lustration d'eau provenant d'un sanctuaire et le levant et l'asseyant brusquement, on secoue le mal qui s'en va. En même temps, on crie : « Le mal s'est envolé, le mal est parti. »

On fait aussi boire au malade de l'eau sur laquelle des *Tolba* ont récité une prière dans la mosquée et auxquels, en échange, on a offert un repas de *Maârouf*.

Le caractère sacré de la prière efface le mal.

LE TRANSFERT DU MAL. — Le transfert du mal est un procédé thérapeutique couramment employé. Ainsi, le jour de l'Aïd-Sghir[3], quand on a un grand malade dans une maison, chaque membre de la famille prend une poignée de blé ou d'orge et la lui jette sur la tête. Ensuite, on ramasse tout le grain dans lequel a passé la maladie et on le donne en aumône au premier mendiant rencontré.

Contre les coliques, on prend une brique chaude, on la passe sur le ventre, et on va l'enterrer au pied d'un arbre.

Dans les cas de ténesme vésical, on met de la menthe sauvage sur une brique, on fait uriner le malade sur cette

---

3. Aïd es-Seghir (« petite fête » ; aussi appelée Aïd el-Fitr) : fête marquant la fin du mois de Ramadan.

brique et on va la déposer dans un carrefour. Toute la douleur de la miction est passée dans la brique et de plus, cette douleur sera prise par la personne qui mettra le pied dessus.

Parfois le malade prend lui-même la brique après lui avoir passé son mal et va frapper à la porte d'une maison où il ne connaît personne. Quand, de l'intérieur, on répond : « Qui est là ? », en venant ouvrir, il jette la brique sur la porte en répondant : « C'est l'urine qui frappe », et il se sauve. Il a transféré son mal et l'a passé à l'inconnu.

La tuberculose effraye à juste titre les gens du peuple, par les ravages considérables qu'elle fait.

On prend le mal des tuberculeux en passant autour de leur corps trois fois de suite, un coq noir que l'on pose ensuite sur la tête, sur la poitrine, sur les épaules du malade ; puis on va offrir l'animal chargé de mal au sanctuaire d'un saint situé hors des portes de la ville. Non seulement on débarrasse le malade de cette affreuse maladie, mais on en débarrasse aussi la ville.

D'autres fois, après avoir transféré le mal dans le corps du coq, on le conserve comme témoin. S'il dépérit, c'est que le malade guérira ; s'il continue à se bien porter, c'est que l'opération a été inefficace. On la recommence alors et on donne l'animal en aumône à un pauvre.

Dans les tumeurs blanches du coude ou du genou, on transfère la maladie dans un morceau de laine nouvellement filée, dont on entoure l'articulation malade, puis on va attacher ce brin de laine à l'anneau de la porte d'un sanctuaire réputé ou dans un arbre sacré. Ces arbres chargés de mal sont très nombreux et on en rencontre dans toutes les villes, dans tous les cimetières. En attachant la laine dans l'arbre, on dit mentalement : « Quand je reviendrai chercher cette laine, je reprendrai mon mal », et on s'en va sans se retourner. On transfère aussi le mal dans un œuf. Après avoir passé l'œuf sur la tête et le corps du malade, on le place sous son oreiller où on le laisse toute une nuit. Le matin, on le prend et on va le jeter dans le puits d'un sanctuaire, où on le donne au premier pauvre rencontré en chemin.

On transfère aussi le mal dans le corps d'un animal, chat, chien, etc....en lui faisant manger une petite galette de pâte qui a été en contact avec le corps du malade. Cette pâte doit avoir été demandée au maître du four et volée sur le pain d'un inconnu.

On passe les douleurs de l'accouchement dans du pain que l'on brise ensuite et que l'on envoie aux pauvres.

On passe les maladies graves dans une mesure de blé dont on arrose entièrement le malade que l'on a dévêtu. Ensuite on moud ce blé, on fait du pain avec toute la farine ; après avoir touché tout le corps du malade avec les pains sortant du four et y avoir transféré le mal une seconde fois, on dépose ces pains dans l'*askif* ou asile réservé aux pauvres, auprès des sanctuaires. Le son lui-même est vendu et donné aux pauvres pour qu'aucune parcelle de mal ne reste dans la maison. Cette sorte d'aumône est encore un *Maârouf*. Quand il y a une épidémie, pour en préserver les enfants, on fait un autre *Maârouf* qui éloigne le danger et le mal : *Iedfââ l'bla ou l'bass.*

On prépare une *assida* ou bouillie de blé ou de maïs concassé. Au moment où le *Moudden* annonce la grande prière du vendredi, on dépose cette *assida* devant la porte de la maison. Tous les enfants du quartier et de la maison sont conviés à la manger. Quand ils ont terminé, on leur met du henné sur la tête. Ce même banquet est offert aux enfants par la famille d'un prisonnier, pour qu'il soit facilement libéré ; dans ce cas, par ce repas offert aux enfants, on place le prisonnier sous leur protection.

Les cheveux tombés, les rognures d'ongle, emportent aussi la maladie. Il suffit de les enterrer dans une tombe oubliée pour enterrer le mal. On peut aussi passer la maladie à une autre personne et s'en débarrasser complètement. Ainsi, les Marocains atteints de blennorragie, croient qu'il leur suffit, pour en guérir radicalement, d'avoir des rapports avec une négresse.

La Possession diabolique. — On croit que les maladies nerveuses et les maladies mentales, et beaucoup d'autres états morbides, sont dus à la possession diabolique. Quand un épileptique a une crise, on ne s'en approche même pas ; on dit : « *Fih el Haouaïche.* — Il a en lui les mauvais diables », et on laisse la crise se terminer sans jamais lui porter secours. Ce n'est pas un sentiment d'indifférence ou d'inhumanité qui pousse les Marocains à agir ainsi, mais simplement la peur de la contagion. On suppose que les mauvais diables qui produisent les convulsions de l'épilepsie, ne veulent pas être dérangés et qu'ils passeront dans le corps de celui qui viendrait à avoir un contact avec l'épileptique. Il en est de même pour les crises d'hystérie.

Cependant, si la crise est trop longue ou trop violente, on jette sur le corps du possédé, un grand voile noir pour le mettre sous la protection de Sidi Mimoun, roi des génies, on fait venir un taleb qui, armé d'un bâton donne de violents coups au malade, en le piétinant et en criant au diable : « *T'Kheredj*. — Tu sortiras. »

On applique aussi le Coran sur la tête du malade.

Mais tous ces remèdes ne sont que palliatifs et ont pour unique effet de faire avorter la crise aiguë.

La possession diabolique est soignée par le *Moqaddem*, de la confrérie des Guenaoua, aidé de sa troupe de joueurs de crotales, de comparses, de l'*oukil* ou avocat des diables et d'une *arifa* ou soigneuse.

Une séance d'exorcisme est une chose des plus curieuses. Dans la maison de la malade ou aux abords, si le quartier est isolé, arrivent peu à peu tous les invités qui prendront une part active à la séance. Sur des coussins le *Moqaddem* est assis, son *guembri* dans les mains. Il a sur la tête le bonnet noir de Sidi Mimoun le Guenaoui, brodé d'*oudâ* et garni de plumes d'autruche, sur les épaules la tunique noire brodée d'*oudâ* et en bandoulière une large ceinture d'*oudâ*. Devant lui, on dépose trois cierges allumés, un rouge, un vert, et un blanc ; on place aussi un plateau de cuivre sur lequel se trouvent tous les parfums nécessaires à la cérémonie, un brûle-parfums, un bol de lait et des dattes.

Pendant que le maître tire quelques notes de son *guembri* et se recueille, l'*oukil* des diables, jetant de l'encens et des parfums dans l'encensoir, encense le *guembri* et les crotales ou *krakeb* des *çahab* ou amis. Les fumées se répandent abondantes. Il prend ensuite le bol de lait, le passe au-dessus des fumées de l'encens, puis saluant d'un grand geste les quatre points cardinaux, il fait sur la terre une libation de lait aux diables déjà attirés par les fumées odorantes. Ensuite il revient vers le maître qui, prenant quelques gouttes de lait en passe sur son *guembri* et sur les *krakeb*. Alors, le grand maître se lève et récite une *fatiha*[4] pour Dieu et les hôtes de Dieu visibles et invisibles. A ce moment, tous les nègres joueurs de crotales, qui étaient disséminés dans l'assemblée, se précipitent vers lui et tout en jouant de leurs instruments, commencent le *jdeb* ou danse sacrée. Ils font des pas rythmés en avant et en arrière, balancent leur corps et s'excitent légèrement.

Pendant tous ces préparatifs évocatoires, l'*arifa* ou soigneuse prépare la malade. Elle lui enlève sa ceinture, ses

---

4. Al-Fatiha : sourate d'ouverture du Coran, composée de sept versets.

colliers, ses bracelets de bras et de chevilles et tous les liens qui pourraient retenir le diable qu'il s'agit d'expulser. On lui dénoue les cheveux, car c'est par les cheveux qu'il sortira. On la revêt d'un caftan vert et d'une tunique blanche très ample, puis on la laisse libre de ses mouvements. Elle se tient isolée, mais déjà elle est sous le charme de la musique, des chants, de la danse, du bruit des crotales et des parfums. Enfin elle avance d'un pas automatique vers le cercle des joueurs qui, aussitôt, l'entourent. Les fumées sont de plus en plus épaisses, produites à profusion par le jet constant d'encens, de résines odorantes et de bois de santal et d'aloès dans le brûle-parfums. Le maître chante une incantation plus précipitée et plus nette ; il appelle ses amis les génies qui habitent le corps de la malade et leur dit de douces paroles : « Venez, petits amis, nous ne voulons que votre bien et toute l'assistance vous est favorable. » Il excite ses *çahab*, leur dit : « Jouez, riez », et tous les joueurs de crotales rient à la fois d'un rire extatique, roulant des yeux pleins de promesse pour les génies. On offre alors un repas à tous les diables présents et à tous les assistants.

    Ce repas se compose de lait, de dattes et de sucre qu'on jette sur le sol et dans tous les endroits familiers aux diables. A ce moment, la scène tourne au délire. Par cette cérémonie d'offrande, on a attiré dans chaque spectateur, dans chaque joueur de crotales, un génie familier qui va se mettre à exorciser la malade en attirant le méchant diable qui la tue peu à peu. Les joueurs de crotales font un vacarme assourdissant qui a pour but d'éloigner du cercle magique les mauvais génies qui, eux aussi, ont accouru, attirés par l'Évocation du grand Maître.

Alors la malade, participant au délire général, croise ses mains derrière le dos dans l'attitude des suppliants et se livre à un *jdeb* effréné. Elle rit aux éclats, pleure, tord ses mains dans un geste d'impuissance, parce que le diable qui la possède est entravé. Le grand Maître qui domine la séance avec impassibilité change alors de rythme. La malade, soulagée, soupire, puis s'incline, épuisée, anéantie. L'*oukil* des diables qui s'est constamment tenu à côté d'elle pendant la scène se précipite, l'enlève dans ses bras et la porte comme une loque devant le Maître, tandis que les joueurs de crotales, d'un geste enveloppant, jouent tous à la fois autour de son corps et de sa tête pour terminer l'expulsion. Le Maître prononce une incantation et la malade tombe à ses pieds inerte, libérée. L'*oukil* des diables l'emporte et la remet aux mains de l'*Arifa*, qui lui met de l'encens et du sucre dans la bouche et lui fait boire de l'eau sacrée venant d'un sanctuaire du pays.

Alors, en signe de réjouissance, toute l'assemblée, tous les comparse ou entraîneurs se livrent à la danse sacrée, et la cérémonie touche à la folie furieuse, tandis que le grand Maître, l'*oukil* des diables et l'*Arifa* que la contagion n'atteint pas, dominent la scène en maîtres consommés.

Ces crises de possession diabolique provoquées ne sont jamais dangereuses pour les adeptes de la confrérie des

Guenaoua, car elles sont rituelles. Mais si elles se produisent isolément, elles sont néfastes et les Guenaoua les évitent autant que cela leur est possible.

Ces crises spontanées se produisent si l'on sent un parfum qui les provoque, si l'on entend un accord tiré sur un *guembri*. Pour éviter cette possession non rituelle, les Guenaoua portent dans leurs cheveux une aiguille qui fait peur au diable et l'empêche de pénétrer dans leur corps.

Les exorciseurs Guenaoua sont appelés même dans les plus grandes familles pour exercer leur art, et les plus orthodoxes et les moins suspects d'irréligiosité ont recours à eux. C'est dire si ces pratiques sont répandues.

Dans des réunions de femmes, on se fait un jeu d'évoquer la diablesse Lalla Mira et de la faire pénétrer dans le corps d'une *chouafa* ou voyante qui se transforme en pythonisse[5] et prédit l'avenir. Mais ces séances sont inoffensives, car elles sont toujours dirigées comme elles doivent l'être.

Les Guérisseurs. — Les Guenaoua ne sont pas les seuls à soigner les malades atteints de possession diabolique. Il y a aussi une véritable corporation de guérisseurs qu'on appelle les Oulad Sidi Abd El Aziz Ben Yafou, qui soignent ces maladies. Ces guérisseurs sont originaires de la province des Doukkala[6]. Tous les Doukkala, du reste, ont la baraka du saint

---

5. Pythonisse : prophétesse, voyante, devineresse.
6. Doukkala : région côtière du Maroc au sud de la plaine centrale, comprend notamment la ville d'El Jadida.

Sidi Abd El Aziz Ben Yafou et peuvent soigner les malades. Ce sont eux que l'on voit dans les marchés sous une petite tente surmontée d'un drapeau rouge ; ils sont en général deux pour opérer. L'un racole les malades. Il appelle sur la place et dans les rues les malades atteints de possession, d'hystérie, de maux de tête et leur dit :

> *Douak Allah ou oulad Sidi Abd El Aziz Ben Yafou, ya meskine.*
> Te soigneront Dieu et les fils de Sidi Abd El Aziz Ben Yafou, ô pauvre.

Et il les introduit sous la tente où le second les soigne.

Pour guérir de la possession diabolique ou de l'hystérie, ces guérisseurs frappent les malades avec un bâton de *kelkh*, fenouil sauvage. C'est un bâton de ce même bois dont on se sert pour frapper les fous dans les *Môristâne*. Ils soignent aussi les eczémas en crachant dessus.

LES SAINTS GUÉRISSEURS. — La plupart des maladies sont aussi guéries par les saints guérisseurs. On sait le rôle considérable des saints au Maroc. Chaque ville, chaque contrée, chaque tribu est sous la protection de saints locaux. Ces saints jouent un rôle actif dans la vie du pays. Chaque semaine, dans la nuit du jeudi au vendredi, à minuit, les saints qui ne sont pas morts mais endormis, sortent de leur tombeau sous leur forme mortelle et se réunissent en conseil. Dans chaque ville, dans chaque contrée, il y a un endroit sacré où a lieu cette réunion. A Marrakech par exemple, elle se passe dans le quartier du Moukef sur de petites dunes de sable, appelées *Coudiat Çalihin*, les Collines des Saints. Ils discutent des affaires du pays, de la santé des habitants, de l'honnêteté des Caïds, de la vie du Sultan. Comme on le voit, ces réunions sont d'utilité publique. Les saints prennent des décisions et interviennent directement auprès de Dieu en faveur de leurs protégés et s'il y a de graves épidémies, c'est grâce à leur intercession qu'elles sont sans gravité ou qu'elles s'éteignent.

Outre ce conseil des saints qui agit comme un comité général d'hygiène et de salut public, chaque saint dans sa sphère guérit certaines maladies. Lorsque le malade se place sous la protection du saint et lui demande la guérison de ses maux, il le fait avec une formule de *âr*, c'est-à-dire qu'il le met dans l'obligation de le guérir. A Marrakech, on menace même le saint, si la guérison n'est pas obtenue, de porter plainte contre lui devant le Cadi Ayad qui est le Cheikh des Saints de la ville.

La syphilis qui est la maladie la plus répandue est guérie surtout par les saints Sidi Mansour, Sidi Yahya le Qartoubi (originaire de Cordoue), et Sidi Abd El Aziz, à Marrakech ; par le saint Moulay-Yâqoub, aux sources de Moulay-Yâqoub, près de Fez.

Le sanctuaire de Sidi Mansour se trouve dans la Casbah

de Marrakech. Ce saint était le père du saint Moulay-Yâqoub. Il y a dans son sanctuaire un grand bassin d'eau sacrée dans lequel se lavent les syphilitiques après avoir expulsé leur mal au préalable en provoquant par une course à pied une sudation abondante. En outre, pour expulser plus sûrement le mal, les malades, avant de se baigner, remplissent un grand sac de terre et le portent sur leurs épaules en faisant des mouvements désordonnés. Ils vident le sac et le remplissent autant de fois qu'il faut pour que toute la maladie passe dans la terre. Ce n'est que lorsqu'ils ont procédé à ces rites de transfert du mal et d'expulsion qu'ils font une lustration dans le bassin, lustration qui les lave de toute souillure.

Le sanctuaire de Sidi Yahya le Qartoubi se trouve dans la Palmeraie. C'est un petit tombeau entouré d'une murette sans toiture ; au-dessous du tombeau se trouvent deux très grands bassins naturels provenant d'infiltrations de l'Oued Icil ; le tombeau et les bassins sont entièrement recouverts par deux énormes caroubiers dont les troncs sont couchés presque horizontalement et dont les branches s'enchevêtrent. Il y a dans les bassins un grand nombre de tortues, qui, par la baraka du saint, font le diagnostic de la syphilis, tout en la guérissant. Les malades dont le corps est recouvert d'ulcères se jettent à l'eau entièrement nus le dimanche matin. Ils émiettent alors du pain aux tortues et restent immobiles pour ne pas les effrayer. Les tortues quittent leur retraite et viennent manger les miettes de pain. Si, en les attrapant, elles piquent les jambes du malade, c'est qu'il est bien syphilitique, en les piquant elles prennent sa maladie ; sinon c'est que les ulcérations ont une autre cause et le malade doit en chercher la guérison ailleurs.

Le saint Sidi Abd El Aziz, dont le sanctuaire est à Marrakech, était médecin de son vivant et soignait la syphilis. On l'appelle encore *Moul Nouar*, le Maître de la Syphilis, et aussi *Toubib Bela Ijarra*, le médecin sans honoraires, car il soignait gratuitement les malades. Il possédait deux énormes bassins de terre cuite entièrement recouverts d'inscriptions magiques. Il baignait les syphilitiques dans ces bassins et les guérissait par la vertu des incantations qu'il y avait écrites. Ces deux bassins ont été enterrés sous son tombeau et protègent la ville de Marrakech contre la syphilis. On croit que si on les enlevait, même temporairement, pour procéder à une réparation dans le sanctuaire, cette maladie prendrait dans toute la ville un caractère de gravité exceptionnelle. Le saint agit aussi sur la contagion de la maladie. Si un malade porte une lésion aiguë, il lui suffit d'aller dans le sanctuaire de Sidi Abd El Aziz et de faire une onction sur la partie malade avec de l'huile prise dans la lampe sacrée qui brûle constamment près du tombeau, pour ne plus être contagieux. On dit qu'il est le Maître du *tqaf* de la syphilis, parce qu'il la rend non contagieuse.

A Moulay-Yaqoub, près de Fez, se trouvent des sources sulfureuses chaudes qui guérissent la syphilis par la baraka du saint dont elles portent le nom. On croit que c'est un *Afrit*

LA MALADIE ET LA MORT

Sidi Blale qui, par la malédiction du saint Moulay Abdelkader Djilani dont il était l'esclave, a été condamné à entretenir le feu souterrain qui chauffe les sources. L'eau est en effet très chaude et tombe dans de grands bassins non clôturés. Les malades se mettent nus sous la douche et prononcent continuellement les mots *beurd ou skhoun*, froid et chaud, ce qui leur évite d'être brûlés. S'ils omettaient de les prononcer, l'eau leur ferait de cruelles brûlures.

La possession diabolique est aussi guérie par les saints.

Au sanctuaire de *Moulqsour*[7], à Marrakech, on lave les possédés dans la cour du sanctuaire avec l'eau d'une fontaine qui est dans cette cour. Ensuite on leur fait boire de cette eau dans une coupe d'argile neuve, et avant de quitter le sanctuaire, on leur fait briser cette coupe devant la porte de la Koubba. L'eau les a lavés de leur possession et en brisant la coupe on a brisé le mal.

Un autre grand guérisseur de la possession et de l'hystérie est le saint Sidi Rahhal, dont la Zaouïa est à Sidi Rahhal dans le bled Zemrane. Tout près de Sidi Rahhal, se trouve une petite colline qu'on appelle *Coudiat l'ââfou*, colline de la guérison. Les malades y couchent une nuit et le saint, après cette incubation, leur envoie la guérison ; on leur fait aussi faire le *Djdeb* de Sidi Rahhal dans son sanctuaire. Cette danse sacrée doit se faire dans l'obscurité. Elle consiste

---

7. Moul El Ksour.

en mouvements d'oscillations de la tête d'arrière en avant, les cheveux étant dénoués ; ces mouvements, d'abord lents, s'accélèrent jusqu'à être excessivement rapides. En même temps, la malade chante :

> *Allah, la Allah, Rahhali l'Boudali*
> *Amri ma n'dir hadra*
> *Hatta y fout aam el khodra*
> *Ya l'Boudali daouini*
> *Ya l'Rahhali daouini.*

> Dieu, ô Dieu, Sidi Rahhal le Remplaçant,
> Jamais je ne ferai plus de séance occulte,
> Tant que ne sera pas finie l'année
> des légumes,
> O Boudali, soigne-moi,
> O Rahhali, soigne-moi.

Ce saint guérit aussi de la surdité, des angines, des boiteries, de la stérilité et de la folie.

Les saints Moulay Abdallah Ben Hossaïne, dont le sanctuaire est à Tamesloth, à vingt kilomètres de Marrakech, et Moulay Ibrahim, guérissent de la possession diabolique, de l'impuissance, de la stérilité, des maladies causées par la sorcellerie.

LA MALADIE ET LA MORT

On dit de Moulay Abdallah Ben Hossaïne qu'il a soixante-six commandements ; on l'appelle pour cela *Moulay Setta ou Settine Hakouma* ; il a le rang de Sultan parmi les saints. C'est lui qui renouvelle le mystérieux pouvoir des prestidigitateurs et des devins. Il leur suffit de coucher trois nuits près de son tombeau pour que le saint leur apparaissant en rêve leur confère le *tassarout* ou clef. On comprend son pouvoir sur tous les nerveux.

Moulay Brahim, qui est le frère de Moulay Abdallah Ben Hossaïne, a du reste les mêmes prérogatives. Le troisième jour, après le Miloud, on immole près de son sanctuaire la chamelle envoyée par les tanneurs de Marrakech, chamelle qui a emporté tout le mal de la cité. Tous les pèlerins arrachent les poils de l'animal sacrifié pour en faire des amulettes contre le mauvais œil. Pour s'assurer une bonne santé, ils se précipitent dans le sang du sacrifice, y trempent leurs doigts et se font un signe sur le front. Ils recueillent aussi du sang dans un récipient et l'emportent chez eux pour le verser sur le seuil de leur maison en offrande aux génies, pour se les rendre favorables.

Après le sacrifice, le *Moqaddem* de la Zaouïa, héritier de la tradition sacrée, accomplit un miracle. Il produit du feu avec une branche verte de *rtem* ou genêt épineux, par l'antique procédé de friction rotatoire et ce feu ainsi miraculeusement allumé servira à cuire les aliments offerts en banquet sacrificiel aux pèlerins.

Ce miracle est certainement un des principaux moyens d'action du *Moqaddem* sur la foule croyante et concourt puissamment à la guérison des malades venus en foule compacte. Tous les « *Mes'horine* » ensorcelés se baignent aussi dans l'eau du moulin qui les lave des sorcelleries et du mauvais œil. Les femmes stériles y lavent également le sort qui les empêche de concevoir. De plus, elles couchent trois nuits près du tombeau du saint et elles sont guéries de leur stérilité si, dans la troisième nuit, le saint, leur apparaissant en rêve, leur fait une révélation.

Tous les possédés, tous les impuissants, toutes les femmes sur qui pèse la jalousie d'une rivale participent à ce pèlerinage annuel et en reviennent avec la certitude de la guérison. Du reste, Moulay Ibrahim est compatissant à toutes les misères humaines et donne à chacun sa chance. Il suffit d'aller vers lui de tout cœur et avec la foi.

Les habitants de Marrakech qui ne peuvent aller au pèlerinage annuel ou qui ont une guérison à demander au saint dans le cours de l'année se rendent à sa Zaouïa de Marrakech et en formulant leur demande jettent leur offrande dans le puits de la Zaouïa : argent, thé, bougies, etc. On croit que par une communication souterraine et par une force magique, tous ces objets sont aussitôt transportés au sanctuaire du saint qui est à quarante kilomètres et que si le saint est satisfait de l'offrande, le vœu est exaucé.

Les Juifs de Marrakech demandent la guérison de la

LA MALADIE ET LA MORT

possession, de la peur et de tous les états nerveux à un immense bassin situé dans un jardin *habous* faisant partie des Habous de Sidi Bel Abbès, non loin d'un vieux cimetière. On appelle le lieu où se trouve ce bassin *qebour chou* : les tombes de Chou ; il est impossible d'obtenir le sens de cette expression. Près de ce bassin se trouvent un énorme palmier et un figuier dont les troncs sont couchés sur la surface de l'eau et qui entremêlent leur feuillage. Tous les dimanches matins, hommes, femmes, enfants y vont en pèlerinage. Les possédés montent sur la margelle du bassin ; on leur passe sur la tête, la figure et autour du corps une poignée de grains d'orge, qui prend leur mal et qu'on jette ensuite dans le bassin en offrande aux génies. On répète le même rite avec un œuf, ensuite on leur fait faire avec de l'eau du bassin une lustration de la figure et des mains et on leur fait boire sept gorgées de cette eau.

Il y a un égout à ciel ouvert qui traverse ce jardin. Les pèlerins prennent de l'eau à même l'égout dans des bouteilles et l'emportent chez eux. Cette eau les protègera de la peur, éloignera les démons, dans les cas très graves on va jusqu'à en faire boire aux malades !

Dans la Zaouïa de Sidi Ben Azouz, patron des Rehamna, Zaouïa située à Marrakech, rue de Sidi-Ghanem, il y a une colonne à laquelle les femmes atteintes de possession font des offrandes après en avoir fait le tour et l'avoir embrassée. En outre, elles prennent leur ceinture et en entourent la colonne pendant la durée de leur visite.

Le *Moqaddem* de la Zaouïa, continuateur du saint ancêtre, guérit des adénites tuberculeuses suppurées, en crachant dessus. Sa femme coiffe les femmes stériles suivant une règle spéciale ; elle jouit aussi d'une baraka et guérit de la stérilité.

Le saint Sidi Saïd El Ahensal qui est un *agourram* ou saint chleuh, guérit de la possession diabolique ; son tombeau est à Marrakech. On enferme le malade seul dans son sanctuaire. Dès qu'il y est enfermé, on entend qu'il se débat et se livre à une lutte furieuse, puis on entend un coup de fusil qui tue le diable et le malade est guéri. On croit que le fusil part seul, car le Moqaddem est resté hors du sanctuaire avec la famille. Ce saint a ce grand pouvoir magique parce que, de son vivant, il était maître d'école et eut sept génies parmi ses élèves. En souvenir de l'instruction reçue, les génies lui donnèrent ce pouvoir.

On demande aussi la guérison de la possession à *gennia* Bent Malik El Abiad, la fille du Sultan blanc. Cette *gennia* réside à l'Oudaïa, près de Sidi El Menaa. Il y a une porte et des escaliers de pierre à l'entrée de son séjour. On y fait un *moussem* le vingt-septième jour du Ramadan qui est le jour de la libération des génies invisibles. Ce sont surtout les femmes qui y vont en pèlerinage et lui font des offrandes de bougies, de parfums, des sacrifices de boucs noirs et de poules noires.

La folie est guérie par la baraka de nombreux saints. Les principaux sont Sidi Fredj à Fez, Sidi Ben Achir à Salé,

Lalla Haoua à Marrakech, Sidi Yahya près de Mogador, Yahya le Qartoubi dans la palmeraie de Marrakech, le saint juif Rebbi Haninia dans le cimetière juif de Marrakech, les saints Zmirou à Safi, etc.... En général, on place les fous dans de petites cellules attenant au sanctuaire vénéré. On les enchaîne, car le fer éloigne les esprits méchants qui donnent la folie.

Quand ils sont très agités, on leur entrave les mains avec des menottes de fer en forme de bracelets que l'on relie par une tige fermée par des écrous. On les lave avec l'eau du sanctuaire et on y lave aussi leur chemise avant de les emmener quand on les croit guéris. Dans le *Moristâne* ou asile de Lalla Haoua à Marrakech, on leur frappe sept fois la tête chaque jour contre une des colonnes de la cour intérieure, qu'on appelle la colonne de l'intelligence. En même temps, on implore la sainte de rendre la raison au malheureux aliéné. En outre, dans tous les sanctuaires, on frappe les fous avec une tige de *kelkh*. Les agités que l'on amène à Sidi Yahya le Qartoubi sont plongés brutalement dans les bassins qui font partie du sanctuaire. En les y jetant, on jette en même temps le diable qui les possède. Ces malades savent en général pourquoi on les amène à Sidi Yahya. Quand ils approchent des bassins, ils opposent une résistance acharnée et il faut les y traîner en les brutalisant. On suppose que cette résistance est due au diable qui a peur de l'eau et ne veut pas être expulsé.

Il n'y a pas que la possession diabolique, la syphilis, la folie qui soient guéries par le pouvoir surnaturel des saints.

On leur demande la guérison de tous les maux. A Salé, au sanctuaire de Sidi Ben Achir, vont les malades atteints de maux d'yeux, de maladies de peau, de rhumatismes, de dyspepsie, etc.... Ils font une incubation de trois à sept jours dans des chambres mises à leur disposition et entourant le sanctuaire. Les plus fervents dorment sur des nattes tout près du tombeau. Il est rare que le saint ne leur apparaisse point en rêve, comme Esculape dans le temple d'Épidaure[8], pour leur donner l'ordre de quitter la place en ajoutant : « Tu es guéri, tu n'as plus rien à faire ici. » Ces mots ont une action magique et tous les malades nerveux partent le plus souvent très améliorés.

On est protégé contre la variole par le saint Glaoui Sidi Merri et sa protection équivaut à un vaccin. Il suffit, en se trouvant en contact avec des varioleux ou simplement en temps d'épidémie de lui promettre une offrande et de la donner à ses descendants qui sont des sortes de moines quêteurs, lorsqu'on les rencontre réclamant à haute voix la *Sadaqa* de Sidi Merri, l'aumône de Sidi Merri.

A Marrakech, le paludisme se traite par le transfert du mal dans des pains chauds et froids que l'on offre au saint Sidi Eyyoub après les avoir passés sur le corps du fiévreux que l'on a lavé à grande eau avec l'eau du sanctuaire.

Sidi Ahmed Kamel guérit aussi du paludisme par le transfert du mal dans des galettes de terre ou *hanna* prise sur son tombeau. Après les avoir promenées sur le corps du

---

8. Épidaure : Grèce.

LA MALADIE ET LA MORT

malade, on les lance contre les murs de son sanctuaire où ils se collent. Ces murs sont tapissés entièrement de ces petites galettes de terre.

On se débarrasse des rhumatismes en prenant une pierre dont on frotte l'articulation malade et que l'on jette ensuite sur le *Kerkour* de Sidi Jabeur à Marrakech.

A Marrakech, encore, les gens qui ont des migraines les prennent dans une mèche de tissu qu'ils clouent sur le mur du sanctuaire de Sidi Hamza Ben Ali, en lui faisant une offrande de pieds de mouton, ou dans le sanctuaire de Sidi Smar ou Knadel.

Les névralgies faciales sont guéries par *Sidi Bou Nakhela*, Monseigneur le Palmier, qui est un arbre vénéré. En demandant la guérison à l'arbre, on lui offre une tête de mouton qui est recueillie par le gardien bénéficiaire du Saint Arbre, en disant : « Une tête pour une tête, Monseigneur le Palmier. »

La lèpre est guérie par le grand saint Sidi Bel Abbès, patron de Marrakech. Il suffit aux lépreux d'habiter la ville ou la palmeraie pour guérir aussitôt.

Si on demande la guérison des maladies à tous les saints du Maroc, il y en a certains à qui on demande la maladie ou la mort d'un ennemi, par exemple le saint Sidi Mohammed Ben l'Aarif, patron des bouchers de Marrakech. On jette du blé grillé sur son tombeau et de la viande crue pour le rendre favorable à la demande qu'on va lui faire. Puis on expose ce que l'on veut en le lui disant nettement : « Je veux de toi une vengeance contre tel fils de telle — maladie ou mort. » Puis on le menace : « Si tu ne me l'accordes pas, tu ne m'entendras plus jamais prononcer ton nom » et on termine par la promesse d'une offrande de légumes et de sel, si la vengeance s'accomplit.

On trouve encore au Maroc une autre catégorie de guérisseurs : ce sont des *Foqra* ; les plus appréciés sont les Oulad Sidi Rahhal et les Oulad Sidi Bono.

Les Oulad Sidi Rahhal qui ne sont pas tous originaires du bled Zemrane, possèdent la baraka de Sidi Rahhal *Bou Errââda ou Namous*, le saint Sidi Rahhal, le maître du tonnerre et des moustiques. Qui n'a vu sur les places publiques un Oulad Sidi Rahhal, entouré d'un cercle de spectateurs charmés, manger des serpents crus qu'il découpe en tronçons et roule dans du sel et des épices ? Les cheveux tombant sur les épaules, il se livre à la danse sacrée et boit de l'eau bouillante qu'il crache ensuite à la figure des assistants sous forme d'un jet glacé. Mais ces exercices ne servent pour ainsi dire que de boniment au guérisseur forain. Peu à peu, les malades qui sont dans l'assistance entrant dans le cercle s'approchent subjugués.

Le Fakir prend chaque malade et, le portant sur son dos, lui fait faire le tour du cercle. Puis il l'embrasse, lui fait toucher un serpent et lui crache sur la tête. C'est cette salive surtout qui a le don de guérir. Du reste, pendant toute la séance, le

LA MALADIE ET LA MORT

Fakir parle avec volubilité, la salive coule abondamment de sa bouche et il la laisse couler sans l'essuyer. On appelle les Oulad Sidi Rahhal auprès des malades dans les familles, comme nous appelons le médecin. Ils traitent surtout la possession diabolique.

Les Oulad Sidi Bono sont des *Foqra* disciples de Sidi Bono. Ils sont assez nombreux au Maroc et portent sur la tête comme signe distinctif une chéchia de laine blanche tricotée que leur remet le Cheikh en les recevant dans la confrérie, et qu'ils appellent *Tabââ*, la Marque de la Confrérie. Ce sont des gens simples appartenant en général à la corporation des porteurs d'eau, des forgerons, des menuisiers, des marchands de légumes. De vie austère, ils suivent la règle du *Dalil Khirat* de Sidi Sliman Djazouli[9]. Les adeptes de cette confrérie magico-religieuse présentent une particularité très curieuse. Il suffit de leur gratter la tête ou de faire seulement semblant de se gratter sa propre tête pour qu'aussitôt, mettant bas tous leurs vêtements sauf leur pantalon, ils courent à la recherche d'un palmier ; s'ils en trouvent un, ils grimpent jusqu'au sommet de l'arbre et se roulant sur les branches piquantes, ils chantent en pleurant :

Ya l'Foqra ou ya noqra
Smâou ma gal Sidi

---

9. Dalil Al Khayrat : ouvrage de prière sur le Prophète composé par le soufi Al Jazouli (mort à Marrakech en 870 H / 1465).

Tahou es-souart fil'bir
La ftila oua la candil
Illa dououk ya l'karim, etc....

O Fakirs, ô purs comme l'argent,
Écoutez ce qu'a dit mon Seigneur.
Les clefs sont tombées dans le puits
Sans mèche et sans lampe,
Ta lumière brille seule, ô généreux, etc.

Les *Foqra* ont un caractère sacré. Il n'est pas jusqu'à l'arbre qui doit les respecter et ils peuvent impunément se rouler nus dans les *djerid* ou palmes piquantes sans se blesser ; si l'arbre les piquait, il mourrait.

Ils se réunissent le vendredi, à six heures du soir, dans leurs Zaouïa, et s'y livrent à des exercices d'ordre plutôt pathologique ; ainsi ils s'assoient en cercle dans une grande pièce uniquement garnie de matelas sur tout le tour. Ils récitent à haute voix des paragraphes du *Dalil Khirat*[10], puis tout à coup on entend des cris, des sanglots, des plaintes violentes partir de plusieurs points de la salle. Chaque Fakir à son tour se lève. Il a la main gauche posée à plat sur ses reins, la paume en l'air ; d'un pas d'automate il fait le tour de l'assemblée, s'arrêtant devant chaque frère. Posant la main droite sur l'épaule gauche du frère qui est assis, il pousse de grands sanglots ; quand il

---

10. Ibid. note 9.

LA MALADIE ET LA MORT

a fini de pleurer, il se précipite vers la porte de la salle pour grimper aux murs sur les terrasses et y faire le *jdeb* des palmiers. Mais un maître de cérémonie qui le guette le saisit au passage, lutte avec lui, le terrasse et pour faire cesser cette sorte de crise somnambulique, il lui monte sur le ventre et le piétine.

Ces *Foqra* qui savent utiliser les forces occultes pour arriver à l'extase sont renommés pour posséder un grand pouvoir de guérisseurs. Ils interviennent dans les accouchements laborieux en récitant la *moufarija*, prière extraite du *Dalil Khirat* au-dessus d'un grand bassin d'eau. Ils sanctifient cette eau et lui passent tout leur pouvoir de guérir. Il suffit de faire les ablutions de la parturiente avec cette eau pour que la délivrance se fasse rapidement.

On les appelle aussi pour faciliter l'agonie des mourants, la *moufarija* étant aussi une prière pour amener une mort douce. On fait boire au moribond de l'eau sur laquelle un Ould Sidi Bono a récité son incantation et il est aussitôt délivré des mauvais esprits qui le torturaient et l'empêchaient de mourir.

LA MORT. — Les croyances au sujet de la mort sont aussi très nombreuses. On croit qu'autrefois les morts ne mouraient pas définitivement. Ils s'évanouissaient pendant un certain temps, puis revenaient à la vie. C'est à la jalousie de Lalla Fatime Zohra, fille du prophète, que les humains doivent la mort définitive. Un jour que l'enfant de sa rivale venait de mourir de cette mort passagère, elle alla trouver le prophète et lui dit : « Mon père, les morts ne doivent pas revenir. » Le Prophète, qui la chérissait, demanda à Dieu la mort définitive et l'enfant contrairement à ce qui s'était passé jusqu'à ce jour, ne revint pas à la vie. Mais lorsque furent tués Hassen et Hossein, fils de Lalla Fatime Zohra, celle-ci, tout en pleurs, alla de nouveau trouver son père et s'écria : « O mon père, n'est-ce pas que les morts reviennent à la vie ? » Mais le prophète lui répondit : « Ma fille, tu as voulu que la mort fut définitive, je l'ai demandée à Dieu, il faut donc t'incliner devant sa décision, tes fils ne reviendront plus. » Et depuis, les morts meurent tout à fait.

L'heure de la mort était annoncée aux humains quarante jours à l'avance et cela les épouvantait, aussi maigrissaient-ils à vue d'œil et lorsque l'heure avait enfin sonné, on enterrait de véritables squelettes. Les insectes des tombeaux s'en plaignirent à Dieu et lui dirent : « Tu n'aimes pas également tes créatures ; si tu nous voulais du bien, tu n'avertirais pas les humains de leur mort et nous trouverions pour vivre, autre chose que des os. » Dieu entendit la plainte des insectes et depuis ce jour la mort surprend l'homme à l'improviste, et il n'en est plus aussi effrayé.

On raconte aussi qu'autrefois, lorsque l'ange exterminateur venait donner la mort à un être humain, tous ceux qui étaient présents, le voyaient accomplir son acte et mouraient littéralement de peur. Pour conserver le genre humain qui menaçait de disparaître rapidement, Dieu ne permit plus que l'on vit l'ange de la mort arracher la vie du moribond.

Croyances au sujet de l'âme. — L'âme s'échappe du corps avec le dernier souffle. Elle s'en va sous la forme d'une abeille et ceux qui sont présents ne la voient pas, mais entendent son bourdonnement. On dit :

> *Roh t'imchi l'akhira Mchat Aatchana Mital Debana*
> L'âme s'en va dans l'autre monde. Elle part altérée, sous la forme d'une mouche.

C'est un ange qui l'attire hors du corps en se cramponnant à elle. Si le mourant était homme de bien, elle sort aussi facilement qu'un poil inclus dans une pâte molle. Mais s'il était méchant, elle s'accroche à la gorge comme si la gorge était tapissée d'épines de jujubier. On croit que l'âme quitte aussi le corps pendant le sommeil. Elle va se promener et réintègre le corps à son retour. Aussi on ne doit pas réveiller brusquement une personne endormie de peur de le faire avant le retour de l'âme. On la secoue doucement en disant : « *Soubhâne Allah*. — Gloire à Dieu », pour donner à l'âme voyageuse le temps de revenir. Quelquefois, le sommeil de la mort prolonge le sommeil normal. C'est que l'âme n'est pas revenue. C'est pourquoi avant de s'endormir, on doit prononcer l'acte de foi ou *chahada*, car on n'est jamais sûr du réveil.

Après la mort l'âme, pendant trois jours, rend visite à sa maison puis pendant quarante jours, elle rend visite à sa tombe. Enfin elle va vivre dans le *Barzakh* ; c'est un immense rucher qui se trouve au ciel et dont chaque âme abeille occupe une alvéole. Chaque vendredi, cependant, elle revient sur la terre rendre visite à la tombe où le corps qu'elle animait a été enterré.

On pense que le siège de l'âme est le cœur, car c'est le seul organe où le *Chitâne* ou Satan, n'ait pas accès. On croit qu'à l'heure du jugement dernier, l'âme se réincarnera dans son corps pour se présenter à Dieu.

Tous les humains auront la même apparence, mais ils ne pourront se voir car ils auront les yeux sur la tête. Ils seront tous beaux comme Sidna Youssef, saint Joseph. Ils seront seulement vêtus de leurs suaires. Mais ceux qui auront été inhumés dans un cercueil, porteront ce cercueil sur leur dos.

Au moment de la mort, l'âme appelle tous les biens de ce monde qu'elle veut emporter avec elle. Mais la fortune s'y refuse et lui répond : « Non, moi je reste sur terre, va seule. » Quand le mort est enterré, l'âme appelle ses parents, ses amis dont elle ne veut pas se séparer ; mais c'est en vain. Il n'y a que les bonnes et les mauvaises actions qui suivent l'âme dans son nouveau séjour.

Si on rêve d'un parent mort et qu'on le voie mal habillé, misérable, c'est que son âme est torturée par ses fautes. Il faut alors faire une *sadaqa* ou charité, à la mosquée ou aux écoles pour apaiser la colère de Dieu.

Mais si le mort apparaît avec une figure contente et satisfaite, c'est qu'il veut entraîner une autre mort. On fait le matin un grand feu devant le seuil de la maison, et prenant un tison allumé, on le montre au mort qu'on croit dans les parages pour lui faire peur et on lui dit :

Hada Sadaqa Dialek. — Voici ton aumône.

On croit que l'heure de la mort est écrite au livre du Destin et sur le front de chaque être humain. Cependant, en récompense d'une action charitable, cette heure peut être reculée par Dieu.

Les morts ont le pouvoir de causer avec leurs voisins de tombes pendant les sept jours qui suivent l'inhumation.

On se représente la mort comme une femme qui n'a ni foie, ni poumons ; au jour du jugement dernier, la mort ayant fini son œuvre, ira entre l'enfer et le paradis. Là, elle sera saignée comme un mouton. On a peur de cette représentation de la mort, si on la voit en rêve, au réveil, on prie Dieu d'éloigner le malheur.

A l'heure de la mort, il est donné aux humains de voir leur double. Ce double est né en même temps que son semblable ; mais il meurt le premier et vient annoncer sa mort au fils d'Adam.

L'ange Gabriel est le patron de la bonne mort et assiste à l'agonie et la facilite. Quand un être humain va mourir, on doit ouvrir les portes et les fenêtres pour faciliter l'agonie. On enlève au moribond bagues, colliers, boucles d'oreilles, pour rendre la mort facile ; une chaîne au cou donne une agonie particulièrement pénible , car elle enchaîne à la terre une âme qui veut monter vers Dieu. On enlève jusqu'aux *herz* portés par le moribond. On lui enlève aussi sa djellaba qui a sept ouvertures, comme l'enfer a sept portes ; si l'âme pour quitter le corps, passait par une des ouvertures de la Djellaba, elle irait sûrement en enfer. On enlève aussi son oreiller, car la présence de l'oreiller retient l'âme à la terre.

L'agonie est difficile pour ceux qui ont tué des chats et des chiens. Le chat ayant sept âmes, tuer un chat équivaut à tuer sept humains ; le chien, en ayant soixante-dix-sept, le crime est encore plus considérable.

Quand l'agonie est pénible, on met du miel dans la bouche du moribond et du basilic pilé dans sa cavité ombilicale. L'odeur du basilic chasse le diable qui s'est cramponné à l'âme pour la retenir et le miel l'attire. Quand ce diable est expulsé, la mort devient facile. De l'eau sacrée de sept sanctuaires facilite aussi l'agonie.

Quelquefois, l'âme ne quitte pas le corps parce qu'on regarde la figure du mourant, guettant son dernier souffle. Pour

LA MALADIE ET LA MORT

rendre la mort facile, on doit mettre un voile devant la figure du mourant, dès qu'on se rend compte que sa dernière heure est venue. L'âme ne voyant plus les gens en pleurs, abandonne le corps sans souffrir.

A l'heure de la mort, si on est conscient, on doit pardonner à ses ennemis tout le mal qu'ils vous ont fait et leur demander pardon du mal qu'on a fait soi-même. Toutes ces fautes seront supprimées par ce pardon mutuel et allègeront d'autant les peines que l'âme aura à subir.

Tous ceux qui rendent visite au mourant et viennent lui demander pardon, doivent lancer au devant d'eux une grosse poignée de sel en entrant dans sa chambre. C'est pour éloigner le mal qui rôde autour du moribond. En se penchant au-dessus de lui pour dire la formule de pardon, on ne doit pas oublier de tenir dans sa main le pan de son *selham* et de le secouer sur le mourant. On a ainsi secoué tout son mal dont celui qui va mourir vous débarrasse en s'en chargeant. Cette cérémonie du pardon mutuel est des plus importantes. Si au retour d'un voyage on apprend la mort de son ennemi, on est tenu d'aller au cimetière sur sa tombe et après l'avoir appelé trois fois par son nom, de prononcer la formule de libération.

On croit qu'une maladie longue et douloureuse équivaut à une expiation des fautes commises pendant la vie. Celui qui meurt après avoir été longtemps malade va directement au paradis. Celui qui meurt le vendredi y va également parce que ce jour-là les sept portes de l'enfer sont fermées. Ces sept portes sont aussi fermées pendant les mois de Chaabâne et de Ramadan. Ceux qui meurent dans ces mois ne subissent aucune peine après leur mort. Quand un être vient de mourir on vide aussitôt tous les récipients contenant de l'eau car cette eau a pris la contagion du rythme respiratoire de l'agonie et si on en buvait on aurait de la dyspnée.

En même temps on appelle le mort trois fois par son nom, pour être sûr qu'il est bien mort et que son âme n'a pas quitté le corps seulement pour se promener. Ensuite on met près de la tête du défunt un bol rempli d'eau à laquelle on ajoute quelques feuilles odorantes et on place à côté une bougie allumée. Ce bol sert à désaltérer l'âme. On le laisse trois jours et trois nuits à la même place en ayant soin la nuit de placer au-dessus un couteau ouvert pour empêcher les diables d'y boire. Pendant trois jours en effet l'âme revient constamment dans sa demeure. Elle entre avec un petit bruissement et souvent en bourdonnant très fort. Pour qu'elle n'ait pas peur la nuit on tient des bougies de cire allumées pendant ces trois nuits.

Le lendemain du troisième jour on prend ce bol d'eau et on va le verser sur la tombe du défunt au-dessus de sa tête ; on y jette aussi un peu de henné.

Si la mort est due à une maladie contagieuse ou à une maladie qui a donné de l'œdème, aussitôt que le corps est enlevé, on sème de la poudre sur l'endroit que le malade occupait et on y met le feu pour détruire le mal. Pour la même

LA MALADIE ET LA MORT

raison on y tire aussi un coup de fusil.

En général après le décès on occupe pendant trois jours la chambre mortuaire pour qu'en y revenant l'âme voie qu'elle est regrettée. Cependant dans certaines régions berbères, le Glaoui par exemple, on fuit au contraire la chambre mortuaire pendant les jours qui suivent le décès, par peur de la contagion de la mort. Il en est de même en temps d'épidémie grave (peste ou typhus par exemple) ; dans ce cas il arrive même que la famille terrorisée abandonne les cadavres.

Dans les campagnes on annonce la mort du maître à la ruche, aux arbres, au troupeau, à la basse-cour.

On arrête les pendules aussitôt le décès, on éteint les feux et on ne les rallume pas pendant trois jours.

On brise aussi tous les objets de vaisselle qui se trouvent dans la chambre mortuaire et on se brûle le bout des cheveux pour détruire le mal.

Pour annoncer la mort les femmes qui sont dans la maison poussent trois cris stridents en s'arrachant la figure avec les ongles jusqu'à ce que le sang sorte de la peau. Ceci aussi a pour but de chasser le mal dont tous ceux qui ont assisté au décès sont imprégnés. Il y a en outre des pleureuses professionnelles, analogues aux vociférateurs qui crient à l'entrée de chaque visiteur, de chaque ami en s'égratignant la figure et en disant les vertus et mérites du mort. Ce sont les *Haddadet* qui remplissent ce rôle auprès des morts. Les *Haddadet* participent du reste à toutes les circonstances de la vie.

A la naissance, aux fêtes du septième jour, à la circoncision, au mariage, elles chantent les chants de circonstance en frappant avec de petites baguettes sur des tambours de poterie.

Ces cris rituels poussés, on ne doit pas pleurer quand il y a un mort dans la maison, car il trouverait son tombeau tout mouillé au moment de l'inhumation. On croit aussi que le mort entend tout ce qui se dit autour de lui jusqu'à ce qu'il ait été lavé.

LAVAGE DES MORTS. — Le lavage des morts est fait par des laveurs de morts. Ce sont en général des *Moqaddem* ou serviteurs de sanctuaires, et ils ont un caractère sacré. La planche sur laquelle on lave les morts, qui s'appelle *Meghsal*, leur appartient ainsi que celle sur laquelle on les emporte au cimetière. Ils sont aussi propriétaires des *Ammarya* ou chaises de mariées sur lesquelles on porte la mariée au domicile de son mari. Ce sont eux aussi qui portent la mariée.

L'eau qui sert à laver les morts ne doit pas être chauffée dans la maison mais au dehors devant le seuil de la maison mortuaire ; quand le lavage est terminé toute l'eau qui n'a pas été employée doit être jetée sur le seuil de la maison ; aucune goutte n'en doit rester dans la maison mortuaire, car elle attirerait une nouvelle mort. Les cendres du foyer doivent être emportées et dispersées au loin et les laveurs de mort emportent ce qui reste du bois préparé pour le chauffage de cette eau.

On fait au mort les ablutions rituelles de la prière et pendant le lavage on allume deux cires, une à la tête et une aux pieds. Ceci a pour but d'éloigner les mauvais génies et d'empêcher les bons d'enjamber le mort. On jette aussi du harmel dans la chambre. On pense que si ces précautions n'étaient pas prises Satan urinerait sur le cadavre.

Quand on lave le cadavre du père de famille on recouvre ses organes génitaux avec un morceau de tissu de laine blanche déchiré dans son vêtement. Quand le lavage est terminé on prend ce morceau de tissu comme une sainte relique contenant toute la force virile et toute la baraka du père de famille, et on la met très soigneusement de côté dans un endroit très secret. Plus tard, quand les filles de ce mort se marieront, après les avoir coiffées le jour de la consommation du mariage on placera ce morceau de tissu sur leur tête. Il représentera la présence effective du père de famille au mariage de ses enfants et leur transmettra la bénédiction paternelle.

Après le lavage on fait une application de henné aux mains et aux pieds des femmes, les leur teignant comme pour une fête. On peint la figure des jeunes filles vierges avec du safran et au moment où les porteurs de mort franchissent le seuil de la maison, emportant leur dépouille, on pousse trois youyous comme on le fait le jour du mariage.

On prend bien garde de ne pas mouiller le linceul du mort ; ce serait une faute contre tous les habitants du pays qui attraperaient aussitôt une bronchite.

Avant d'attacher le linceul on met dedans des feuilles de roses, de l'encens, des clous de girofle, le tout finement pulvérisé. On met aussi sur les yeux, sur la bouche et dans les oreilles du mort, du coton imbibé d'eau de roses pour que les anges respirent ce parfum en venant le chercher et soient bien disposés en sa faveur. Si le mort l'a demandé, on ensevelit avec lui son chapelet et son Coran, sinon la coutume est d'inhumer les morts entièrement nus dans leur suaire.

ENTERREMENT. — Avant de sortir le mort de la maison on en fait d'abord sortir les petits enfants qui ne parlent pas encore. On croit que les petits enfants et les animaux entendent et comprennent les lamentations de l'âme qui vient de quitter le corps et qui assiste aux funérailles, et on craint que cela ne les rende peureux et ne les fasse pleurer.

On sort le mort la tête la première. On dépose aussitôt à la porte de la maison un pot de farine. Tous ceux qui suivent le convoi mortuaire et même les simples passants doivent en prendre une pincée et après l'avoir élevée en l'air en disant : « Que Dieu l'accueille et le rende heureux », ils la remettent dans le pot. Cette farine est ensuite employée pour faire du pain qu'on donne aux pauvres au nom du mort. Dans les campagnes, on jette des pierres dans la direction du mort qu'on sort de la maison en disant : « Tu nous précèdes et nous te suivrons » ; ceci a pour but d'empêcher le mort d'entraîner d'autres morts dans la maison. Les porteurs de morts ne doivent pas heurter la porte de la maison ni en entrant la planche à laver les morts ni en la sortant, car cela entraînerait une autre mort dans la même famille dans un très rapide délai.

Aussitôt que le cadavre a quitté la maison, on lave la chambre mortuaire à grande eau et on arrose toute la maison pour laver le mal.

On ne fait aucune cuisine dans la maison pendant les trois jours qui suivent le décès. Ce sont les parents ou les amis qui doivent envoyer la nourriture nécessaire aux membres de la famille.

Lorsqu'on a descendu le mort dans la tombe on détache d'abord les liens qui fixaient le linceul aux pieds et à la tête pour que l'ange Azraïl puisse s'occuper facilement du mort. Ensuite on relève la main droite du cadavre et on la place sous la tête qui est elle-même tournée vers l'orient. On dévoile les femmes dans la tombe. Cette opération doit être faite par le mari, le fils ou le frère de la défunte. Si une femme n'a pas de parents directs c'est un étranger qui doit lui rendre ce service. Avant de toucher au voile il lui demande pardon de son action en lui disant : « Je ne suis ni ton mari ni ton frère et je te rends ce dernier service pour l'amour de Dieu, pardonne-moi. »

On enterre les morts aussitôt le décès. Mais s'ils meurent le soir, après avoir mis de l'eau pour désaltérer l'âme et allumé des lumières, on enferme le mort seul dans la chambre mortuaire, car on ne veille jamais les morts, et on l'inhume le lendemain.

Si un enfant croise un enterrement il doit relever le capuchon de sa djellaba et s'en recouvrir la tête et le visage, autrement il deviendrait teigneux et aurait des vomissements.

Chaque fois qu'on voit passer un enterrement, si on ne peut le suivre on doit s'arrêter dans sa marche et regarder jusqu'à ce qu'on ne puisse plus l'apercevoir. On pense que chaque pas fait derrière un enterrement, même si l'on emporte un mort que l'on ne connaît pas, efface une faute pour le jour de la Rétribution. C'est un hommage au mort en même temps.

Après l'inhumation, chaque personne présente jette une poignée de terre sur le mort pour ne pas en rêver la nuit.

On ne fait presque jamais de monument funéraire. On place à la tête et aux pieds du mort une pierre verticale ou une brique. On appelle ces pierres *châhadat*, celles qui affirment la foi. Après l'enterrement, tous les amis du défunt quittent le cimetière, sauf le taleb qui reste debout auprès de la tombe. On croit que le mort appelle trois fois ses amis et leur dit : « O amis, ne me laissez pas seul, ne me quittez pas, attendez-moi, je vous rejoins » ; les animaux seuls entendent et comprennent cet appel. Alors, après avoir attendu le temps nécessaire pour que le mort appelle ainsi ses amis, le taleb se penche sur la tombe et lui dit trois fois : « Tu as fait ton temps, dors en paix ; c'est l'heure pour toi de dormir » ; et à son tour il quitte le cimetière.

Après l'enterrement les laveurs des morts et les porteurs

vont à la maison mortuaire où ils prennent tout ce qui reste de cire non brûlée, ceci pour que ceux qui survivent ne tombent pas malades. On leur donne aussi tous les vêtements que portait le mort en rendant le dernier soupir ; ils emportent ainsi tout le mal qui accompagne la mort. Ensuite ils doivent se purifier de toute la souillure de la mort en faisant leurs ablutions avec de l'eau prise dans un sanctuaire.

Dès que le mort est enterré, l'ange Azraïl vient recevoir sa confession ; les yeux disent : « J'ai vu ceci et cela que je ne devais pas regarder » ; la langue : « J'ai menti et goûté avec délices à la nourriture interdite » ; le nez, le ventre, la main gauche et les pieds parlent à leur tour se confessant de leurs fautes. Seuls le sourcil droit et la main droite nous défendent et ne s'accusent d'aucune faute. Alors Azraïl tourmente le mort et lui fait subir des supplices en rapport avec les fautes commises. Ce n'est qu'après le huitième jour que l'âme est libérée ; le troisième jour, après la mort, toute la famille et les amis se réunissent dans la maison mortuaire. Pendant que les hommes récitent des prières, les femmes et les enfants frappent sur des plaques de tôle ou sur des cruches en terre cuite, font un bruit épouvantable en s'arrachant le visage. C'est pour expulser définitivement la Mort qui rôde encore dans la maison.

Quand l'expulsion est terminée, toutes les personnes présentes font un repas de pain, d'olives et de figues sèches. Le deuxième jour on a déjà offert sur la tombe aux *Tolba* et aux pauvres un repas de figues et de pain. Ce repas s'appelle *tefriq*.

Le deuil est de courte durée ; les hommes ne se rasent pas la barbe pendant deux mois, ne s'épilent pas et ne se coupent pas les ongles. Les femmes s'habillent de coton blanc, ne se fardent pas ; le jour de sortie de deuil, on doit prendre un bain de purification et envoyer un repas de *sadaqa* ou aumône, au nom du mort, aux pauvres.

Pendant quarante jours après le décès on réserve la part du mort sur les repas de la famille et on la donne aux pauvres.

Le quarantième jour, on bâtit la tombe et on envoie une aumône de nourriture aux écoles et aux *Tolba* pour alléger les souffrances du mort.

Lorsqu'une personne meurt hors de la ville, on n'entre pas son cadavre dans la ville pour l'inhumer, car tout renchérirait immédiatement et la vie deviendrait impossible. C'est pour cette raison qu'on inhuma hors de la porte de Bab Rob, à Marrakech, l'Imam Souhaïli, qui mourut en arrivant de voyage. Dans la nuit, il apparut en rêve à tous les habitants et leur reprocha leur mauvais procédé à son égard et leur dit que si, faisant exception à la règle, on avait inhumé son corps dans la ville, il l'aurait au contraire protégée à tout jamais contre la vie chère. On reconnut alors qu'il était un grand saint et on lui éleva un tombeau.

On pense que les saints, les *moujaheddine*, c'est-à-dire ceux qui sont morts pour la guerre sainte, les gens qui ont montré une piété particulière ne pourrissent pas dans leurs tombeaux. Ils y sont seulement endormis et peuvent quand ils le veulent en sortir sous leur forme corporelle.

Respect dû aux Morts et Fêtes des Morts. — On doit toujours témoigner du respect aux morts. Si on passe près d'une tombe effondrée et qu'on y voit des ossements, on doit les ramasser et les ensevelir.

C'est aussi une grande faute d'enjamber une tombe si on n'a pas de pantalon. C'est une offense au mort.

Il y a deux jours par an consacrés au culte des morts, le vingt-septième jour du Carême et le jour de l'Achoura. En outre, on rend visite aux cimetières tous les vendredis. Pendant ces jours, l'âme vient visiter sa tombe et voir si elle est regrettée. Si une mère va sur la tombe de ses enfants, leur petite âme vient se poser sur ses genoux pour se faire bercer. Le vendredi, les jours du vingt-septième jour du Ramadan et de l'Achoura, tous les mendiants se mettant sous la protection des ancêtres présents sur la terre, mendient en leur nom, *Ala l'oualidîne*.

Le vingt-septième jour du Carême on fait une grande *ziara* ou visite dans les cimetières ; on donne l'aumône sur les tombes, on y jette de l'eau lustrale et on plante sur les tombes des rameaux de myrte. Ces rites funèbres se font dans le but d'obtenir de Dieu le pardon des fautes commises par les morts ; le vivant n'en retire aucun profit.

Le jour de l'Achoura les rites funèbres dominent la scène ; outre ceux pratiqués habituellement, on inonde les tombes et les porteurs d'eau se transportent tous dans les cimetières pour porter l'eau nécessaire à cette lustration générale. Une aumône particulièrement agréable à Dieu est de faire jeter de l'eau sur les tombes abandonnées. Les enfants orphelins viennent avec une cruche de poterie décorée de peintures bleues et rouges arroser la tombe de leurs parents. Une autre forme d'aumône très recherchée est d'acheter de ces petites cruches et d'en faire faire don aux enfants. Au jour du jugement dernier, l'âme des enfants transformée en oiseau viendra avec la petite cruche offerte le jour de l'Achoura verser de l'eau dans la bouche brûlante du donateur et le désaltérer. On fait aussi le jour de l'Achoura des pâtisseries en l'honneur des morts. Ces pâtisseries représentent des poules, des pigeons, des cigognes, des ciseaux, de petits bracelets, de petits paniers, des tresses de cheveux, des poissons. Ces pâtisseries sont décorées et peintes de plusieurs couleurs. On en fait dans les familles et on en vend aux abords des cimetières pendant la *ziara* ou visite. Elles ont la Baraka des morts et on en rapporte aux malades qui n'ont pu aller remplir leur devoir envers les âmes des défunts.

Croyances relatives à la mort chez les Juifs. — Les Juifs ont certaines croyances et certaines coutumes spéciales au sujet de la mort. Quand il y a un mort dans une maison on n'y laisse pas rentrer de chat. On croit que si un chat passait sur le cadavre il ferait revivre le mort pendant quelques instants et la seconde agonie serait plus cruelle que la première.

Quand un rabbin ou un homme pieux meurt on lui fait subir aussitôt le décès des supplices qui lui épargneront les tourments de l'ange de la mort. Ainsi on lui brûle les yeux et les ongles avec une bougie ; on l'étrangle, on le lapide et on le traîne aux quatre coins de la chambre en le battant avec un bâton. Si un mort a les yeux ouverts, c'est qu'il y aura d'autres morts dans la famille dans le courant de l'année.

Les Juifs croient que l'âme reste un an dans sa maison au milieu des siens ; elle espère toujours que la mort n'est pas définitive et qu'elle réintègrera le corps.

Au bout de l'an on construit la tombe du mort et un de ses parents prend une grosse pierre sur laquelle il récite une prière, puis la jette sur la tête du cadavre. Alors l'âme comprend que sa place n'est plus parmi les vivants. Pendant toute l'année qui suit le décès on allume une veilleuse pour le mort dans sa maison. Au bout de l'an on porte cette veilleuse dans une synagogue où les gens ayant le culte de leurs morts continuent à l'entretenir.

Lorsqu'un rabbin meurt on met aux enchères le droit de tenir la tête et les pieds du corps pour la descente dans la tombe. L'enchère pour tenir la tête est plus élevée que pour tenir les pieds. L'argent ainsi obtenu est donné aux orphelins et à la famille ou bien à la synagogue. Cette enchère est très courue. Celui qui l'emporte achète ainsi le pardon des fautes commises jusqu'au jour de l'enchère.

Le cercueil d'un homme est porté au bout des bras, celui des femmes sur les épaules parce qu'on est obligé de l'éloigner de la terre pour qu'il ne soit pas assailli par les diables. On doit jeter quatre parcelles d'or aux quatre coins de la tombe avant d'y déposer le corps. Après avoir suivi un enterrement on doit se laver les mains pour se purifier de la souillure de la mort.

Les membres de la famille reviennent pieds nus du cimetière après l'enterrement et ne sortent pas de chez eux pendant une semaine. Il y a une interdiction de manger de la viande pendant un mois pour tous les membres de la famille du mort en signe de deuil, et pendant une année entière on ne se fait couper ni les cheveux, ni la barbe, et on porte de vieux vêtements.

Au bout de l'an on offre sur la tombe du mort du thé et des galettes en forme d'anneaux aux amis et parents du mort ; on envoie un repas aux pauvres et on met des vêtements neufs.

Dans chaque cimetière juif il y a une partie qui est considérée comme interdite aux vrais croyants. Quand un Juif s'est mal conduit c'est dans cette partie qu'on l'enterre ; pour choisir l'emplacement de la tombe, le fossoyeur fait tourner sa pioche en l'air et la lance au hasard. Là où elle tombe se fait l'inhumation du mauvais Juif.

Quand un Juif rencontre l'enterrement d'un

LA MALADIE ET LA MORT

Musulman, s'il fait mentalement un souhait ce souhait est toujours exaucé par Dieu parce qu'il est content d'avoir supprimé un mécréant.

Si un Juif entend un bruit de cloche dans ses oreilles, c'est que l'ange de la mort est venu pour peser dans sa balance la durée de sa vie. Le bruit entendu est fait par le poids en tombant dans la balance. Comme il l'a entendu, sa vie sera encore bien longue et il dit aussitôt : « Je mangerai tout le sel du lac Zima avec sept fois son contenu de blé. »

Entendre un tintement de cloches est un signe de longue vie.

CHAPITRE XII

L'ALIMENTATION

Culture du blé et de l'orge. — Superstitions relatives au pain et aux aliments. — Le jeûne. — La *kimia* ou multiplication des aliments.

CULTURE DU BLÉ ET DE L'ORGE. — Le blé et l'orge sont à la base de l'alimentation des Marocains ; aussi la culture des céréales est entourée de rites nombreux dans le but de rendre les récoltes abondantes.

Lorsque le laboureur doit commencer les semailles il se lève dès l'aurore, fait ses ablutions et sa prière, puis il se rend sur son champ. Prenant dans ses mains la première poignée de grains qu'il va jeter dans la terre, il salue de son bras tendu les quatre points cardinaux ; ensuite il commence à semer. A partir des semailles il ne s'épile plus, pour que la terre ne présente pas d'îlots dénudés. Pendant qu'il sème, sa femme défait ses cheveux, les peigne et les fait tomber sur ses épaules pour que les blés soient aussi épais ; mais celles qui ont les cheveux courts ou qui sont chauves ne découvrent pas leurs cheveux pour les montrer à la terre, car si elles accomplissaient ce rite, les chaumes seraient courts et mal venus.

La femme du fellah fait une galette qu'elle dépose sur le soc de la charrue et qu'elle partage ensuite aux enfants. Par ce sacrifice elle pense rendre le travail de la charrue plus fécond. On casse aussi des grenades et on jette des dattes sur le soc de la charrue pour que les épis soient chargés de grains.

S'il y a dans la maison du laboureur une nouvelle mariée dont le mariage a été consommé après les semailles de l'année précédente, le mari ou le père de cette jeune femme prend la première mesure du blé qu'il doit semer et à pleines poignées il lui en frotte la tête. Ensuite il sème ce blé le premier en disant : « *Had el guemh ala saad l'aarossa*. — Ce blé sur la chance de la nouvelle mariée » ; si la récolte est abondante, c'est que la femme a été bien choisie et a une grande baraka. La femme du cultivateur ne met pas de *koheul* à ses yeux le jour des semailles ; si elle en mettait, les épis auraient la rouille.

    On croit que la charrue a été emportée du Paradis par Adam.

    On prête une âme au blé. On dit qu'il naît et meurt comme un homme. On le compare même à un homme dans son développement. On dit :

« Il germe petit, il commence à grandir comme un enfant. Quand il est en épis « c'est un homme avec de la barbe (un homme adulte) ». Quand il meurt c'est un vieillard ; quand on le coupe c'est la mort, quand on le bat, on lui fait traverser le pont qui précède le Paradis ; quand on le vanne, il va en Paradis et la paille en Enfer. »

Lorsque l'époque de la moisson est arrivée, c'est le propriétaire du champ qui coupe la première gerbe. En le coupant, il dit :

Hassedt el baraka, ma hassedt zraa.
J'ai fauché la baraka, je n'ai pas fauché le grain.

Cette première gerbe est attachée avec un brin de laine non filée et suspendue à la principale poutre qui soutient le toit de la *Khaïma*. On l'appelle *ghemart el baraka*, la gerbe de la Baraka. Ou bien on en fait un pain qu'on jette dans le silo où sera conservé le grain pour lui garder la baraka de la récolte.

L'année suivante, au moment de semer le maître du champ prend la première gerbe conservée et l'égrène dans le blé à semer afin de lui communiquer la baraka de la récolte précédente. La deuxième gerbe est aussi envoyée à la maison. Aussitôt moulue, on en fait une galette très grosse et un peu molle, ressemblant à la Fougace[1] et appelée *Mella*. Aussitôt cuite toute la famille la mange en commun en buvant du thé.

On ne doit pas battre l'orge avant l'*aancera* à cause de

---

1. Fougace, ou fougasse : pain provençal.

la baraka de l'*aancera* qui fait augmenter les récoltes.

Pour entrer sur l'aire à battre les travailleurs doivent avoir fait leurs ablutions pour être en état de pureté. Ils doivent y entrer pieds nus. Tous ceux qui marchent sur l'aire à battre doivent se déchausser même s'ils ne travaillent pas et demander à Dieu de donner la baraka à l'aire. En battant les grains, pendant que les bêtes piétinent, les hommes chantent :

> *Darsou ia l'malaika.*
> Anges, battez le grain.

Quand le grain est battu on sacrifie un mouton sur l'aire à battre. On fait aussitôt des grillades avec le foie, le cœur, et les poumons et tous les travailleurs doivent en manger.

Quand la meule de grains est terminée, on met au-dessus une faucille, dans le but de la garder contre les génies voleurs qui viendraient s'y approvisionner. On l'appelle *assassa*, la gardienne.

On y met aussi une motte de terre prise dans le champ qu'on a fauché. Quand on vient mesurer le blé on rejette cette motte de terre dans le champ pour lui conserver la baraka du grain.

Lorsque après avoir mesuré le blé on commence à l'emporter pour le rentrer, si le tas ne diminue pas, c'est que le maître du champ va mourir.

Quand on a du blé charançonné dans les silos, on va

prendre une mesure de terre au tombeau d'un saint et on la mélange avec le blé charançonné. Aussitôt les charançons s'enfuient par la protection du saint qui devient le gardien du blé.

SUPERSTITIONS RELATIVES AU PAIN ET AUX ALIMENTS. — Le pain est considéré comme un aliment sacré qu'on ne doit jamais souiller. C'est pour avoir souillé un pain qu'une négresse a été ensorcelée dans la lune. Si on trouve un morceau de pain à terre on doit le ramasser, l'embrasser et le déposer dans un endroit où rien ne le salira. Certains, après l'avoir embrassé, en mangent un morceau.

Une seule personne doit partager le pain à table. Si après que le pain a été partagé, une autre personne en prenait un morceau pour le diviser encore et l'offrir aux hôtes qui sont à table, on penserait qu'elle cherche un motif pour se disputer avec celui qui a fait le premier partage.

Le plat qui sert à pétrir le pain ne peut servir à un autre usage.

On ne donne pas de levain après trois heures de l'après-midi car on donnerait toute la chance de la maison. Si on emprunte du levain on doit toujours le rendre, autrement on aurait une éruption d'herpès autour de la bouche.

On ne donne pas davantage de feu le soir. On ne prête pas non plus le soir la marmite ni le tagine dans lequel on cuit le pain. Si on prête le plat à cuire le pain, on doit le faire en plein jour et le donner enveloppé, sinon il viendrait des taches noires sur la figure de la prêteuse et de l'emprunteuse.

Le *smen* ou beurre fondu ne sort pas de la maison la nuit car la fortune le suivrait.

Celui à qui on offre un pot de lait aigre ne doit pas le renvoyer vide. Il doit mettre dans le pot un brin de menthe ou à défaut un brin d'herbe. Si le lait aigre a été offert dans une *chkoua*, petite outre de peau tannée, on doit attacher après un brin de laine en la rendant.

Si on passe auprès de quelqu'un qui porte du miel, du lait ou du lait aigre, on doit y tremper un doigt et le mettre à la bouche, pour ne pas lui donner le mauvais œil.

Si on fait bouillir du lait et qu'il passe au feu c'est que les diables en désiraient, on doit leur en offrir une assiette.

Du reste quand on fait la cuisine on doit prélever sur les aliments trois petites parts crues que l'on dépose à leur intention sur les trois pierres du fourneau.

Quand on a terminé la cuisson des aliments, on ne doit pas éteindre le feu en jetant de l'eau dessus ni cracher sur les braises pour que les diables reviennent y cuire leurs aliments ou s'y chauffer. On doit laisser le feu à leur intention et il s'éteint seul. Il est interdit d'uriner sur le feu. Ceux qui le font par méchanceté en seront punis par un œdème des organes génitaux.

Si quand on a fini de manger on veut s'essuyer le visage avec une serviette qui a servi à un autre, on fait discrètement

L'ALIMENTATION

le geste de cracher dedans pour que le repas ne se termine pas par une dispute.

LE JEÛNE. — La veille du premier jour du mois du Ramadan, il est coutume d'offrir des dattes à ses amis pour que le Carême leur soit facile. Quand le Sultan réside à Marrakech, le Pacha de la ville lui offre ce jour-là une *hedya* de dattes. En outre pendant tout le Carême la rupture du jeûne se fait avec des dattes pour faciliter le jeûne du lendemain.

Le quinzième jour du Carême, on doit faire un bon repas et manger des pâtisseries au miel pour le même motif. On donne ce jour-là une quantité de jouets aux enfants car on est heureux d'avoir bien fait la première moitié du jeûne et on veut ne voir que des visages heureux. Le bonheur des enfants allègera la fin du Carême.

Le lendemain du dernier jour du mois du Carême, on doit, pour premier repas, prendre une *assida* ou bouillie de blé écrasé, arrosé de miel et de beurre, pour que l'année soit bonne et qu'on ait tout en abondance.

C'est pour la même raison que la première semaine d'*ennaïr* (janvier), on doit chaque matin manger une *assida* de blé, d'orge, de maïs, d'ilane[2], de riz, etc.…

Le premier jour on fait une bouillie de maïs ; on l'appelle *assida enta dehb*, bouillie d'or ; le deuxième de blé et on l'appelle bouillie d'argent, et le troisième d'ilane, et on

---

2. Ilane : semoule de mil ou de millet.

l'appelle bouillie de bronze.

Le jour d'*ennaïr* les fellah sacrifient sur leurs champs autant de têtes de volailles qu'il y a de personnes dans la *khaïma* ; ils mangent des œufs aussi ce jour-là, pour assurer la fécondité de la terre et la richesse de la moisson.

Le premier Carême d'une jeune fille est l'occasion d'une petite fête de famille. On envoie inviter les amies de la jeune fille et c'est elle qui les reçoit. On la pare de ses plus jolis vêtements et on l'expose sur l'*ammarya* ou chaise de mariage ou sur des coussins si on n'a pas d'*ammarya* ou sur une échelle. Elle est voilée complètement pour que les génies invisibles ni les amies présentes ne lui jettent le mauvais œil. Quand par des fumées d'encens, on a conjuré ce mauvais œil, on la dévoile et elle reste un moment ainsi exposée. Ensuite on lui met une pièce d'or sous la langue, on lui fait boire trois gorgées de lait avec une cuillère d'argent, et on lui fait manger trois dattes. Tous ces petits rites ont pour but de lui rendre son carême agréable, ensuite elle préside le repas offert à ses invitées.

Pour qu'elle soit bonne ménagère et qu'elle fasse de la bonne cuisine, avant que la jeune fille ne soit nubile, on lui écrase dans les mains des testicules de coq. Pour qu'elle demeure attachée au foyer, le jour où elle a ses règles pour la première fois, on lui fait toucher les trois pierres du foyer de son index taché par le premier sang menstruel.

Quand on prépare la viande du mouton de l'Aïd El-Kebir pour la conserver, on met précieusement de côté

L'ALIMENTATION

la queue de l'animal que l'on sale et sèche avec soin. Ainsi préparée cette queue s'appelle *diala*. Le soir du jour du *chaala* ou feux de joie de l'Achoura, on fait cuire cette *diala* avec un couscous et tous ceux qui en mangent sont assurés d'avoir de la viande toute l'année.

Quand on a une vache qui a mis bas, pendant sept jours on ne donne pas de feu aux voisins. On fait bouillir le colostrum qu'on appelle *leba* et on en offre à tous les membres de la famille et aux amis comme prémisses. Jusqu'au septième jour on ne consomme pas le lait, mais on le met dans la baratte pour qu'elle soit toujours pleine de beurre.

LA KIMIA OU MULTIPLICATION DES ALIMENTS.

— On croit à une force magique qui pousse à la multiplication des matières nécessaires à la vie et à l'accroissement de la fortune de celui au profit duquel elle se manifeste. Cette force s'appelle la *kimia* ; mais la *kimia* disparaît si on y fait seulement allusion.

Ainsi une femme possède pour toute provision une seule jarre de farine ; par la *kimia* elle vit très longtemps de cette petite provision. Un jour on s'en étonne devant elle et elle raconte son bonheur, mais quand elle retourne puiser à sa jarre, elle la trouve vide.

La *kimia* multiplie l'huile, le pain, la viande, et en général tous les aliments. Elle se manifeste à ceux qui en bénéficient par un petit point brillant comme le phosphore d'une allumette. On le ramasse sans parler et on le jette dans la matière que l'on veut voir se multiplier. D'autres fois c'est sous la forme d'un ver luisant que cette apparition se produit. La *kimia* ne se manifeste jamais quand il y a plusieurs personnes. Comme la chance, elle ne va qu'à l'individu lui-même.

On observe dans les repas la séparation des sexes. Il est très rare qu'un mari fasse asseoir sa femme à sa table. Même s'ils mangent en commun on les sert sur des tables séparées.

En général, la politesse veut qu'on ne vide pas les plats. A celui qui, mangeant gloutonnement, se sert trop copieusement, on dit : « Laisse au moins une bougie pour Sidi Bel Abbès.»

Pour montrer qu'on a été bien reçu et remercier son hôte, on pousse à la fin du repas des éructations sonores et répétées du plus désagréable effet pour les Européens.

chapitre XIII

CONSTRUCTION ET MÉTIERS

La maison. — Maisons construites par des génies. — Pour que les génies de la maison soient bienveillants. — La porte du Mellah de Marrakech. — Contre l'incendie. — Généralités sur les métiers. — Métiers faits par les femmes. — Les bouchers : Légende de Sidi Mohammed Ben Salah. — Les tanneurs. — Le mensonge des teinturiers. — Les Barbiers.

La Maison. — Après avoir choisi l'emplacement de la maison, on jette sur le sol du harmel pour se rendre favorables les premiers occupants du lieu qui sont les génies. On arrose tout l'emplacement choisi avec de l'eau pour le même motif. Quand on a creusé la terre pour faire les fondations on ne doit pas marcher chaussé sur le mur en construction car il ne serait pas solide. Si quelqu'un enfreint cette défense, les maçons lui arrachent les chaussures et l'obligent à les leur racheter au prix fort. Le propriétaire de l'immeuble lui-même doit aussi observer ce tabou. En construisant les murs de terre, les maçons chantent la *Chahada* pour que le travail soit bien fait. Parfois ils invoquent Moulay Abdelkader Djilani. Ce saint est enterré à Bagdad. Il y a cinquante-cinq portes dans son sanctuaire et chaque fois que le nom du saint est prononcé, le marteau de chaque porte frappe seul pour avertir le saint qu'il est imploré.

Quand on a commencé une construction, on doit la terminer. Si on abandonnait la construction, quelqu'un de la famille mourrait dans l'année.

Maisons construites par les Génies. — Il y a à Marrakech, dans le quartier de Sidi Bel Abbès, une maison qui n'a jamais été terminée et dans laquelle il y a une interdiction de creuser un puits ou d'amener de l'eau même par une canalisation. Cette maison a été construite par les génies et elle appartenait au Sultan Noir qui la donna au saint Cheikh Mohammed Ben Azouz des Rehamma pour en faire sa Zaouïa. Mais le saint savait qu'en lui donnant cette maison, le Sultan Noir voulait lui jouer un mauvais tour, car elle était habitée par des génies et gardée par un *âfrit*. Cependant il accepta le don du Sultan et se rendit à cette maison pour en prendre possession. Quand il y arriva, il trouva devant la porte un superbe esclave nègre qui lui souhaita la bienvenue. Le saint ayant deviné que c'était l'*âfrit* qui avait pris cette apparence, fit

CONSTRUCTION ET MÉTIERS

une incantation à haute voix et l'esclave, se changeant en un horrible monstre, se sauva à l'intérieur de la maison. Le saint le poursuivit jusqu'au puits, mais l'*âfrit* pour lui échapper sauta dans le puits et le saint l'y emmura. En se sauvant, l'*âfrit* prononça une malédiction par suite de laquelle il fut interdit au saint et à ses descendants de terminer la maison et d'y creuser un puits ou d'y bâtir une fontaine. Cette maison qui a plusieurs siècles d'existence est entièrement vermoulue et n'est même pas crépie. Les galeries des étages ne sont pas entourées de boiseries et les descendants du saint prétendent qu'on peut marcher dans ces ruines sans aucun danger ; ils vont jusqu'à croire que si, pris de vertige, on tombait dans la cour, on ne se ferait aucun mal. Cette maison a un tel caractère magique que lorsque l'agitateur El Hiba vint à Marrakech, en 1912, il envoya ses soldats en prendre possession, car il voulait se faire un allié de l'*âfrit* qui la garde toujours, emmuré dans son puits.

On croit aussi que la Koutoubya de Marrakech a été bâtie par les génies. Le mari la construisait tandis que sa femme ramassait les pierres à quelques kilomètres à *Roua* Moulay Zidâne, à l'écurie de Moulay Zidâne, et les lui lançait. Elle fut d'abord démesurément haute et l'on voyait la Mecque quand on avait atteint son sommet ; mais un jour, deux oiseaux *âfrit* se disputaient dans les airs ; en s'enfuyant, l'un d'eux accrocha une de ses ailes dans le sommet de la tour et pour se dégager il battit plusieurs fois de l'aile et l'enfonça dans le sol.

Quand on place la porte d'entrée de la maison achevée, on fait sur le seuil un sacrifice d'un mouton aux génies de la maison. Le sang du sacrifice est laissé sur le sol et les ouvriers qui l'ont construite se partagent l'animal.

Pour que les Génies de la Maison soient favorables. — Lorsqu'on va habiter une maison neuve, on doit faire franchir le seuil d'abord par un jeune homme impubère ou par une jeune fille vierge, ce qui paraît être un sacrifice simulé. Les nouveaux habitants entrent ensuite. Dès qu'on est entré dans une maison neuve, on doit en ouvrir toutes les portes et toutes les fenêtres pour que les génies qui l'occupaient puissent en sortir et on leur offre des fumées d'encens dans tous les endroits où ils se tiennent de préférence.

Quand on emménage dans une nouvelle maison, il faut en franchir le seuil du pied droit en demandant à Dieu de donner aux nouveaux occupants l'argent licite et d'éloigner le mal. On jette du sel dans tous les coins, on sacrifie une poule ou un mouton aux génies de la maison. On ne doit pas y allumer de feu le premier jour et les voisins doivent envoyer le premier repas qu'on y consomme afin que les relations à venir soient cordiales.

Ensuite, pour que la rencontre avec les génies soit heureuse et que ceux-ci pardonnent aux locataires qui viennent les troubler, on leur offre un repas de *bciça* (poule cuite sans sel avec de l'encens, du bois d'aloès, de santal, etc....). On partage

CONSTRUCTION ET MÉTIERS

ce repas en autant de parts qu'il y a d'endroits aimés des diables et on les appelle en déposant toutes ces petites parts. C'est en général la plus vieille femme de la maison qui accomplit ce rite. Elle fait d'abord ses ablutions ; puis, après avoir déposé le repas des génies, elle met ses deux mains derrière son dos, prenant l'attitude des suppliants, et elle s'écrie :

> *Ya l'radiyne*
> *Ya l'hadrine*
> *Eddiou l'ghaïbine.*

> O les passants,
> O les présents,
> Emportez la part des absents.

Ensuite elle prend le brûle-parfums et encense la maison en récitant à demi-voix l'incantation suivante :

> *Ahna Msselmine — ou talbine diaffine Allah — ou diaffine koum — ou ahna mzaouguine — ànd Lalla Mkouna Bent Mkoun — Bent Soultane ed Djenoude*

> Nous sommes des Musulmans — Nous nous réclamons d'être des hôtes de Dieu et vos hôtes — nous nous mettons sous la protection de Lalla Mkouna, fille de Mkoun, fille du Sultan des diables.

Quand elle est passée par tous les coins, qu'elle a franchi tous les seuils, s'est arrêtée aux égouts, à la fontaine, à la cuisine, aux cabinets, la famille entière va se coucher en paix.

Lorsqu'on achète une bête au marché : mule, cheval, âne, vache ou mouton de l'Aïd-El-Kebir, on l'amène sur le seuil de la maison et on lui présente un plateau de vannerie sur lequel on a mis un bijou d'argent et de la farine. On prend le pied droit de devant de l'animal et on le pose sur le plateau pour qu'il amène avec lui richesse et bonheur. On lui touche le front avec du lait pour le même motif.

Quand un homme construit constamment de nouveaux immeubles, on lui chante :

Ya l'bani, bani l'kherour
Idzik ma t'âliha
T'âliha ou tebeni l'ksour
Ou t'mout ou t'khalliha.

O constructeur qui construit des maisons peu durables,
Assez, ne va pas si haut
Tu vas plus haut et tu bâtis un château,
Et tu mourras et tu le laisseras.

CONSTRUCTION ET MÉTIERS

CONSTRUCTION DE LA KHAÏMA. — Pour édifier la khaïma des paysans, qui est faite avec des parois de laine de chameau ou de chèvre tissée, on observe quelques vieilles coutumes.

La pièce de laine s'appelle *flij*. On pose les *flij* sur le sol, on les frappe vivement avec un bâton pour en chasser les génies et on les coud ensemble. Ensuite on plie la pièce ainsi obtenue en quatre. On met de chaque côté les montants de bois de la tente, puis on fait asseoir un enfant au milieu.

Cet enfant a la bouche et les oreilles remplies de farine. On le fait sauter trois fois au-dessus des *flij*, puis on emporte les *flij* et l'enfant sur l'emplacement choisi pour monter la tente. Alors on enlève l'enfant et on dresse la tente. Ces rites ont pour but de donner à la tente la solidité qui la rendra durable, et d'assurer le bien-être et l'abondance aux gens qui l'habiteront. Ce sont les hommes qui les accomplissent pendant que les femmes poussent des youyous.

LA PORTE DU MELLAH DE MARRAKECH. — Autrefois, on enfermait certaines matières dans les murailles pour assurer la protection d'une ville ou d'un quartier. C'est ainsi qu'il y a à Marrakech une porte du Mellah, exactement la porte qui est au bout de la *Qissaria* et qui fermait l'ancien Mellah, dans le pilier droit de laquelle le rabbin Mardochée Ben Attar emmura une cruche d'huile qui protège le Mellah contre l'envahissement des ennemis et l'empêche d'être pillé ; les

Musulmans ont voulu pénétrer par la violence dans le Mellah de Marrakech de nombreuses fois et n'y sont jamais parvenu. Après chaque assaut infructueux, on rendait grâce à la porte. Encore à l'heure actuelle, aucun Juif ne quitte le Mellah le matin sans faire une prière devant ce pilier en posant sa main droite à plat sur la pierre.

On emploie aussi l'huile dans la construction de magasins pour amener la fortune du commerçant. On en verse dans le trou dans lequel tournera la porte ; pour la même raison on attache des sachets de levain aux murs avant d'y apporter la marchandise qui y sera vendue.

Contre l'Incendie. — Pour protéger les maisons contre l'incendie, on y suspend une grenouille séchée et salée. La grenouille habitante des eaux éloigne le feu.

Quand il y a un incendie, on prend cette grenouille et on l'attache après soi ; on peut alors sans danger pénétrer sur le lieu du sinistre pour aider à éteindre le feu et sauver les gens en danger.

On entoure le maître maçon d'égards pour que la maison soit bien construite et en lui parlant on l'appelle Monseigneur le Patron.

Généralités sur les Métiers. — On méprise celui qui n'a pas de métier ; on dit :

CONSTRUCTION ET MÉTIERS

Ikhiet znaqi
Ou ifeccel driba.

Il coud les rues
Et taille les impasses.

Les métiers sont en général exercés de père en fils ; on dit couramment :

Elli bah kherraz itbââ l'ghorza.
Celui dont le père est cordonnier suit le point.

Ce proverbe a un double sens ; il s'adresse aussi aux gens à l'esprit subtil qui comprennent à demi-mot.

Lorsqu'on veut choisir un métier, on demande conseil à un saint. Dans tout le sud marocain, Moulay Brahim indique le métier ; Moulay Abdallah Ben Hossaïne l'accorde et Moulksour y met le sceau, c'est-à-dire qu'il confirme le don du métier.

On fait donc un pèlerinage au sanctuaire de ces trois saints ; on couche trois nuits dans chaque sanctuaire, et le saint apparaît en rêve pour donner le métier.

Le saint Moulksour procure une occupation lucrative à tous ceux qui la lui demandent. Il faut pour l'obtenir aller pendant quarante jours de suite le matin avant la prière du *feger* (aube), boire trois gorgées d'eau sacrée dans son sanctuaire.

Tous les métiers ont leur saint protecteur dans chaque localité. Cependant, certains saints protègent le même métier dans tout le Maroc. Ainsi Moulay Idriss est le patron des pâtissiers ; les Chérifs d'Ouezzan sont les saints patrons des marchands d'huile, de beurre et de miel. Il n'y a d'ailleurs que des gens du Touat qui fassent ce métier. Les charpentiers et menuisiers ont Sidi Noh, Noé qui construisit la barque sur laquelle il sauva les animaux et la race humaine du *gherak Farâoun*, du déluge des Pharaons.

Quand les apprentis sont trop bornés et n'apprennent pas facilement leur métier, leur patron leur fait faire le tour du tombeau de sept saints avec une confrérie religieuse, ou bien on les fait travailler dans le sanctuaire du saint patron de leur métier. Quand un nouveau venu dans la corporation cherche un magasin pour y exercer son métier, c'est l'*amin* de la corporation qui le lui procure. Le nouveau venu doit offrir une *Zerda* ou repas communiel à tous les membres de la corporation. Tous les invités sont tenus d'apporter du sucre et des bougies de cire, pour que les relations à venir soient claires et douces. A ce repas, on doit aussi manger des dattes en commun pour avoir du profit ensemble et être toujours en bon accord.

MÉTIERS FAITS PAR LES FEMMES. — Certains métiers sont toujours faits par les femmes. Ce sont elles qui traient les bestiaux, font le beurre. Elles élèvent les vers à soie. Lorsqu'elles ont mis des vers à soie à éclore et tant que dure l'élevage, il est interdit de piler dans le mortier pour ne pas leur faire peur. On ne doit pas pour la même raison frapper à leur porte. On ne bavarde pas dans la maison. L'accès des salles d'élevage n'est permis qu'aux femmes qui ont fait leurs ablutions. Si une femme ayant ses règles y entrait, les vers mourraient de maladie.

Ce sont les femmes qui filent et tissent la laine pour en faire des tapis ou des vêtements. Elles filent aussi le coton, mais ce sont les tisserands qui le tissent. C'est un grand compliment de dire d'une femme que c'est une bonne fileuse.

Quand des femmes sont réunies et filent en racontant des histoires, si une vieille arrive, elle regarde le travail de chacune et donne son opinion. S'il y a dans le nombre une mauvaise fileuse, elle redoute cette visite.

Quand les fileuses sont réunies, elles s'entraînent à aller vite et à la fin de la soirée, elles mesurent leur ouvrage. Celle qui en a fait le moins reçoit une tape sur la main et doit donner aux autres le déjeuner du matin.

Les fileuses racontent des contes en filant. Elles chantent aussi une petite chanson à leur quenouille pour l'encourager à aller vite et à faire du bon ouvrage :

Ghezli, ghezli ya meghezelti
Enta fi yed Allah ou Rassoul Allah.

File, file, ma petite quenouille,
Tu es sous la garde de Dieu et de son Envoyé.

Quand le fil se casse trop souvent et qu'elle ne retrouve pas l'autre extrémité, la fileuse frotte sa quenouille sur la tête en disant :

Dans la maison de l'Arbi le Noir,
On a fait de la *dehicha* (plat d'orge concassé) et de la tête de mouton.

Elle répète cette formulette deux fois et retrouve son fil qui avait été embrouillé par les diables.

Les fileuses redoutent le mauvais œil ; avant de filer, elles attachent après leur quenouille un sachet contenant du harmel, de l'alun, de la rue, pour éloigner le mauvais œil des gens et des génies qui leur ferait faire du mauvais travail.

Pour travailler toute l'année, les fileuses filent le premier jour de l'an ; mais elles ne filent ni les jours de fête, ni le vendredi, ni le samedi soir. Si elles enfreignaient cette défense, leur travail ne leur rapporterait rien.

Dans le sud du Maroc, on consacre les outils du métier des fileuses, quenouilles, dévidoir, peigne à carder, à Sidi Embarek Derraz. Ces outils, ainsi que le métier à tisser, ont été donnés par Dieu à Lalla Fatime Zohra, fille du Prophète, qui, à son tour, les a donnés aux femmes.

Quand une jeune fille veut apprendre à filer, on l'amène dans le sanctuaire du saint protecteur du métier et, après avoir posé ses outils un instant sur son tombeau, on lui fait filer ses premières mèches de laine.

La nouvelle mariée ne doit pas filer la laine pendant quarante jours. Mais le septième jour, avant de remette sa ceinture, elle doit filer une mèche pour devenir une bonne fileuse.

Le travail des fileuses est mal rémunéré. Quand une fileuse gagne péniblement sa vie, elle attache un brin de laine à la fenêtre d'un sanctuaire d'un saint pour lui demander sa protection. Ces ex-voto se voient en nombre considérable dans tous les sanctuaires. Ils emportent aussi les mauvais sorts qui pèsent sur la quenouille.

A Marrakech, les fileuses demandent tout particulièrement la protection du grand saint Sidi Bel Abbès. Elles vont dans sa *qoubba* et filent une pleine quenouille de laine qu'elles laissent en offrande sur son tombeau, et s'en retournent chez elles. La nuit, le saint leur envoie en rêve un message par l'entremise d'une vieille femme qui leur dit : « Persévère, tu gagneras beaucoup, ou change de métier, car travaillant nuit et jour, tu ne gagneras pas un *metkal* (quarante centimes) de plus. » Les fileuses croient que la nuit des *gennia* viennent les aider ou défaire leur travail.

Il y a de nombreuses légendes sur les fileuses, mais le même motif leur sert de thème. C'est une jeune fille qui ne veut pas apprendre à filer et que sa mère corrige. En entendant ses cris, un passant reproche ses mauvais traitements à la mère. Or, c'est le fils du Sultan, et la vieille l'a deviné. Alors elle ment effrontément. Elle dit à l'inconnu qu'elle bat sa fille parce qu'elle file nuit et jour et ne veut pas prendre de repos, et lui montre une pleine corbeille de laine filée. Le prince émerveillé épouse l'habile fileuse. Quand le quarantième jour arrive, la mère qui a fait le bonheur de sa fille et veut le lui conserver, trace sur son derrière de grosses marques noires et la fait monter à une échelle ; le mari aperçoit ces marques et s'écrie : « Que sont ces marques noires ? » Alors la vieille rouée lui répond : « C'est parce que ma fille est toujours assise à filer, qu'elle a ces traces sur sa peau » ; et le mari qui la veut belle lui interdit de filer.

On dit que le métier à tisser a une âme : quand il est monté, on dit qu'il est vivant et quand il est démonté, on dit qu'il est mort.

Quand on a fini de tisser un tapis ou pièce de tissu de laine, on amène les jeunes filles et on les attache sur le métier en prononçant la formule de *tqaf* ou fermeture pour qu'elles restent vierges jusqu'au mariage.

On vole par magie le profit de la fileuse. Il suffit d'aller la nuit filer quatre quenouilles de laine devant sa maison, le bien n'y entrera plus.

Avant d'abandonner l'ouvrage en train, on doit placer un couteau ouvert au-dessus pour que les génies ne viennent pas voler la laine.

Les femmes cousent très peu. Ce sont les hommes qui cousent les djellabas, les chemises, les pantalons ; les jolis vêtements sont faits par les ouvrières juives. C'est du reste un métier très peu rémunérateur comme celui de brodeuse. Il y a un proverbe qui dit :

Miat ghorza ma t'ouckkelk che khoubza.
Cent points ne te font pas manger un pain.

Aussi ce métier est peu recherché.

On ne tend jamais une paire de ciseaux avec les doigts, on doit les présenter posés à plat sur le dos de la main pour ne pas couper l'amitié. Il en est de même des aiguilles.

Quand une couturière perd son aiguille, elle répète plusieurs fois la formulette suivante : « *Myriem, Myriem*, ton père est allé acheter de la viande », et il est rare qu'elle ne la retrouve point aussitôt.

Il n'y a point de boulangers au Maroc. On fait le plus souvent le pain de la famille à la maison et on l'envoie cuire au four commun. Cependant, dans les villes et les grosses agglomérations, les femmes font du pain pour le vendre au souk. Elles ont même un cri spécial pour vendre leur marchandise. Elles disent : « *Skhoun ou guemh* : chaud et de blé. »

La fête des boulangères coïncide avec celle des *guerrab* ou porteurs d'eau et des patrons de four. Tous ont pour saint protecteur Moulay Yâqoub. A cette occasion, boulangères, porteurs d'eau et enfourneurs se cotisent et achètent un taureau qu'ils offrent au saint en le sacrifiant. A Marrakech, ce sacrifice se fait sur le *Kerkour* de Moulay Yâqoub, dans la Palmeraie. Les pâtissiers et confiseurs sont sous la protection de Moulay Idriss. En vendant leurs bonbons et leurs gâteaux dans les souks, ou dans les *moussem*, ils se placent sous la protection de ce saint et l'appellent à haute voix. Quand aux abords d'un sanctuaire un jour de *moussem* la foule est très nombreuse et empêche les pèlerins de pénétrer jusqu'au tombeau du saint, il suffit d'acheter des bonbons et sucreries à ces marchands pour emporter la baraka du saint.

LES BOUCHERS. — LÉGENDE DU SAINT SIDI MOHAMMED BEN SALAH. — Les bouchers doivent être en état de pureté et avoir fait leur prière pour mettre à mort les animaux de boucherie. On ne dit pas qu'on abat une bête de boucherie, mais qu'on la sacrifie.

On accuse souvent les bouchers de vendre de la viande de bête morte.

Le boucher, quand il rend de la monnaie, est tenu de la déposer sur son comptoir. Il ne doit jamais la mettre directement dans la main du client.

Les bouchers sont sous la protection du saint Sidi Mohammed Ben Salah, enterré à Marrakech.

De son vivant ce saint exerçait la profession de boucher.

Un jour une femme enceinte passa devant son étal et eut envie de tripes appétissantes qui y étaient exposées. Mais comme elle n'avait pas d'argent, elle passa sans s'arrêter. Le saint devina son désir. Il prit ce qu'il avait de meilleur en fait de tripes, le mit dans un panier et fit suivre la femme par son apprenti avec ordre de porter le panier jusque chez elle. Mais arrivé au bout celui-ci le remit au mari. En voyant ces belles provisions, l'homme demanda des explications à sa femme et il entra dans une violente colère quand elle lui répondit qu'elle ignorait d'où lui venait cette libéralité. Il alla chez le Qadi et lui dit : « Quel est le traitement réservé à la femme adultère et à son complice. Prononce. » Le Qadi répondit : « La femme adultère doit être exposée nue dans la ville, assise à rebours sur un âne borgne et boiteux, afin que chacun puisse lui jeter une pierre. Quant au complice il faut lui couper la tête. » Alors, l'homme dit : « La femme adultère est ma femme, et le complice est le boucher Mohammed Ben Salah. »

Le Qadi envoya aussitôt ses soldats se saisir du boucher et exécuter la sentence. Sidi Mohammed Ben Salah se défendit énergiquement du crime dont on l'accusait. Cependant, d'un coup de sabre, le bourreau lui trancha la tête. Mais le corps du boucher resta debout pendant sept jours, la tête sur le sol à côté de lui. Tous ceux qui passaient essayèrent de renverser le corps pour l'emporter sans y parvenir du reste. Enfin le septième jour la sainte Lalla Azzouna venant à passer près de lui mit la main sur l'épaule du saint et lui dit : « Allons couche-toi, Sidi

Mohammed Ben Salah, car tu n'es pas le premier qu'on ait accusé injustement et tu ne seras pas le dernier. » Le corps se coucha aussitôt et on lui fit des funérailles dues aux saints, car on reconnut l'erreur du mari et du Qadi.

On fait maintenant sur la tombe de ce saint un singulier serment. Lorsqu'on accuse une personne de vol ou de crime, et qu'elle s'en défend énergiquement, l'accusateur achète de la viande de boucherie et se rend avec l'accusé au sanctuaire de Sidi Mohammed Ben Salah. Il mord trois fois dans la viande crue, puis il la dépose sur le tombeau et dit : « O Sidi Mohammed Ben Salah, voici ta part. Si cet homme que j'accuse m'a réellement volé et fait sur ton tombeau un faux serment, rends-le fou, aveugle, paralytique, ou fais-le périr de mauvaise mort. Si je l'accuse injustement, que ta malédiction retombe sur moi. »

Les Tanneurs. — Les tanneurs ont pour patron Sidi Fares ; il leur suffit d'invoquer ce saint en commençant à tanner une peau pour qu'elle ne pourrisse pas.

Ce sont les tanneurs de la ville de Marrakech qui offrent tous les ans la chamelle qui emporte au sanctuaire de Moulay Ibrahim tout le mal de la cité. Cette chamelle est promenée en procession dans la ville avant d'être envoyée au sacrifice et tous ceux qui veulent la charger des maux dont ils souffrent, se mettent sur son passage et la frappent avec le pan de leur vêtement.

CONSTRUCTION ET MÉTIERS

Tous ceux qui, en outre, veulent prospérer dans leur métier la chargent de leurs souhaits qu'elle emporte, avec le mal de la cité et que le saint exaucera. C'est ainsi que les couturières attachent des brins de fil à ses poils ; les fileuses des brins de laine ; les boulangères, des nouets de pâte, etc. En outre, avec ces ex-voto, elle emporte aussi la guigne qui poursuit tous ces petits artisans.

Quand la chamelle est sacrifiée, la peau est remise à la corporation des tanneurs. Elle est tannée par l'un d'eux, puis mise aux enchères. Le produit de la vente sert à acheter d'autres peaux pendant toute l'année et le prix de vente de toutes les peaux successivement achetées, tannées et vendues fait boule de neige, si bien qu'à la fin de l'année, si les tanneurs sont efficacement protégés par leur patron, ils ont réuni l'argent nécessaire à l'achat d'une nouvelle chamelle à l'époque du pèlerinage du Miloud.

Le Mensonge des Teinturiers. — Les teinturiers ont une coutume assez curieuse. Quand un teinturier prépare sa teinture, il ne réussit pas toujours la couleur qu'il désire. Pour y arriver, il doit faire un mensonge énorme, mensonge qui doit se répandre rapidement. Il est nécessaire pour que le sort qui pèse sur lui soit annihilé que ce bruit prenne consistance ; car ce n'est qu'après qu'il s'est bien répandu que le teinturier trouve la teinte délicate qu'il cherchait. Ce fait est si connu que lorsqu'une nouvelle extraordinaire est colportée, les gens sérieux refusent d'y ajouter foi, en disant : « C'est encore un mensonge de teinturier. »

Les Barbiers. — Le barbier joue aussi un rôle considérable dans la société marocaine. Il met les ventouses, circoncit les enfants, arrache les dents, coupe les cheveux suivant la règle des différents saints du pays, met les appareils de fracture, pratique la saignée et fait les points de suture. C'est un véritable médecin. On dit qu'il est endiablé et n'a pas de raison parce qu'il est toujours souillé de sang. On l'accuse d'être très bavard. Quand on veut savoir les nouvelles, il n'y a qu'à aller s'asseoir chez le barbier ou chez le savetier : tous deux sont incapables de garder un secret et quand ils n'ont pas d'auditoire, on dit qu'ils racontent ce qu'ils ont appris à leurs outils.

La boutique du barbier est toujours dans un très grand désordre ; aussi, quand une maison est sale et mal tenue, on dit qu'elle ressemble à la boutique d'un barbier.

Il n'y a pas que le barbier qui soit appelé pour soigner les malades. Le meunier touche les ganglions tuberculeux avec le fer à piquer sa meule.

Le menuisier prenant sa scie fait le geste de scier l'abcès du sein ; et le maître du four est appelé à soigner les fous. Il les assoit entre ses jambes pendant les crises furieuses et s'aidant de ses deux genoux, il leur comprime le thorax pour expulser le diable qui cause la crise.

CHAPITRE XIV

RAPPORTS DES HOMMES ENTRE EUX

Achat et vente. — Le vol. — Le voyage et la guerre. — Augure ou *fal*. — Divination. — Rêves.

Achat et vente. — On ne vend pas à crédit la première marchandise vendue le matin. On ne paie rien non plus avant le lever du soleil ni après son coucher. Il n'y a que les ventes et achats d'aliments qui puissent se faire pendant le début de la nuit. Si on n'observe pas ces défenses l'argent ne reste pas à la maison.

Quand on vous paie, si dans un geste de colère on jette l'argent par terre, cet argent récupéré ne procurera aucune joie. Lorsque habituellement on n'a aucune chance dans l'achat de bestiaux ou d'esclaves, on doit, pour conjurer le mauvais sort, faire ces achats sans parler ; après avoir choisi l'animal ou l'esclave on doit mettre dans la main du vendeur la somme que l'on estime lui devoir. Si le vendeur la trouve insuffisante il dit simplement : « Augmente, ajoute » ; ceci tant que le prix de vente n'est pas atteint. Avant de partir au marché vendre du coton, des tissus, de la laine et même des bestiaux, on prend des piments secs, on les jette dans le brûle-parfums et on encense les objets à vendre. On leur passe ainsi les qualités excitantes du piment et on est sûr de tenter l'acheteur et de vendre dans d'excellentes conditions.

Quand on achète une étoffe neuve ou un vêtement, on l'expose pendant trois jours à la vue de tous ceux qui viennent dans la maison avant de l'enfermer dans un coffre. Ceci a pour but d'entraîner un autre achat à la suite. Si on enfermait l'objet aussitôt acheté, on fermerait sur lui la possibilité d'un autre achat. En achetant un vêtement, du tissu, des chaussures, on doit tenir dans sa main gauche bien fermée un brin de menthe ou d'herbe verte pour que la vente ne suscite aucun ennui et que vendeur et acheteur demeurent amis.

Les marchands de pain et de laine attachent autour de leur épaule droite un *herz* ou talisman qui leur assure la vente de toutes leurs marchandises.

Quand un cultivateur emmène son troupeau au marché, il prend dans sa main le prix de la première bête vendue, crache dessus à plusieurs reprises et le cache. Il est ensuite assuré de vendre avantageusement tout le troupeau.

En vendant son raisin le marchand mord dans la première grappe vendue aussitôt que la vente est terminée pour s'assurer une journée fructueuse.

Quand on a vendu un terrain ou une maison, après

la signature de l'acte de vente, les vendeurs et les acheteurs fument tous la même pipe de Kif en disant : « La fumée qui sort de ma bouche entre dans la tienne. »

Quand on achète une bête au marché pour conclure l'accord on donne une claque sur le dos de l'animal et vendeur et acheteur se frappent mutuellement dans la main en disant : « Que Dieu te procure un profit. »

On ne vend pas la corde qui a servi à attacher l'animal pour le conduire au marché, car elle contient toute la chance de l'étable. Si l'acheteur insiste pour qu'on la lui cède, on la coupe et on ne lui en donne qu'une partie. Quand on achète une vache, un cheval, ou une mule au marché, avant de déclarer que la vente est définitive, vendeur et acheteur, se tournant le dos, font quelques pas chacun dans une direction différente.

Alors le *dellal* ou crieur public, qui a mis l'animal aux enchères, le frappe pour le faire avancer. S'il suit son ancien maître, c'est que c'est un animal fidèle et le marché est conclu. Mais s'il divague au hasard ou suit le nouveau maître, celui-ci a le droit de résilier la vente aussitôt, car il considère que ce nouvel animal n'apportera avec lui aucune chance.

Pour empêcher la vente d'un animal auquel elle tient, la femme du cultivateur fait le petit charme suivant : Elle trace un carrefour avec des grains d'ail à l'endroit où couche l'animal ; elle trace un sillon jusqu'à la porte de l'étable ou de la *zriba* (enclos) ; elle y sème des grains de riz, puis elle dépose son peigne à carder la laine auprès du piquet auquel l'animal est habituellement attaché. Par ces pratiques elle pense empêcher la vente, parce que l'ail provoque des discussions sans issue ; que le riz donné en offrande aux génies de l'étable les met dans l'obligation de protéger l'animal et que le peigne à carder s'oppose à la vente par la force magique du *tqaf* ou fermeture.

Elle empêche aussi la vente de son champ en prenant quatre clous à la planche qui sert à porter les morts au cimetière, et en les plaçant aux quatre coins du champ qu'elle enferme ainsi dans un cercle de protection magique.

On se sert aussi, pour empêcher la vente d'un immeuble de la *taïmouma* ou pierre qui sert à faire les ablutions quand il n'y a pas d'eau ; il suffit de la jeter dans le puits de l'immeuble en question pour en éloigner tous les acheteurs. La *taïmouma* et l'eau se détestant entraînent la discorde dans la maison.

Quand on désire louer une boutique occupée par un concurrent, on prend une grenouille, on la gave avec des excréments de singe, de la bougie et du sulfate de cuivre. On la transforme en creuset magique et le lendemain on prend ses excréments et on en enduit les murs extérieurs de la boutique que l'on veut louer. Dans la journée même le propriétaire écoeuré ne peut plus voir son locataire en face et lui donne congé, laissant la place libre à l'envieux.

Quand le commerce est peu actif, pour attirer les clients, le boutiquier se procure de la terre de sept marchés, de sept carrefours, il y ajoute sept pierres du saint local protecteur du commerce (Il y a dans toutes les cités un saint *moul beâ ou chra*, un maître de la vente ou de l'achat), en fait un sachet qu'il suspend au-dessus de la porte de son magasin. Il est assuré d'attirer dans sa boutique autant de monde qu'il en passe sur les marchés ou aux carrefours. On tient beaucoup à l'argent et on dit couramment :

> *Elli ma ândou flouss mahgour granou.*
> Celui qui n'a pas d'argent est méprisé par
> son double.
>
> *Elli Ma ândou flouss klamou messous.*
> De celui qui n'a pas d'argent la parole
> est fade.

Ou bien :

> *Babak ou khouk, ya l'khou, houma draham.*
> Ton père et ton frère, ô frère, c'est l'argent.

De plus les Marocains ont la réputation d'être des commerçants très avisés et très subtils.
Ils disent d'eux-mêmes :

> *Mgherbi ila rebah,*
> *Aarf khouh ma kaïn.*

Si un Marocain a réalisé un bénéfice,
C'est qu'il n'a pas eu affaire à un autre
Marocain.

L E   V O L. — Le vol, bien que de pratique générale, est non seulement puni par les lois, mais entraîne après la mort un châtiment particulier. Ainsi les voleurs de laine rendront toute la laine volée après leur mort. Quand l'ange Azraïl les tourmentera, il fera sortir cette laine par leurs narines. Elle s'enroulera en une pelote qui ne se terminera jamais.

Ceux qui auront volé des œufs devront, pour chaque œuf, traverser les sept mers.

Les voleurs de poules verront leurs mains et leur visage se couvrir de plumes qu'ils garderont jusqu'au jour du jugement dernier.

Tous les saints protègent contre le vol. Un peu de terre de leur tombeau enfermée dans une amulette et suspendue à l'endroit que l'on veut défendre des voleurs, est très efficace. Du reste on ne vole jamais dans le sanctuaire d'un saint, car le saint se vengerait aussitôt en envoyant au voleur et à sa famille les maladies les plus graves, en les rendant aveugles et en les faisant périr d'une mort sûre et rapide.

Pendant les périodes de *Siba* ou d'insurrection, quand on traverse un endroit dangereux, il suffit de se mettre sous la protection des saints Regraga de Sidi Ouasmine pour ne pas être dépouillé. Le saint Moulay Abdelkader Djilani protège contre les voleurs en permettant au voleur de vous prendre le minimum, mais il protège aussi les voleurs en empêchant qu'on les attrape.

A Marrakech, il suffit d'habiter le quartier où se trouve le tombeau du saint Sidi Bou Aomar pour ne jamais être inquiété par les voleurs, la protection de ce saint dépassant les limites de son sanctuaire. Avant de partir en voyage, pour que les voleurs ne viennent pas dévaliser la maison et aussi pour que les mauvais génies ne s'y installent pas, il suffit de réciter le chapitre du Coran : *Aîat el koursi*[1]. La maison est à proprement parler ceinturée de fer après qu'on a fait cette invocation, et ni diables, ni voleurs ne peuvent y pénétrer.

Mais si on a oublié un mot en récitant cette prière, il y aura un petit passage par où on pourra s'introduire dans la maison. Néanmoins, dans ce cas, le vol ou le dégât seront de faible importance.

La récitation de ce verset est aussi efficace si on est obligé de se mettre en route la nuit et de traverser des endroits peu sûrs.

Quand on enterre de l'argent dans une cruche de cuivre pour le conserver, s'il est *helal*, c'est-à-dire s'il est le produit du travail ou d'une vente honnête, on peut le retirer jusqu'à la quarantième année. Passé ce délai, il appartient aux génies de la terre qui s'en emparent. Mais s'il est *haram*, illicite, produit du vol, on ne peut le reprendre que jusqu'au

---

1. Ayat el-Koursi : verset du trône.

quarantième jour.

On emploie de petits procédés de divination pour découvrir l'auteur du vol.

Par exemple, pour deviner quel est le voleur dans une bande de vagabonds qu'on vient d'arrêter, on fait cuire des œufs jusqu'à ce qu'ils soient durs. Quand ils sont refroidis le *Fqih* écrit une formule magique sur chaque œuf et en remet un à chaque individu soupçonné, puis il fait une *aazima* ou lecture du Coran. Il n'a pas terminé sa lecture que le voleur lâche l'œuf en s'écriant qu'il est atrocement brûlé.

Le rêve vous aide aussi à découvrir un voleur. Pour cela on prend de la terre de l'endroit où se trouvait l'objet volé, on égorge une chauve-souris et on fait une pâte avec le sang de ce sacrifice et la terre recueillie. On dépose cette pâte sous l'oreiller sur lequel on doit dormir et le génie de la maison à qui ce sacrifice est offert, vous envoie pendant le rêve une révélation très claire qui désigne le voleur.

Le Voyage et la Guerre. — Quand on entreprend un voyage en mer, pour apaiser les génies de l'eau, aussitôt que le bateau lève l'ancre, on jette dans la mer une offrande d'encens blanc, d'encens noir, de gomme térébinthe et de harmel. On y ajoute une petite pièce de monnaie d'argent qu'on appelle l'*ouqya* de Sidi Bel Abbès, l'obole du saint qui commande les mers.

Les parents restés au rivage font sur les vagues une

libation d'huile pour apaiser les flots et rendre la mer aussi lisse que l'huile.

Le jour où quelqu'un de la famille part en voyage on ne doit pas balayer la maison de la journée ; si le voyageur quitte le pays pour la première fois on observe ce tabou pendant trois jours pour ne pas balayer la chance qu'il a de faire une bonne route.

La femme du pèlerin parti pour le Pèlerinage de la Mecque observe certaines défenses pour lui faciliter son voyage. Elle ne doit pas sortir de la maison et ne doit faire aucune vente, ni aucun achat. Elle ne doit pas étendre son linge dehors car si le vent le secouait, il secouerait aussi le bateau qui transporte les pèlerins.

Le jour du départ du pèlerin elle lui prépare son dîner comme à l'ordinaire, et le dépose devant le seuil de sa demeure. Le premier passant riche ou pauvre en l'apercevant pense au pèlerin et emporte le plat pour le manger en son nom afin de lui porter bonne chance pour sa route.

Au retour le pèlerin est considéré comme un nouveau marié. Il s'arrête dans un sanctuaire hors des portes de la ville et fait savoir à sa famille qu'il est arrivé. On va le chercher en grande cérémonie, musique en tête et étendards déployés. Il ne doit pas poser ses pieds sur le seuil de la maison pour y entrer ; sa femme ou sa mère le prenant sur leurs épaules le portent de la rue à sa chambre comme on le fait pour le nouveau marié. On lui offre des dattes et du lait comme on le fait à tout voyageur. Les femmes de la maison fabriquent de grandes poupées appelées *âlja* ou *aalem*, ayant souvent à la place de la tête un bouquet de basilic. Ces poupées sont vraisemblablement une représentation des dieux lares. On organise des processions de ces *âlja* dans toute la maison puis celles qui les promènent se plaçant en formant la haie de chaque côté de la porte, les inclinent comme des drapeaux au-dessus de la tête du voyageur au moment où il pénètre dans la maison, pour lui marquer le bon accueil des êtres visibles et invisibles. Ces rites s'observent surtout à Marrakech.

Lorsque le Sultan vient dans cette ville, chaque quartier de la ville envoie au devant de lui une délégation de femmes portant ces énormes poupées et dans ce cas ce sont les génies de la ville qui l'accueillent les premiers.

Lors du voyage de M. Millerand[2], Président de la République Française, la ville de Marrakech lui a fait un fastueux accueil et les quelques centaines d'*âlja* massées à la porte de la ville ne contribuèrent pas peu au caractère grandiose de cette réception.

Quand un voyageur a quitté son pays pour la première fois, à son retour les femmes qui l'attendent à la maison prennent un tamis et le mettant devant leur visage le regardent arriver à travers les trous du tamis. Ceci afin qu'au prochain voyage l'absence ne soit pas plus longue que l'espace qui sépare les trous du tamis et qu'il n'oublie pas les siens.

---

2. Alexandre Millerand (1859-1943) : Président de la République Française de 1920 à 1924.

RAPPORTS DES HOMMES ENTRE EUX

Quand un mari est parti en voyage depuis plusieurs années et ne donne pas de ses nouvelles, sa femme compose pour lui écrire une encre magique. Elle se procure une goutte de lait de cent femmes portant le nom *Fathmda* qui est le plus beau des noms ; du rouge ayant servi à peindre le visage d'une nouvelle mariée, du henné provenant de sept femmes mariées et heureuses. Elle délaie le tout et écrit à son mari avec cette encre magique ; il revient infailliblement.

Si un jeune homme, après s'être enfui de la maison paternelle, y revient un jour, on lui lave les pieds au-dessus des pierres du foyer afin de le lier à la maison pour l'avenir.

Après une longue absence du père de famille, lorsque revenu au foyer il demande des nouvelles d'un enfant qu'il a laissé, pour que sa première impression, si elle n'est pas bonne ne porte pas malheur à l'enfant, on lui en présente un autre. Ce n'est qu'ensuite, lorsqu'il a repris contact avec les siens, qu'on avoue le subterfuge et qu'on lui laisse voir son enfant.

Il y a des jours fastes et des jours néfastes pour entreprendre un voyage. Ainsi le lundi, jour où s'est envolé l'ange Gabriel, le mercredi, jour consacré à Sidi Bel Abbès, patron des voyageurs et surtout le jeudi, jour où s'est envolé le prophète, sont des jours éminemment propices aux voyages.

Par contre, il est interdit d'entreprendre un voyage le vendredi qui est consacré à la prière ; le mardi est un jour néfaste et il vaut mieux s'abstenir de voyager le samedi et le dimanche.

Il est aussi très mauvais d'entreprendre un voyage dans les dix jours du mois de Moharram qui précèdent la fête de Achoura. Il en est de même pour une *harka* ou colonne militaire. Si la *harka* part dans cette période, elle risque fort d'être battue.

La Guerre. — Les soldats et leur famille pratiquent quelques rites magiques au départ d'une colonne pour que le soldat soit vainqueur et fidèle en amour.

Ainsi la femme du porte-drapeau prend les deux meules de son moulin de pierre ; elle monte au-dessus de son métier à tisser et fait passer son mari au-dessous de la trame roulée. Ainsi elle l'enferme dans un cadre magique représentant toute la maison ; il est protégé par les génies du foyer qui l'y ramèneront sain et sauf. Pour lui assurer une protection plus efficace encore, elle arrache un fil de trame qu'elle enroule autour de la tête du guerrier et qu'il gardera sous son tarbouche jusqu'au retour.

La femme du soldat prépare du henné la veille de son départ pour la guerre et lui en fait une application dans la paume de la main droite. La teinture du henné lui rappellera constamment l'amour de sa femme et le gardera avec vigilance. En outre si elle est nourrice, elle incorpore un peu de son lait dans la pâte en la préparant. Cela augmente la force protectrice de la teinture en ajoutant l'amour maternel à l'amour de la femme.

Elle prend aussi un morceau de la première chemise de son dernier enfant. Elle en fait un petit nouet dans lequel elle enferme du harmel, du henné et du sel gemme, et le lui attache directement sur la peau, sous ces vêtements. Elle ajoute ainsi la protection de l'enfant innocent à toutes les autres protections dont elle l'a entouré. Au moment où la *harka* est réunie aux portes de la ville et prête à s'en aller, de vieilles femmes portant du henné en pâte sur de grands plateaux s'approchent des soldats et le leur jettent par petites poignées, en disant : « Que Dieu vous ramène avec le bien, mes enfants. » A quoi les hommes répondent : « *Amin, ya lalla.* »

Pour assurer la victoire et conserver l'amour de leur mari, les femmes du chef se placent de chaque côté de la porte de la maison au moment où il en franchit le seuil. Elles lui font le *tqaf* ou fermeture par le peigne à carder qu'elles ouvrent et ferment sur son passage et vont enterrer jusqu'à son retour dans un endroit très secret. Dès qu'il l'a franchi, elles font sur le seuil une grande lustration d'eau, parce que :

> *Fi el ma l'aman, ou chi bass ma kan.*
> Dans l'eau est le pardon, et il n'y a aucun mal.

Ainsi elles s'assurent sa fidélité et lui lavent sa route de tout mal.

Pendant que l'homme est à la guerre, la femme pour le protéger contre la mort, observe les rites du deuil. Elle ne se peint pas le visage, ne met pas de koheul à ses yeux, ne coupe ni ses cheveux, ni ses ongles. Elle ne coupe pas non plus les cheveux de ses enfants.

Avant son départ, le soldat cherche à se garantir des balles auxquelles il va s'exposer.

Sans parler des *toubarid* ou amulettes écrites par le sorcier et qui rendent invulnérable celui qui les porte, les petits moyens magiques employés sont nombreux. En voici deux à titre d'exemple.

Avant de partir le soldat va se baigner dans une *khottara* souterraine, dans une canalisation d'eau abritée de tous les regards. Il sera garanti des balles comme cette eau est garantie du soleil. Après cette lustration sa femme fixe à son vêtement un sachet noir contenant du harmel, de l'alun et de la gomme ammoniaque pour renforcer le rite.

Ou bien il fait préparer un caméléon de la façon suivante : Après l'avoir tué et vidé, on l'embaume avec des graines de coriandre et de harmel, on lui recoud le ventre avec de la soie rouge. Ce caméléon qui est devenu un sachet magique est porté directement sur l'épaule droite par le guerrier. On attache à ce charme un très grand pouvoir de protection contre les balles.

Pour assurer le retour du soldat, au moment où, monté sur son cheval, il vient dire le dernier adieu à la maison, sa femme ou sa mère prend un peu de terre de l'empreinte du sabot droit de la monture. Elle y ajoute un peu de farine volée dans la provision de route du guerrier et en fait un nouet qu'elle suspend au-dessus de la porte d'entrée de la maison. Le guerrier est ainsi attaché à la maison familiale et est obligé d'y revenir.

Quand l'absence est longue et que la guerre se prolonge au-delà des prévisions, pour savoir si le guerrier reviendra bientôt, la femme prend un coq, lui attache solidement les deux pattes ensemble avec une longue corde qu'elle tire ensuite en marchant à reculons. Si le coq ainsi entravé saute cependant dans la direction de la femme, c'est que le guerrier est sur son retour, mais s'il se laisse traîner sans effort, c'est que l'absence sera encore longue et que la guerre est loin d'être terminée.

AUGURE OU FAL. — DIVINATION. — RÊVES. — Les diseuses de bonne aventure sont très nombreuses au Maroc. On les entend dans les villes, inviter à haute voix les consultants en criant : « *T'derbou chi fal*. — Consultez-vous l'augure ? » On les voit aussi sur les places publiques, assises devant un petit plateau de cailloux, de coquillages, vendre l'illusion qui fait vivre pour quelque menue monnaie. Le *fal* ou augure est d'une importance capitale pour chaque individu. On n'entreprend un commerce, un voyage, une affaire que si le *fal* est bon. Un mot de mauvais augure entendu le matin contrarie la chance pour la journée. C'est pour cette raison qu'on donne de si jolis noms aux esclaves. En appelant dès le réveil pour se faire servir : « *Nour sebah* : Lumière du matin. — *Yasmina* : Fleur de jasmin. — *Yakout* : Rubis. — *Ourida* : Petite rose. — *Khili* : Giroflée. — *Qiqlâne* : Fleur de mimosa. — *Zid el khire* : Ajoute au bonheur », par exemple, on ne prononce qu'un mot qui porte chance. Le matin, on interprète tous les actes de la vie dans le sens du bon et mauvais augure.

Ainsi lorsque aussitôt le réveil, on brise accidentellement un verre, un plat ou une marmite, on brise avec tout le *bass* ou mal que la journée réservait. C'est un *fal* heureux et on remplace volontiers l'objet brisé. On dit du reste que la brisure *erfed l'bla ou l'bass*, emporte le danger et le mal. Pour la même raison il est de bon augure d'écraser un grain de chapelet en faisant la première prière du jour.

Si on rencontre un albinos en sortant le matin pour la première fois, c'est un mauvais présage. Pour contrarier le mauvais sort, il faut quereller cet albinos et réussir à le mettre en colère ; il faut aussi prononcer la formule : « Le matin est à Dieu. » Si on ne parvient pas à fâcher l'albinos, il fait faire demi-tour et aller se recoucher pour annuler le fâcheux effet de cette rencontre.

La rencontre d'un chien noir est également désastreuse. S'il vous suit, il faut le chasser et s'il insiste, il faut lui acheter un pain et en le lui donnant on doit murmurer : « Que Dieu ne nous montre que le bien. » Une chouette qui crie la nuit annonce la ruine. Un chien qui hurle la nuit présage un désastre, on doit se lever pour le faire taire. On se défait toujours d'une vache qui meugle la nuit, car elle annonce le malheur.

Si le premier jour de l'année, un chien aboie tristement, c'est que l'année sera mauvaise ; s'il lève la patte sur les pierres du foyer, c'est qu'elle sera pluvieuse.

Rencontrer un borgne le matin est du plus mauvais augure.

La rencontre de gens de certaines tribus est aussi funeste. Ainsi lorsqu'un Rahamani (de la tribu de Rehamna) rencontre le matin un Zemrani (de la tribu des Zemrâne), il fait aussitôt demi-tour et va se recoucher au moins une heure pour annuler le mauvais augure.

On dit que le « *Zemrani zem ennâr ou khaîbin çbah.* — Le Zemrani serre le feu dans sa main et noircit le matin, le rend mauvais. »

En rentrant chez lui le Rahamani fait jeter de l'eau sur le seuil de sa *nouala* pour laver tout le mal fait par cette mauvaise rencontre.

Si on part pour le marché et qu'on entende deux personnes causer ensemble on interprète dans le sens du bon ou mauvais augure les mots entendus ainsi fortuitement. Les mots : noir, pourri, mauvais, méchant, etc., etc., vous indiquent clairement que la vente ou l'achat que l'on voulait faire doivent être remis au marché suivant.

Si l'on s'aperçoit que quelqu'un qui part au marché a oublié quelque chose on ne doit pas l'appeler pour lui signaler cet oubli. Cela lui ferait manquer sa vente ou son achat.

Si cependant l'objet oublié est d'importance et qu'il faille absolument lui signaler cet oubli, on ne doit pas lui dire : « O un tel reviens », mais « O un tel « *rebah* », gagne, afin de ne pas troubler le sort du marché.

Le noir porte toujours malheur. On ne doit pas laisser voir la suie des marmites aux personnes qui viennent vous rendre visite. En entendant frapper à la porte, avant d'ouvrir, on doit les retourner pour éviter ce mal aux visiteurs.

Il est de bon augure que des enfants pleurent au moment où on part en voyage. On aura du beau temps pendant toute la route.

Le *fal* est tout à fait heureux si le matin, à la première heure, on vous offre du lait, des fleurs ou des fruits.

Il en est de même si, en sortant le matin, on rencontre une personne qui en porte dans ses mains. On doit tremper le doigt dans le lait et s'en toucher le front. On fait ce geste même si le lait est porté par un ennemi. C'est alors une occasion fortuite et obligatoire de se réconcilier avec lui.

Les jours aussi sont de bon et mauvais augure. Pour pouvoir terminer une chose, il faut la commencer un dimanche, c'est le jour le plus heureux parce que c'est le premier jour de la semaine.

Cependant on ne doit pas lire le soir du dimanche. On ne doit ni faire de ventouses scarifiées, ni se raser le mercredi ; autrement on s'expose à mourir de mort violente. Du reste les barbiers ne travaillent pas le mercredi.

Le bain est tout à fait salutaire s'il est pris le jeudi. Ce jour-là il est en outre une purification et équivaut, dans la balance du jugement dernier, à une *sadaqa* ou aumône collective envoyée aux prisons, aux écoles ou aux mosquées.

Le jeudi est également le meilleur jour pour la consommation du mariage.

Lorsque l'enfant a fini sa première lecture de Coran, il est coutume que le père offre une *zerda* ou repas communiel aux autres enfants de l'école et au taleb. Cette *zerda* doit avoir lieu le mercredi.

Quelques petites superstitions relatives au *Fal*. — Quand la lèvre supérieure vous démange, c'est qu'un parent arrivera dans la journée. Si c'est la lèvre inférieure, c'est une parente qui viendra vous surprendre.

Si on a une démangeaison du sourcil droit, c'est qu'on dit du bien de vous ; du sourcil gauche, c'est qu'on en dit du mal.

Si on a une démangeaison de la main droite, c'est qu'on va recevoir de l'argent ; de la gauche, c'est qu'on va en donner. Une petite douleur dans le pied droit annonce une mauvaise nouvelle.

Si deux personnes causent et qu'une troisième éternue, c'est que ce qu'elles disent est vrai. On dit :

Fi l'ââtsa l'haq.

Dans l'éternuement est la vérité.

Lorsqu'une femme rapporte quelque chose à une autre, si le *Moudden* commence la prière, c'est que le propos rapporté n'est pas mensonger.

LE *FAL* D'ENNAÏR. — Si le premier jour du mois d'Ennaïr, qui est le premier jour de l'an, tombe un vendredi, le présage est des meilleurs et l'année sera heureuse. Si ce jour-là le temps est à la pluie, les récoltes seront abondantes et le pays jouira d'une ère de prospérité. Pendant les sept premiers jours du mois d'Ennaïr on mange des repas spéciaux composés de bouillie d'orge, de maïs, de riz, de blé, etc., pour rendre le *fal* heureux. On doit aussi manger pendant ces sept jours, sept fruits secs, sept légumes secs ou verts. Parmi les fruits il faut qu'il y ait des dattes, des grenades pour que l'année soit féconde. On mange aussi des œufs, du lait, du miel pour augmenter la production du sol.

En outre, il est coutume le jour d'Ennaïr, de consulter le *fal* de la façon suivante :

On prépare la veille du levain que l'on met dans une petite marmite avec une petite pièce d'argent. Si le matin on le trouve très levé, c'est que l'année sera prospère.

On fait aussi ce jour-là une offrande à sa belle-mère *gennia*, ou plutôt à la belle-mère de son double.

Cette offrande consiste en un beignet sans sel que l'on

dépose la nuit dans une assiette avec un peu de chaux sur le seuil de la maison.

Le matin on examine ce beignet et cette chaux ; si le beignet n'a pas été touché, ou est à peu près intact et si la chaux est sèche, l'année sera mauvaise. Mais si le beignet a disparu et si la chaux s'est hydratée, on est assuré d'excellentes récoltes.

On ne consulte pas l'augure seulement à Ennaïr, mais en tout temps et par de multiples procédés.

CONSULTATION DU *FAL* ET DIVINATION. — Ainsi lorsqu'une jeune fille veut savoir si elle se mariera, elle pétrit un tout petit pain en le frappant sur sa cuisse gauche. Elle le sale beaucoup et le fait cuire sur le coin du fourneau, puis elle le mange sans boire et va se coucher. La nuit, elle a tellement soif qu'elle rêve qu'elle demande à boire et elle voit un jeune homme qui lui offre un verre d'eau. C'est son fiancé que le rêve lui fait entrevoir.

Quand les vieux Marrakchi[3] veulent consulter l'augure avant d'entreprendre une affaire, de conclure un marché, ou même de prendre femme, ils vont se poster à un carrefour du Riad l'Aarouss, entre le *mogrhreb* et *l'aacha*, c'est-à-dire entre sept et huit heures du soir. Ils restent debout, avec la ferme volonté d'interpréter, pour leur affaire, les paroles indifféremment prononcées par les passants et agissent ensuite

---

3. Marrakchi : habitant de Marrakech.

en conséquence. Ce procédé a déjà été exposé, il est le plus simple et le plus fréquemment employé.

En voici un autre : On prend deux papiers et on écrit sur l'un : « Je fais une telle chose », et sur l'autre : « Je ne fais pas telle chose. » Ensuite on fait une pâte d'argile et on incorpore chaque papier dans un petit fuseau de cette pâte. On tire ensuite un seau d'eau à un puits couvert, qui ne reflète même pas les étoiles, car celles-ci pourraient intervenir et corriger le sort. On jette alors les deux fuseaux dans le fonds du seau, et on prend vivement le premier qui se redresse. Pour accomplir ce rite, il faut être en état de pureté et avoir fait deux *rekââ*, c'est-à-dire deux génuflexions et posé deux fois son front sur la terre comme pour une prière.

On consulte le *fal* par le bois. On prend deux petits bâtonnets d'inégale grandeur et on les met dans la main d'une personne ignorant tout de l'affaire au sujet de laquelle on consulte l'augure, cela après avoir déterminé la qualité de chaque morceau de bois, le plus court par exemple représentant la réussite et le plus long l'insuccès. La personne à qui on a remis ces bâtonnets met aussitôt les paumes l'une contre l'autre et les roule un instant entre ses mains en disant :

Ya Sidi Messaoud, derrab el aoued.
O Sidi Messaoud, frappeur de bois.

puis elle ouvre sa main et tend spontanément l'un des

bâtonnets.

On consulte aussi le *fal* sur le tombeau des saints. On écrit sur deux papiers les demandes affirmatives et négatives et après avoir fait une *hedya* ou offrande au saint, on tient ces deux papiers dans sa main et on s'appuie sur le tombeau du saint. Ensuite on sort et on remet ces papiers à la première personne rencontrée aux abords du sanctuaire en lui disant : « Donne-m'en un. »

On consulte le *fal* par la balance. On met dans l'un des plateaux un poids pris au hasard et sur l'autre on dépose sept pierres prises à sept chemins. Si ces pierres sont plus lourdes que le poids, c'est que la bonne chance l'emporte sur la mauvaise et que l'augure est heureux.

Les femmes devinent l'avenir au moyen de petits outils familiers, des instruments de cuisine, *keskess*, cuiller de bois, balai, quenouille.

Voici le procédé du *meghzoul* ou quenouille, qui ressemble du reste, avec peu de variante, à tous les autres :

Elles prennent un tamis, le retournent à l'envers et tracent sur le fond deux diagonales perpendiculaires, l'une avec de la farine, ce sera la raie du bonheur, et l'autre avec du charbon, celle-ci représentera le malheur. Elles prennent alors la quenouille chargée de laine et la font osciller perpendiculairement au-dessus du tamis en disant une petite incantation :

*Dekkelna alik billah ou Lalla Fatime Zohra
Elli derbet el fal âla djemal baha sebah
Rajââou fe l'âchia.*

Nous te consultons sous les auspices de Dieu et de Lalla Fatime Zohra qui consulta l'augure le matin, au sujet des chameaux de son père, chameaux qui revinrent le soir.

Alors elles posent la question pour laquelle a lieu cette consultation et la quenouille s'arrêtant sur la raie blanche ou sur la raie noire, donne la réponse désirée.

Si le sort ne donne pas la réponse que l'on désire, c'est que le *meghzoul* répond exprès de travers parce qu'il y a quelqu'un dans l'assistance qui est contraire à vos projets.

Quelquefois on provoque un rêve avec la cuiller de bois de la cuisine. On l'encense sept fois, on l'habille avec le chiffon qui sert à luter le *keskess*, ou passoire de terre, que l'on place sur la marmite pour faire cuire le couscous à la vapeur. On la place sous son oreiller en disant :

> O cuiller, les gens t'appellent cuiller,
> Et moi je t'appelle Lalla *Gharfa* (chambre
> en forme de dôme qui sert de grenier).
> Fais-moi connaître l'avenir.

Le génie de la cuiller, flatté, envoie un rêve dont le sens

est toujours transparent. Ou bien la première nuit du mois de samedi au dimanche, après avoir fait une lustration de la main droite pour la purifier et l'avoir encensée avec de bons parfums, on mesure avec elle trois empans sur le mur à la tête du lit où on a l'habitude de dormir en disant :

> *Lalla traba bent traba,*
> *Dekhelt âlik bi ennebi ou çouhaba,*
> *Atini bi rrekas l'faradj.*

> Madame la Terre, fille de la Terre,
> Je viens à toi avec le Prophète et ses disciples,
> Donne-moi par ton envoyé le bonheur.

On se couche alors la tête appuyée sur cette main et dans la nuit le rêve est apporté par un grand poisson et comme toujours il est d'une interprétation très facile.

On devine aussi l'avenir par le miroir de goudron et ce moyen est à la portée des *chouaffat* ou voyantes. Pour avoir par exemple des nouvelles d'un absent, la voyante trace dans le creux de sa main droite une large circonférence avec du goudron qu'elle étale dans tout le cercle, puis elle ferme sa main avec force et s'en va seule dans un endroit très isolé, dans un cimetière. Quand, par ce silence, cet isolement, cette recherche du mystère, elle s'est mise dans un certain état de transe, elle ouvre sa main et fixe attentivement cette tache de goudron qui soudain devient brillante comme un miroir. Elle voit alors nettement dans ce miroir sympathique l'image de l'absent. Elle le voit heureux ou malheureux, bien vêtu ou couvert de loques comme un mendiant, vivant ou drapé dans un suaire. Elle interprète cette vision à distance.

Ce n'est pas seulement en concentrant sa pensée sur le miroir de goudron que la *chouaffa* arrive à voir ce qui est caché à tous les yeux. Elle y arrive aussi en provoquant une crise de possession diabolique. C'est la diablesse Lalla Mira qui prend lieu et place de l'esprit de la voyante et qui lui permet de prophétiser. Pour l'attirer les femmes réunies jouent de la *taridja* et brûlent dans un brûle-parfums tous les parfums qui lui sont agréables : *salabane* (sorte de résine), coriandre, encens blanc et encens noir, gomme térébinthe, bois d'aloès et sucre. Quand les fumées sont bien épaisses la diablesse arrive. A ce moment, la voyante pousse une plainte étrange, arrache ses cheveux par poignées, se mord et se frappe la poitrine dans un geste d'impuissance. C'est la lutte avec l'esprit qui peu à peu la pénètre malgré elle. Puis elle se livre au *djdeb* de Lalla Mira. Elle danse avec frénésie, marche à quatre pattes, envoie des baisers aux génies invisibles accourus en foule. Quand les assistants se rendent compte que la crise de possession est à son paroxysme elles lui introduisent un peu de goudron entre les lèvres pour empêcher les mauvais esprits, présents eux aussi, de lui faire du mal. Enfin la voyante tombe épuisée aux pieds des femmes qui vont l'interroger. Celles-ci disent toutes ensemble : *merhaba*, sois la bienvenue ; puis l'une d'elles pose les questions. Ce sont du reste toujours les mêmes formules qui sont employées.

« Comme tu as été longue à venir ! Où étais-tu ? — Dans la forêt. — Dans quelle forêt ? — Dans la forêt de Ces Gens. » Alors on introduit vivement du sucre dans la bouche de la voyante pour qu'elle n'annonce que du bonheur. A tour de rôle les femmes l'interrogent et pour établir un lien sympathique entre elles et l'inspirée, elles recouvrent sa tête de leur foulard de tête et lui prennent la main gauche.

Quand la voyante est fatiguée, elle baille, frotte ses yeux, s'étire et se réveille et la séance se termine par une prière collective aux diables, récitée les mains tournées à l'envers.

D'autres voyantes prophétisent dans le sommeil léthargique. Elles ont des crises de sommeil qui durent plusieurs jours. Pendant ces crises, il est impossible de leur faire avaler quoi que ce soit. Mais si on les interroge, elles répondent à toutes les questions posées et dévoilent l'avenir. Cette catégorie de voyantes est entourée de respect et lorsque l'une d'elles rend visite dans une maison, on la comble de prévenances, pour que, pendant son sommeil, elle n'annonce que le bien.

En général, les *chouaffat* appartiennent à la confrérie des Aïssaoua et toutes boivent à longs traits le sang des sacrifices.

Rêves. — Comme dans tous les pays du monde, on interprète les rêves. On croit, par exemple, que si l'on rêve d'un serpent, ce sont les *moualin l'ard*, les maîtres de la terre, qui l'ont envoyé pour annoncer du bonheur.

Si on voit un homme monté sur un chameau, c'est qu'il va mourir ; à mule, c'est qu'il va devenir très riche ; mais si on l'en voit descendre, c'est un présage de ruine.

Rêver de chiens, c'est un avertissement qu'on a des envieux ; si le chien vous mord, c'est que le jaloux vous portera un préjudice. Une dispute présage un accord heureux ; le rire annonce les larmes.

Si on rêve qu'un mort vous interpelle, et vous demande quelque chose, c'est une mort prochaine dans la famille ; si au contraire il vous donne quelque chose, c'est un signe de prospérité, parce qu'il veille sur vous. Si on rêve de chat, d'enfant, d'orge, de maïs, de pluie, c'est du bien et du profit.

Il en est de même si on rêve de voleur, c'est le bien et le salut, *Khir ou Salem*. Mais rêver de blé, de raisin, ou de fèves, présagent la mort.

Rêver d'une prostituée annonce aussi un malheur.

Si une jeune fille rêve qu'on lui a donné un *selham* ou manteau, c'est qu'elle va être demandée en mariage, car après avoir franchi le seuil de la maison nuptiale, le marié enlevant son *selham* en recouvre la jeune fille en signe de protection.

Si on provoque le rêve par divers moyens magiques, on le provoque aussi par la prière. Après l'heure de l'*Aacha* en allant se coucher on récite quatre fois de suite la prière avec l'intention d'avoir en rêve une révélation sur un objet déterminé. Ce procédé de consultation par le rêve provoqué s'appelle *l'istikhara*. De plus, quand on a fini de réciter ces quatre prières, on formule la question sur laquelle on désire être renseigné.

On fait cette consultation avant de se marier, d'entreprendre un grand voyage, de conclure une affaire. Dans le rêve on voit des signes évidents de réussite, par exemple du lait, de l'herbe, des animaux gras ou des signes d'échec, du charbon, du goudron, etc. Souvent la réponse apportée par le rêve est d'une clarté lumineuse. On croit en général que le rêve est une vision de l'âme qui a quitté le corps pendant le sommeil.

C'est aussi par le rêve que les saints communiquent avec les morts et c'est par le rêve qu'ils envoient la guérison aux malades. On attache donc à l'interprétation des rêves la plus grande importance.

CHAPITRE XV

LA PARURE

La Coiffure. — Le Miroir. — Superstitions relatives aux vêtements. — Les Bijoux magiques. — Les Fards. — Teinture de la peau avec le henné. — Les Scarifications collectives. — Les Tatouages.

La Coiffure. — Dans une société où la sorcellerie vient en aide à l'amour à tout instant, la parure elle aussi a un côté magique nettement marqué. Nous avons vu que la coiffure des enfants n'est que la marque de la consécration aux saints, et que ce n'est pas par un pur caprice qu'une mèche est nouée de telle ou telle manière ou qu'une plaque de cheveux est laissée sur un crâne où le rasoir a cependant passé. Ce n'est qu'à l'époque où l'enfant est sorti de la période dangereuse qu'on le rase si c'est un garçon, ou qu'on laisse pousser ses cheveux si c'est une fille, suivant les caprices de la mode. Jusque là la coiffure est d'ordre purement magique et la coquetterie des mères n'a rien à y voir.

La première fois que l'on peut peigner et tresser les cheveux d'une fillette, on donne une petite fête aux amies de la maison. Cette fête s'appelle l'*hassana* : la fête de la coiffure. Pendant cette fête de *raha* ou fête de sortie, on assoit la fillette sur un rouleau de cordes pour la coiffer afin qu'elle ait plus tard des tresses aussi longues que les cordes enroulées.

En outre, on lui frotte la tête avec une pommade faite de fiel de bœuf, de harmel, de safran, de goudron et de racine de roseau, le tout finement pulvérisé et mélangé avec un peu d'huile. L'enfant sera ainsi préservée du mauvais œil par tous les produits magiques entrant dans la composition de cette pommade et ses cheveux seront aussi longs que les roseaux, dont la racine entre aussi dans l'onguent.

Quand on a fini de coiffer une petite fille on ne doit pas négliger de lui dire : « *Boussi rekebti*. — Embrasse mes genoux », afin que ses cheveux arrivent jusqu'aux genoux ; les femmes ayant en général des cheveux courts et crépus souhaitent de les avoir longs et soyeux.

Les petites filles ne couvrent pas leurs cheveux jusqu'au jour du mariage. Cependant, après avoir ramassé les cheveux en petit chignon sur la nuque, on les enveloppe d'un tout petit linge blanc, comme d'un petit bonnet. On ne recouvre les cheveux d'un foulard qu'au moment du mariage. A partir de cette époque, il est interdit de les découvrir même devant son mari et la coiffure se fait toujours mystérieusement et à l'abri des regards indiscrets ou méchants. Cela ne surprend point quand on sait à quels maléfices servent les cheveux tombés.

Le jeune homme non marié ne doit pas non plus couvrir sa tête de la *rezza* devant son père. Ce n'est qu'après son mariage qu'il pourra rester couvert devant lui.

Le Miroir. — L'usage du miroir est très répandu. Toutes les femmes ont sur elles un petit miroir qui se ferme et dont elles se servent aussi bien pour s'admirer que pour se livrer aux pratiques magiques.

En se regardant dans un miroir, on doit dire :

> *Salam âlik ya oudj el fana ou l'aadam.*
> Salut à toi, ô figure éphémère et
> non existante.

Cette formulette a pour but de rappeler aux coquettes que le temps passe et que les rides et la mort viendront, mais elle ne les empêche pas cependant de s'en servir. Il y a pendant tout le mois de Ramadan une interdiction absolue de se regarder dans un miroir ; de même il est interdit aux femmes pendant ce mois de jeûne de se farder, ce qui rend moins pénible l'interdiction de regarder son visage dans une glace.

Superstitions relatives aux Vêtements. — On trouve quelques petites superstitions au sujet des vêtements.

Ainsi, quand on met un vêtement neuf, on le mord et

on en frappe trois fois le mur en disant :

Nqtââkoum, ma tqtaouniche.
Je vous userai, mais vous ne m'userez pas.

Si on met par hasard sa robe à l'envers, en s'en apercevant on doit dire :

Je n'avais pas vu que vous étiez à l'envers ; je vous retourne et que le temps se retourne avec du bien en même temps que vous.

Quand on achète un haïk neuf, on l'étale à terre et on met des dattes dessus, pour qu'il soit agréable à porter et entre dans la maison sans exciter de jalousie. Lorsqu'on sort avec un haïk neuf sur le dos, les amis que l'on rencontre vous félicitent et il faut les frapper avec le pan du vêtement pour qu'ils aient la même chance et puissent aussi s'en offrir un.

Si au moment de sortir on s'aperçoit qu'on a besoin de se faire faire un petit point à un vêtement décousu et qu'on a déjà revêtu, pendant qu'on fait faire ce point on doit faire un acte qui montre qu'on est bien en vie, tel que se mordre la langue, ou mordre un objet ou remuer un membre ; sinon ce serait un présage de mort, car on ne coud que les suaires sur des corps inertes.

Lorsqu'on achète un coffre à vêtements, on doit y mettre d'abord un morceau d'étoffe neuve ou un vêtement neuf, avant d'y enfermer les vêtements usagés, afin de conserver la chance de pouvoir s'offrir des vêtements neufs quand on en a envie.

Lorsqu'on se livre aux pratiques magiques, on a coutume de revêtir les couleurs du diable évoqué ; mais en temps ordinaire, sauf le blanc, qui est la couleur du deuil, on peut s'habiller n'importe comment.

LES BIJOUX MAGIQUES. — Certains bijoux sont employés pour leur effet magique plutôt que comme parure. Ainsi le bijou appelé *âyacha*, qui donne la vie, est un bijou magique par excellence, soit qu'il soit porté par la femme le jour de son mariage, le septième jour après l'accouchement, ou seulement toutes les fois qu'elle a l'occasion de se mettre en toilette pour recevoir des étrangères dans sa maison.

Ce bijou se compose d'une bande de ruban sur lequel sont cousus les unes à côté des autres des petites étoiles d'argent ou d'or à cinq pétales. Il se pose sur les cheveux et sous tous les autres bijoux. C'est un talisman contre le mauvais œil. Il est dissimulé sous le *tage* ou tiare d'or ciselé, sous le *tabaa* luxueux bijou correspondant à la ferronnière, et même sous le foulard.

Le bijou *ayacha* est aussi porté par les enfants. C'est alors une boucle d'oreille en argent, un bracelet de pied entourant une seule cheville ou un bandeau de tête.

Le sac d'argent appelé *tehlil* est aussi un bijou magique.

Il est porté sur une hanche, un peu en arrière et fixé par une cordelière de soie qui passe en bandoulière au-dessus d'une épaule. Dans ce bijou, qui est en forme d'étui, on met toujours un talisman écrit par un taleb ou bien une petite boîte d'argent plate dans laquelle on a fait sceller par le bijoutier juif quelques gouttes de lait d'ânesse, des rognures d'ongles, des cheveux mouillés de salive.

Ce bijou arrête le mauvais œil jeté par derrière et en annihile l'effet.

Le *fout khamsa* est aussi un bijou magique. Ce bijou est en général en argent. C'est une fleur martelée à cinq pétales, ou une main d'argent ou d'or, stylisée et plus ou moins ouvragée. Dans les deux cas, fleur ou main stylisée représentent la main ouverte contre le mauvais œil et se portent attachées comme une breloque aux boutons du vêtement. On en attache aussi dans les tresses des enfants avec des *oudââ* dans le même but.

Tous les autres bijoux sont portés par coquetterie comme parure.

LES FARDS. — Le jour de l'Achoura, on prépare le koheul qui servira toute l'année à noircir les cils et à préserver le visage des mauvais sorts et du mauvais œil. Ce koheul se compose d'antimoine, de charbon de bois de laurier rose, de fiel de hérisson, de fiel d'aigle, de noix de muscade, de bois d'aloès, qui en feront un charme magique contre le mal d'où qu'il vienne. En outre, pour donner au regard de l'éclat et le rendre brillant, on y ajoute une perle fine carbonisée et pilée et une mouche. En passant le bâtonnet chargé de koheul entre les paupières, on doit dire :

> *Koheul âïnia, ou li choufni ihameq âlia.*
> J'ai noirci mes yeux, et celui qui me verra
> deviendra fou d'amour.

On prépare aussi le jour de l'Achoura un savon qui sera employé uniquement comme une pommade magique. Il suffit, en effet, avant de faire une demande à quelqu'un d'en déposer une petite parcelle sur son front pour obtenir ce qu'on désire : car ce savon nettoie magiquement de tout mal, de toute mauvaise pensée, de toute mauvaise impression. En en appliquant sur son front, on dit :

> *Dirt çaboun ââchour*
> *Ou klami ikkoun daïmen mechaour.*

> Je me suis mis le savon de l'*Aachour*
> Et ma parole sera toujours bien accueillie.

Si les femmes se servent de ce savon de l'Achoura, quand elles veulent obtenir quelque chose de leur mari, il n'est pas rare non plus d'en voir une large barre transversale sur le front des hommes qui attendent en solliciteurs à la porte des grands Caïds. Outre le rouge ou *aaker* communément employé comme fard, les femmes ont la coutume de teindre leurs gencives, leur lèvre inférieure au *souak* ; ce bois de racine de noyer donne à la peau une coloration allant du rouge brun au noir. La teinture de la lèvre inférieure est très recherchée. Quand la partie médiane seule est très foncée, on appelle cela la *foula*, la fève.

La femme qui peint sa lèvre de cette façon le fait pour attirer les regards de son mari, et lui rappeler qu'il a des devoirs conjugaux à remplir ; c'est en quelque sorte une demande magique de rapprochements sexuels.

En appliquant le *souak*, il faut se mettre en face du soleil et dire :

> *Souaki loubani*
> *Ou chems ou l'qamar beîn senani*
> *Ou Alali sâãdi kif Soultan fi l'âãli*
> *Ou itïeh redjal kil l'anaeb fi douali.*

Que mon Souak donne à ma bouche le parfum du louban,
Qu'il soit une lune ou un soleil entre mes dents,
Que ma chance soit haute comme le Sultan sur son trône.

LA PARURE

Et que les hommes qui deviendront
amoureux de moi,
Soient aussi nombreux que le raisin après
les vignes.

Même si une femme est enfermée dans le harem et n'a d'autre homme à voir que son mari, elle récite cette formulette en appliquant le *souak* à la bouche.

Les femmes font aussi sur leur visage des peintures de couleur foncée imitant les tatouages avec une sorte de galle appelée *îegg*. Cette noix de galle pilée et mélangée avec un peu de suie, de laurier rose carbonisé et d'huile donne le *hargous*. Les peintures au *hargous* sont très aimées des hommes qui considèrent qu'elles donnent à la femme une beauté éclatante. Le plus grand éloge que l'on puisse faire de la beauté d'une femme est de dire d'elle : « *Zina bela hargous* », que l'on peut traduire : « Belle sans fard, sans maquillage ».

Toutes les femmes se font des dessins au *hargous* entre les sourcils et au menton. C'est aussi avec du *hargous* qu'elles peignent leurs sourcils, les rejoignant d'un seul trait. Ces peintures durent plusieurs jours sans s'altérer. Elles disparaissent seulement lorsque la peau s'est desquamée.

Teinture de la Peau avec le Henné. — Les femmes teignent aussi leurs mains et leurs pieds avec du henné.

Les petites applications ordinaires sont faites par

des esclaves, mais le grand henné est appliqué par des professionnelles que l'on appelle *hennayat*. Les feuilles de henné sont d'abord pilées, puis mouillées avec de l'eau de roses et de l'eau ordinaire et appliquées en pâte plus ou moins épaisse.

L'application du henné est souvent l'occasion d'une petite fête. La femme à qui on met le henné invite ses amies ou les autres femmes de la maison et leur offre le thé et même un repas pendant que la teinture sèche. On met du henné aux fillettes jusqu'à la puberté. Ensuite on ne leur en met plus jusqu'au jour du mariage. On en met aux petits enfants le jour de leur premier *Aïd-el-Kebir*, le jour de la circoncision. On en met à la nouvelle accouchée le jour des relevailles ; dans tous ces cas, le henné a une action magique et protège contre le mauvais œil.

On en met aussi aux mains et aux pieds des jeunes filles mortes pour les préparer pour leur mariage au paradis.

Lorsqu'on fait l'application du henné, on prépare un plateau sur lequel on met le bol de pâte préparée. On dépose aussi sur le plateau une assiette contenant du harmel, de l'alun et du sel. C'est une offrande aux bons génies en même temps qu'une protection contre les mauvais qui pourraient par jalousie rendre malade la femme à qui on applique le henné.

Avant de commencer l'application de henné, on prend un peu de pâte, on en fait sept petites boules que l'on va jeter dans la grille qui sert à l'écoulement des eaux ménagères en disant :

> *Ya moualine l'aard*
> *Hada l'haqq dial koum.*
> O maîtres de la terre, ceci est votre part.

Une tache de henné dans le creux de la main droite est particulièrement efficace contre le mauvais œil ; on appelle cela :

> *Tabaa Moulay Ali.*
> Le sceau de Moulay Ali.

On n'applique pas de henné pendant toute la durée du deuil. En somme, si la teinture de la peau au henné a pour but d'embellir la femme, elle est aussi et surtout un procédé magique de protection contre le mauvais œil ; comme il est interdit de se teindre au henné pendant le mois de Ramadan, on fait une application de henné en grande cérémonie dans les derniers jours du mois de *Chââbane*. C'est même l'occasion d'une fête dans chaque maison. On appelle cette fête : *chââbana*. On applique ce jour-là une teinture très foncée afin qu'elle persiste jusqu'à la fin du carême. La fête de *chââbane* se termine par un repas que toutes les femmes prennent en commun et qui est un véritable banquet sacrificiel pour éloigner toute influence mauvaise pendant la durée du jeûne.

Certaines interdictions de toilette sont observées par la nouvelle mariée devant son père quand elle le voit pour la première fois après son mariage. Il lui est absolument interdit de se maquiller pour recevoir sa visite. Si cette visite la surprend et qu'elle ait déjà fardé son visage, quand son père arrive, elle doit se voiler du litham pour se présenter devant lui, ce qui prouve que les fards s'ils embellissent la femme sont surtout considérés comme des charmes d'amour.

Les Scarifications collectives. — En été, au moment où la température est la plus pénible, on procède généralement à un rite d'expulsion du mal par des scarifications sur les bras et sur les jambes, qui permettront de supporter la canicule. On pratique aussi ce rite pendant le mois de *Chââbane* pour expulser tout mal avant le grand jeûne. Ce sont les femmes et les enfants qui pratiquent ce rite ; mais il n'est pas rare de voir des hommes le pratiquer également. Les femmes se réunissent donc en grand nombre pour se faire faire les scarifications. Celles qui vivent dans les harem se groupent toutes dans la même partie de la maison ; celles qui vivent plus librement se réunissent par quartier ou vont faire ce rite dans un jardin.

Les scarifications sont faites par des spécialistes appelées *cherratat*. Ce sont en général des femmes de famille maraboutique dépendant d'un sanctuaire. Comme pour les applications collectives de henné, ces scarifications collectives donnent lieu à une petite fête. Les femmes pour se faire scarifier se mettent en grande toilette. Elles présentent successivement leurs avant-bras et leurs chevilles aux *cherratat* qui dessinent avec leurs scarifications de véritables dentelles sur la peau. Quand le sang a coulé par toutes les petites blessures, on le lave et on fait une application de henné ou de *aaker* (rouge) sur les parties ainsi déchirées.

Ce rite a essentiellement pour but de protéger contre le mauvais œil et d'expulser tout le mal dont on est porteur.

On fait des scarifications aux enfants, garçons et filles. On ne scarifie que la face interne des chevilles et des poignets des jeunes filles. Si on leur en faisait tout autour des membres comme aux femmes, cela les empêcherait de saigner au moment de la défloration. De plus, lorsque les scarifications sont terminées, on les lave et on applique une teinture de safran au lieu de henné ou de rouge comme aux femmes.

Ces scarifications ne sont pas seulement faites pour chasser le mal en puissance. On en fait aussi sur le front et sur le menton des personnes souffrant de névralgies faciales ou de maux de dents.

Les Tatouages. — Les tatouages sont interdits par la religion musulmane et on croit que les gens tatoués auront au jour de la Rétribution de cruelles brûlures à la place de leurs tatouages. Ce n'en est pas moins une pratique des plus répandues.

Le tatouage est employé comme charme d'amour, comme *herz* indélébile fait sur la peau pour conjurer le mauvais œil des gens ou des génies invisibles ou tout simplement comme parure.

Ce n'est pas un métier de tatouer et il y a partout des femmes aptes à faire de beaux tatouages. Cependant, les meilleures tatoueuses sont les *guezzanat* ou diseuses de bonne aventure.

Pour tatouer, on met d'abord sur la peau un peu de bleu de blanchisseuse réduit en poudre très fine, de la suie de marmite ou du blé ergoté. Ensuite avec une aiguille on pique légèrement la peau en suivant le dessin indiqué précédemment. Lorsque le sang apparaît, on essuie la surface tatouée, puis on la passe à nouveau avec la poudre choisie. On aime que les tatouages aient une couleur bleu vert. Pour l'obtenir, on ajoute à la poudre choisie des feuilles de *louaya* (volubilis) séchées et réduites en poudre très fine.

Le tatouage vertical fait entre les deux yeux s'appelle *el bouja*. Quand il est fait au *hargous*, on l'appelle : *ghemmaz*, celui qui fait de l'œil. Le tatouage du menton s'appelle *siala* ou *tesnida* de Lalla Fatime Zohra, car il est un signe de la consécration à la fille du Prophète.

Un tatouage circulaire sur la face antérieure du poignet s'appelle : *khatem Slimania*, sceau de Salomon ; au doigt simulant une bague, *khatem*. Sur le poignet, le tatouage s'appelle *ouarda*, la rose ; ce tatouage remplace un bracelet et joue le rôle d'un bijou. Un tatouage composé de cinq points ou de cinq petits ronds posés sur le dos de la main s'appelle : *tarnacha*. Ce tatouage est tout spécialement contre le mauvais œil. Celui qui veut vous faire du mal en est empêché si son regard tombe sur ce tatouage.

Aux pieds, les tatouages s'appellent *selsela*, la chaîne, *chebika*, la petite dentelle, suivant leur forme ; dans ce cas, ce sont de simples parures ; mais les tatouages en forme de croix sur les malléoles et sur le talon sont des tatouages magiques contre la *tabaa*, la poursuivante qui fait avorter les femmes. Il en est de même de tatouages faits entre les deux épaules, aux genoux, entre les deux sourcils.

Les prostituées portent sur le ventre des tatouages ayant pour effet de les faire aimer, de les protéger contre la jalousie des êtres visibles et invisibles ou simplement des formules de prière, qui sont aussi des *herz* talismaniques de protection. Ainsi elles se font tatouer des maillons d'une chaîne pour enchaîner l'homme épris ; ce tatouage qui est parallèle à la ligne du pubis s'appelle *senisla*, la petite chaîne ; ou bien une série de points contre le mauvais œil analogue au tatouage appelé *tarnacha*. En faisant ces points, la tatoueuse prononce des paroles significatives : « Contre l'œil des hommes, contre l'œil des femmes, contre l'œil des génies. »

Les formules religieuses sont nombreuses : le plus souvent, c'est le mot *Allah*, Dieu, qui est imprimé d'une manière indélébile ; ou *Bismillah* : par le nom de Dieu.

La *chahada* ou formule affirmant la foi musulmane est souvent aussi tracée en entier. Il n'y a là aucune insulte à la divinité tournée en dérision, mais une simple demande de protection.

Les tatouages représentant des cœurs traversés de flèches, des oiseaux portant une lettre, des figures de personnages sont d'importation récente et étrangère. Bien qu'employés eux aussi dans un but magique, ils ne nous intéressent pas en temps que persistance à travers les âges de très anciennes coutumes.

En résumé, on retrouve au Maroc l'emploi de tatouages comme charme d'amour et comme charme de protection magique encore plutôt que comme parure.

GLOSSAIRE DES MOTS ARABES

La transcription de l'auteur, de l'arabe en caractères latins, a été conservée, même s'il arrive qu'elle soit différente pour un même terme. Nous donnons pour certains la transcription la plus courante aujourd'hui, aussi la plus proche de la phonétique. L'apostrophe marque la lettre gutturale 'ayn. L'accent circonflexe indique une voyelle longue.

'Assâs : veilleur de nuit, gardien.
Aacha ('Achâ) : cinquième des cinq prières quotidiennes, à la nuit tombée.
Aancera ('ansra) : fête des moissons ou solstice d'été.
Achoura : 10ème jour du premier mois de l'an Hégire (Muharram) ; période de deux jours de jeûne (9ème et 10ème jour) purificateurs, chez les sunnites. Également fête de l'enfance, du partage et de la charité.
Adoul ('udul (pl.) de 'adil) : notaire
Afrit ('Ifrît) : génie.
Aïd el-Kebir (ou Aïd al Adha) : fête commémorant le sacrifice d'Abraham.
Amin : chef de corps de métier ; homme de confiance.
Arifa : duègne, experte.
Asser ('Aser) : troisième des cinq prières quotidiennes qui rythment la journée du Musulman.

Bechchara : qui annonce la bonne nouvelle.
Belra (belgha) : babouche.

Cadi (Qâdî) : juge dont la compétence s'étend au droit pénal et civil ; s'applique surtout au droit familial.
Caïd : chef d'une tribu.

Chââbane : 8ème mois de l'an Hégire, précède celui du Ramadan.
Cheikh : ancien, prépondérant, chef de groupe, maître de confrérie.
Chérif, chérifa : noble, descendant du Prophète, jouissant d'un statut social et religieux particulier.

Derdeba : rite de possession.
Dfina : tunique, dessus de caftan en voile.
Djdeb (Jdeb) : danse extatique.

Emçalla (Msala) : lieu de prière en plein air.

Fassi : habitant de Fès.
Fassoukh : gomme ammoniaque.
Fejer : aube ; première prière du jour.
Foqra (sing. fakir) : adepte d'une confrérie ou d'une zaouïa, vivant d'aumônes.
Foutah : serviette, drap de bain.
Fqih (Faqîh) : interprète de la loi religieuse, jurisconsulte, mais aussi petit lettré de campagne.

El Gaïla : sieste.
Gennia : voir jenn
Guembri : instrument traditionnel des gnaouas à deux ou trois cordes.
Ghaïta : instrument de musique à anche de la famille des hautbois, au timbre perçant.
Ghiata : fleur de Datura ou de Brugmansia.
Guenaoui, guenaouia (gnaouas): descendants d'esclaves d'Afrique noire ; ils pratiquent un rite de possession pendant lequel des adeptes s'adonnent à des danses de possession et à la Transe, à des fins divinatoires ou thérapeutiques.

GLOSSAIRE DES MOTS ARABES

Guessaa : plat en terre cuite ou en bois.

Habous : biens appartenant à une communauté religieuse.
Haddadat (Hadarates) : corporation de chanteuses au répertoire de chants panégyriques chanté dans les diverses cérémonies.
Hadra : rassemblement en vue d'exercices pieux, en général ; également pratique collective de la transe.
Haratine (pl. de H'artanî) : descendant d'esclaves, population noire des oasis
Hargous : henné noir.
Harka : régiment, corps de troupe.
Harmel : plante de la flore saharienne dont la graine est d'un emploi courant pour composer des lotions ou des fumigations.
Hedya : offrande.

Iblis : nom propre du diable
Istiqa' : prière de la demande de pluie (El salat el Istiqa').
Izar : drap.

Jenn ; Jenniya (Djinn, plur. Djenoun) : génies.

Keskess (Keskâs) : passoire en terre dans laquelle on cuit les aliments à la vapeur.
Khaïma : tente de poils de chameau ou de chèvre.
Khammes : métayer.
Khottara : canalisations d'eau.
Koubba : coupole. Par extension : mausolée surmonté d'une coupole.
Litham : pièce d'étoffe dont on se couvre le bas du visage.

Maarouf (Ma'rouf ; ma'arîf) : banquet sacrificiel ; bonnes

œuvres, bienfait.
Maetz : Mi'zât : chèvre.
Mellah : quartier juif au Maroc.
Moghreb : prière du coucher du soleil.
Moqaddem : assure le maintien de l'ordre dans un quartier.
Moqaddema : voyante, thérapeute, en relation permanente avec les entités surnaturelles. Servante de sanctuaire. Maîtresse des rites.
Moristane : asile,
Moudden : Muedden (par déformation, Muezzin) : personne qui appelle à la prière du haut du minaret.
Miloud : Mouloud ; jour anniversaire de la naissance du Prophète.
Moussem : fête folklorique, en l'honneur d'un marabout ou du saint patron d'un lieu.

Nouala : hutte, cabane recouverte de chaume.

Oudââ : coquillages (cauris) auxquels sont attribués des vertus protectrices.
Oudou : ablution
Oukil : gardien du tombeau d'un saint. Intermédiaire entre les génies et les humains.
Oulama (Oulémas, plur. de Alem) : détenteurs du savoir religieux, docteurs de la loi.

Qabla : sage-femme
Qaïda : règle, coutume.
Qisaria : dans la médina, quartier où les commerçants sont regroupés par spécialités

GLOSSAIRE DES MOTS ARABES

Rezza : turban

Sadaqa : geste de charité, aumône, offrande.
Selham : burnous ; long manteau de laine à capuchon porté par les hommes.
Semmaoui (samaoui ; de samâ : ciel): ouvert vers le ciel.
Souak : écorce de noix qui blanchit les dents et rougit les lèvres.

Tââm : nourriture empoisonnée par les génies.
Taridja : tambourin de poterie.
Tebilat : tambourins jumelés formés de 2 pots en faïence assemblés par des lanières de cuir et recouverts de parchemin.
Tolba : plur. de taleb ; celui qui cherche (la science), étudiant, érudit, maître d'école.
Tqaf : fermeture ; employé pour désigner l'impuissance.

Zaouïa : tombeau d'un saint initiateur d'une confrérie, établissement religieux.
Ziara : pèlerinage.
Zrarit : youyou ; cri aigu longuement modulé poussé en certaines circonstances par les femmes.

TABLE DES MATIÈRES

Avant-propos de l'éditeur 7

Introduction 13

CHAPITRE PREMIER : LE MONDE PHYSIQUE
Le Monde 15
Création 16
Limites 16
Époque de la création du Monde 16
La fin du Monde 17

CHAPITRE II : LA TERRE
Forme 19
Tremblements de terre 20
Montagnes 20
Empreintes des Saints 21
Quelques croyances au sujet des pierres 22
Croyances particulières sur la terre 29
Le monde des génies 31

CHAPITRE III : LE CIEL
Le soleil. La lune. Les astres 45
Le vent. Le tonnerre. La pluie 50
La nuit 63

CHAPITRE IV : LES EAUX
Origine 69
Les saints, les sources et les rivières 70
Les lacs 73
Respect dû aux eaux 75
Pouvoir magique des eaux 75
Les génies des eaux 79

CHAPITRE V : LA FLORE
Création des plantes 85
Plantes merveilleuses 87
Quelques croyances relatives aux arbres 87
Le langage magique des plantes 93

CHAPITRE VI : LA FAUNE
Origine 95
Animaux qui sont des humains métamorphosés 96
Langage des animaux 99
Interdiction de tuer certains animaux 101
Nécessité de porter secours à d'autres 101
Pour quoi les poules ne volent pas et pourquoi les guêpes
meurent de leur piqûre 103
Interprétation du cri de quelques animaux 105
Les animaux en thérapeutique magique et en sorcellerie 109
Le mauvais œil frappe les animaux 111
Saints guérisseurs des animaux 112
Petits rites magiques des étables 113
Le sacrifice du mouton à l'Aïd el-Kebir 115

CHAPITRE VII : LA CRÉATION DE L'HOMME
Création de l'homme 119
Évolution de l'homme 119

CHAPITRE VIII : LA NAISSANCE
La stérilité 124
Croyance à l'enfant endormi 124
Pratiques pour réveiller l'enfant endormi 124
Procédés pour guérir la stérilité 125
Stérilité voulue.
Moyens magiques pour rendre une femme stérile 132
La grossesse 135
Les saints protègent contre l'avortement 136
Croyances relatives à la grossesse 138

Accouchement 141
Pratiques observées à la naissance de l'enfant 147
Première chemise 148
Accueil réservé aux garçons et aux filles 150
Jours fastes et jours néfastes 151
Enfant né coiffé 152
Repas spéciaux à la naissance 153
Bain de purification après l'accouchement 161
Rites du septième et du quarantième jour 163

CHAPITRE IX : ENFANCE ET ADOLESCENCE
Protection de la première enfance 181
L'enfant « Mebeddel » ou changé par les génies 183
Les amis et les ennemis invisibles du petit enfant 183
Causes et traitements magiques des maladies de l'enfance 186
Les enfants qui pleurent 191
La dentition 192
Le sevrage et les premiers pas 193
Un curieux rite d'adoption 194
Le premier bain au hammam 195
Chansonnettes pour endormir les enfants 196
L'école 197
L'enfant qui urine au lit 199
Respect dû aux parents 199
Formulettes pour apprendre le nom des doigts 202
La circoncision 204
Quelques jeux d'enfants 208

CHAPITRE X : AMOUR ET MARIAGE
La sorcellerie et l'amour 216
Eau de lune et couscous fait par la main du mort 217
Incantation pour les charmes d'amour 220
Le « tqaf » ou fermeture 223
Charme de beauté 226
Poudres séparatrices et pâtes de vengeance 226

La prostitution 228
Le mariage. Pour qu'une jeune fille se marie 229
Pour que la jeune fiancée commande dans le ménage 231
Coiffure de la mariée 232
Petits rites pour que le ménage soit heureux 233
Présentation de la mariée aux génies domestiques 234
L'amour et le mariage 235
Virginité et mariage 236
La baraka de la mariée 236
Époques où les mariages sont interdits 237
Quelques proverbes sur la femme 238

CHAPITRE XI : LA MALADIE ET LA MORT
Étiologie magique des maladies 239
Traitement magique des maladies 241
Le transfert du mal 246
La possession diabolique 249
Les guérisseurs 254
Les saints guérisseurs 255
La mort 271
Croyances au sujet de l'âme 273
Lavage des morts 280
Enterrement 282
Respect dû aux morts et fêtes des morts 287
Croyances relatives à la mort chez les Juifs 288

CHAPITRE XII : L'ALIMENTATION
Culture du blé et de l'orge 293
Superstitions relatives au pain et aux aliments 297
Le jeûne 299
La kimia ou multiplication des aliments 301

CHAPITRE XIII : CONSTRUCTIONS ET MÉTIERS
La maison 303
Maisons construites par des génies 304

Pour que les génies de la maison soient favorables............ 306
La porte du mellah de Marrakech............ 309
Contre l'incendie............ 310
Généralités sur les métiers............ 310
Métiers faits par les femmes............ 312
Les bouchers. Légende de Sidi Mohammed ben Salah............ 318
Les tanneurs............ 320
Le mensonge des teinturiers............ 321
Les barbiers............ 322

CHAPITRE XIV : RAPPORTS DES HOMMES ENTRE EUX
Achat et vente............ 323
Le vol............ 328
Le voyage et la guerre............ 330
Augure ou fal. Divination............ 337
Rêves............ 350

CHAPITRE XV : LA PARURE
La coiffure............ 353
Le miroir............ 355
Superstitions relatives au vêtement............ 355
Les bijoux magiques............ 357
Les fards............ 358
Teinture de la peau avec le henné............ 361
Les scarifications collectives............ 364
Les tatouages............ 365

GLOSSAIRE DES MOTS ARABES............ 371

Achevé d'imprimer en Mars 2009
sur les presses de

Imprimerie Najah El Jadida
Casablanca

pour le compte des Éditions du Sirocco

Dépôt légal 2009/0168

Imprimé au Maroc

www.ingramcontent.com/pod-product-compliance
Lightning Source LLC
Chambersburg PA
CBHW032148010526
44111CB00035B/1249